高等学校"十二五"应用型本科规划教材

会计学基础

主　编　王新红

副主编　陶水侠　王青亚

参　编　王媛　石峰　范维　马香品　肖飞

西安电子科技大学出版社

内 容 简 介

本书以财政部颁布的 39 项企业会计准则及其应用指南为依据，借鉴和吸收了国内外相关会计理论和方法，结合会计实务工作，对会计基本理论、基本知识和基本方法进行了深入浅出的阐述。全书以会计的确认、计量和报告为主线，系统地介绍了账户的设置、复式记账、填制和审核凭证、登记账簿、成本计算、财产清查和编制报表等七种会计核算的专门方法，重点阐述了资产、负债、所有者权益、成本费用、收入、利润等核算方法，内容新颖、具体，有较强的针对性、实用性和可操作性。

本书可作为高等院校会计学、财务管理学、审计学专业和其他经济管理类相关专业的本科生、专科生教学用书，也可作为企业财务会计人员了解和掌握会计学知识的参考书。

图书在版编目(CIP)数据

会计学基础 / 王新红主编. —西安：西安电子科技大学出版社，2013.8 (2014.7 重印)
高等学校"十二五"应用型本科规划教材
ISBN 978-7-5606-3106-6

Ⅰ.① 会…　Ⅱ.① 王…　Ⅲ.① 会计学—高等学校—教材　Ⅳ.① F230

中国版本图书馆 CIP 数据核字(2013)第 173525 号

策　　划　戚文艳　刘　萍
责任编辑　秦志峰　戚文艳
出版发行　西安电子科技大学出版社(西安市太白南路 2 号)
电　　话　(029)88242885　88201467　　　邮　编　710071
网　　址　www.xduph.com　　　　　电子邮箱　xdupfxb001@163.com
经　　销　新华书店
印刷单位　陕西华沐印刷科技有限责任公司
版　　次　2013 年 8 月第 1 版　　2014 年 7 月第 2 次印刷
开　　本　787 毫米×1092 毫米　1/16　印张 16.5
字　　数　386 千字
印　　数　2001～5000 册
定　　价　28.00 元
ISBN 978-7-5606-3106-6/F
XDUP 3398001-2
＊＊＊ 如有印装问题可调换 ＊＊＊
本社图书封面为激光防伪覆膜，谨防盗版。

出 版 说 明

本书为西安科技大学高新学院课程建设的最新成果之一。西安科技大学高新学院是经教育部批准，由西安科技大学主办的全日制普通本科独立学院。学院秉承西安科技大学50余年厚重的历史文化传统，充分利用西安科技大学优质教育教学资源，闯出了一条以"产学研"相结合为特色的办学路子，成为一所特色鲜明、管理规范的本科独立学院。

学院开设本、专科专业32个，涵盖工、管、文、艺等多个学科门类，在校学生1.5万余人，是陕西省在校学生人数最多的独立学院。学院是"中国教育改革创新示范院校"，2010、2011连续两年被评为"陕西最佳独立学院"。2013年被评为"最具就业竞争力"院校。学院部分专业现已被纳入二本招生，成为陕西首批纳入二本招生的独立学院。

学院注重教学研究与教学改革，实现了陕西独立学院国家级教改项目零的突破。学院围绕"应用型创新人才"这一培养目标，充分利用合作各方在能源、建筑、机电、文化创意等方面的产业优势，突出以科技引领、产学研相结合的办学特色，加强实践教学，以科研、产业带动就业，为学生提供了实习、就业和创业的广阔平台。学院注重国际交流合作和国际化人才培养模式，与美国、加拿大、英国、德国、澳大利亚以及东南亚各国进行深度合作，开展本科双学位、本硕连读、本升硕、专升硕等多个人才培养交流合作项目。

在学院全面、协调发展的同时，学院以人才培养为根本，高度重视以课程设计为基本内容的各项专业建设，以扎扎实实的专业建设，构建学院社会办学的核心竞争力。学院大力推进教学内容和教学方法的变革与创新，努力建设与时俱进、先进实用的课程教学体系，在师资队伍、教学条件、社会实践及教材建设等各个方面，不断增加投入、提高质量，为广大学子打造能够适应时代挑战、实现自我发展的人才培养模式。为此，学院与西安电子科技大学出版社合作，发挥学院办学条件及优势，不断推出反映学院教学改革与创新成果的新教材，以逐步建设学校特色系列教材为又一举措，推动学院人才培养质量不断迈向新的台阶，同时为在全国建设独立本科教学示范体系，服务全国独立本科人才培养，做出有益探索。

西安科技大学高新学院

西安电子科技大学出版社

2014年6月

高等学校"十二五"应用型本科规划教材
编审专家委员会名单

主 任 委 员　　赵建会

副主任委员　　孙龙杰　汪　洋　李振富

委　　　员　　翁连正　屈钧利　王军平　沙保胜　乔宝明

前　　言

会计工作是经济管理的重要组成部分，经济越发展，会计越重要。在市场经济的环境下，会计信息作为反映和报告企业财务状况和经营成果的信息系统，其作用越来越受到各方面的重视。基础会计学是会计学科课程体系的重要组成部分，是学好和当好会计的重要一环，是学习会计专业知识与技能的基础理论课程。

本书以财政部颁布的 39 项企业会计准则及其应用指南为依据，借鉴和吸收了国内外相关会计理论和方法，结合会计实务工作，对会计基本理论、基本知识和基本方法进行了深入浅出的阐述。作为会计的入门教材，在各章节的编写中，尽量采用通俗易懂的语言来阐述会计的基本概念、基本技术和基本方法的应用，强调内容与方法的实用性、体系和观点的科学性，力求做到注重基础、循序渐进，使初学者不至于因大量的专业术语而对学习会计知识产生畏惧心理。为了便于读者阅读后能顺利地进行会计操作，书中会计核算的重点方法皆举例阐述，并在每章后附有思考题与练习题，作为教材使用非常方便，也便于自学者使用。

本书以会计的确认、计量和报告为主线，系统地介绍了账户的设置、复式记账、填制和审核凭证、登记账簿、成本计算、财产清查和编制报表等七种会计核算的专门方法，重点阐述了资产、负债、所有者权益、成本费用、收入、利润等核算方法，内容新颖、具体，有较强的针对性、实用性和可操作性。

本书由西安科技大学王新红教授担任主编，负责全书的总撰和统稿工作。西安科技大学高新学院陶水侠、王青亚担任副主编，其他参加编写的人员有西安科技大学王媛、陕西省行政学院范维，西安科技大学高新学院石峰、马香品、肖飞。具体分工如下：第一、第四、第五章由王新红编写；第二、第三章由王媛、石峰编写；第六、第七章由王青亚编写；第八、第九、第十章由陶水侠编写；第十一章由范维编写；第十二、第十三章由马香品编写；两套总复习题由肖飞编写。此外，西安科技大学的郝海蕾、薛焕霞、高云鹤、秦聪聪、梁莹和张璐进行了书稿的校对工作。

由于作者的学识和时间所限，书中可能有不妥之处，疏漏也在所难免，恳请各位读者批评指正，以便日后修改和完善。

编　者

2013 年 6 月

目　　录

第一章　概　　述

第一节　　现代会计的概念

现代会计已经成为"商务的语言"，它的用途甚至已经远远超越了商务领域，不要把会计看成是一个仅仅由专业会计师操作的技术性很强的工作，实际上，几乎每个人每天都在进行着会计工作，运用会计语言和利用会计信息。不论你是管理一个企业，还是从事信贷或投资，都要与会计概念和会计信息打交道。本章首先对现代会计的概念进行阐述。

一、会计的产生与发展

会计起源于生产活动。众所周知，在社会发展过程中，生产活动是人类最基本的实践活动，它不仅保证了人们的生活所需，同时也为社会的存在和发展奠定了坚实的物质基础。生产过程包括生产、交换、分配和消费四个环节。在原始社会人们就认识到，在生产的同时有必要把生产活动过程的内容记录下来，以帮助人们了解劳动成果。大约距今 3000 年前就已经存在原始的会计记录，到公元前 1000 年左右，世界上一些经济、文化发达的国家和地区就已经出现了专职会计。据考证，公元前 1000 年的西周，就已经有"会计"称号 (郭道扬，1982)；公元 900 年的宋朝，就已经"账""表"齐全，有了较完整的结账公式和财务报告。西方在公元 12 世纪左右，就已产生了复式记账法。可以说会计的发展经历了古代会计、近代会计、现代会计三个阶段。

1. 古代会计阶段

会计从其产生到单式簿记应用这段时间，也就是从奴隶制时代到封建时代末期，在会计发展史上是古代会计阶段。在这段时间内，由于生产力水平比较低，商品经济尚不发达，货币关系还未全面展开，因而会计的发展比较缓慢。这一阶段的主要成就是建立了一套适应于自然经济管理要求的"财计"组织制度，并逐步建立了单式簿记的方法体系。在此期间，古代埃及、中国、巴比伦、印度和希腊等国家，都先后形成了各具特色的单式簿记体系，这为经济和社会的发展做出了巨大的贡献。

2. 近代会计阶段

12 世纪至 15 世纪，西方资本主义经济得到迅速发展，为了适应经济的发展，产生了借贷复式簿记。复式簿记方法的产生和广泛应用揭开了会计由古代阶段迈向近代阶段发展的序幕。1494 年，意大利数学家卢卡·帕乔利(Luca Pacioli)出版了他的《算术、几何、比及比例概要》一书，其中第九篇——簿记论，系统地介绍了复式记账方法，并给予了理论上的阐述。这是近代会计的奠基之作。

近代会计具有两个特点，一是商品经济的发展使得会计有可能充分地运用货币形式，对经济活动进行计量、记录和报告；二是会计的记录采取了复式记账方法，已经形成了一个严密的账户体系。

3. 现代会计阶段

大约从 20 世纪 30 年代以后，基于资本市场和现代企业的需要，一方面，社会对会计规范提出了越来越多的要求，以美国为代表，会计逐步进入了一个 GAAP(公认会计原则)的形成阶段，标志着现代财务会计已逐步形成；另一方面，为了适应科学管理的需要，现代管理会计也开始逐步形成和发展。现代企业会计逐渐形成两个分支——财务会计和管理会计。前者主要面向市场为外部利益相关者加工并传递信息，规范成为其突出特征；后者主要服务于企业内部的经济决策，和现代科学管理方法相结合是其重要特点。进入 60 年代以后，逐步发展形成了以现代会计原理、现代财务会计、现代管理会计与现代审计为主体的现代会计体系。

经过几百年的发展，会计已经发展成为一门独立的经济管理科学。

二、会计的概念

会计是在社会生产实践中产生和发展起来的，它是一个古老的名词，其涵义也是逐渐固定和不断充实的。人类要生存、社会要发展就必须进行物质资料的生产，生产出来的物质资料，又必须按照一定的方式进行分配、交换和消费，如此周而复始不断更新和重复的过程，通常就叫做再生产过程，或称为经济过程。为了使经济过程效果更好，人们总是力求以尽可能少的劳动耗费，争取尽可能多的劳动成果。为达到这一目的，就必须在不断采用先进生产技术的同时对经济过程加强控制和管理，需要对劳动耗费和劳动成果进行记录和计算，并将耗费与成果加以比较和分析，借以掌握生产活动的过程和结果。会计就是为适应社会生产发展和经济管理需要而产生和发展的，并逐渐从生产职能中分离出来，形成一种专职的、独立的经济管理工作。随着现代生产的不断发展，会计也经历了不断发展、不断完善的过程。

会计(Accounting)是以货币为主要计量单位，以凭证为依据，运用各种专门方法，对一定主体的经济业务事项进行核算和监督，填制会计凭证，登记会计账簿，编制财务报告，并向有关方面提供会计信息的一种管理活动。

会计作为一种经济计算，具有以下特点：

第一，以货币为主要计量单位。对于经济过程的计算与记录，通常有实物量度、劳动量度和货币量度。实物量度是指以实物数量为计量的尺度，如机器以"台"计，粮食以"公斤"计，钢铁以"吨"计等；劳动量度是指以劳动所消耗的时间为计量的尺度，如工作日、工作小时等；货币量度则是以财产物资的价值作为计量的尺度，如元、角、分等。实物量度和劳动量度直观、具体，但不同计量单位所表示的数据不能够加总。而货币计量单位有较强的综合性，它可以把性质相同或性质不同的经济业务加以综合、加总、记录和计算。当然，会计有时也需要运用实物计量和劳动计量，但是货币量度始终是会计的主要计量单位。

第二，严格地以凭证为依据，记录经济活动过程并明确经济活动的责任。会计计算经济过程的原始依据是会计凭证，它是证明经济业务发生的书面文件。因此，会计的又一特点是它的真实性，只有审核无误的原始凭证才能作为会计据以计算的依据，以此去进行各种记录和计算，并明确经济活动的责任。

第三，具有全面性、连续性和系统性。会计在利用货币计量单位计算和监督经济过程时，是以经济业务发生的时间先后为顺序连续登记的；对每一项经济业务，都系统地、无一遗漏地进行记录和计算；对取得的会计资料进行加工整理、分类汇总，使之系统化，综合反映经济活动的过程及结果。

会计是对经济活动过程中占有的财产物资和发生的劳动耗费的原始数据进行加工而产生的信息，供人们了解和管理经济活动之用。因此有观点认为：会计是一个经济信息系统(Information System)，即人们利用会计的经济计算，使用一系列专门方法，并通过严密的规则与科学程序，将日常业务活动记录下来，从各个角度反映企业财务状况和经营成果，为各方面提供所需的信息资料。对于投资人来说，他们所关心的是企业的盈利能力和资本保值、增值情况；对于债权人来说，他们所关心的是企业的资产负债水平和偿债能力；对于国家来说，主要是考核和衡量企业对整个社会的贡献水平。而这些信息只有会计能够提供，会计通过对经营过程的核算，把企业经营过程的全貌及数据按一定程序处理加工成有用的经济信息。

第二节　会计的对象与目标

一、会计对象

会计对象是指会计核算与监督的具体内容，即特定主体能够以货币表现的经济活动。以货币表现的经济活动通常又称为价值运动或资金运动，包括特定主体的资金投入、资金运用和资金退出等过程。

二、会计目标

会计目标，亦称为会计目的，通俗来讲，是指会计工作应当达到的要求。会计目标是会计理论体系的基础，它决定于经济管理对会计的客观需要，但也要受到会计职能的制约。因此，根据经济管理的客观要求和会计的职能，我们可以将会计目标表述为：向会计信息的使用者提供对决策有用的信息，并反映管理层受托责任的履行情况。

2006 年 2 月财政部颁布的《企业会计准则——基本准则》第四条规定："企业应当编制财务会计报告。财务会计报告的目标是向财务会计报告使用者提供与企业财务状况、经营成果和现金流量等有关的会计信息，反映企业管理层受托责任履行情况，有助于财务会计报告使用者做出经济决策。"该项规定说明了会计信息的作用。在此基础上，会计准则进一步界定了外部会计信息使用者："财务会计报告使用者包括投资者、债权人、政府及其有关部门和社会公众等。"可见，我国企业的会计目标就是要向政府、投资者、债权人、企业管理者及其他利益相关者提供财务状况、经营成果和现金流量等有关的会计信息，并反映管理者受托责任的履行情况。

1．企业外部的会计信息使用者

(1) 为企业投资人、债权人提供会计信息，满足其了解企业偿债能力和盈利能力的需要。市场经济条件下，企业的资金来源渠道呈多元化趋势。企业在获得所有者投资之外，还可以向银行等金融机构借款，或通过发行债券来筹集资金。投资人和债权人投入资金或取得债权后，总是希望获得高额或稳定的投资报酬。因此在投资前后，他们通常希望了解企业的偿债能力和盈利能力如何，以便在若干个投资方案中挑选能够满足他们需要的最佳方案。这些使用者使用会计信息的目的分为两层：一是利用会计信息对企业管理层的工作成果进行评价，以确定企业管理人员的工作水平与业绩；二是利用会计信息预测分析企业的未来发展趋势，从而对有关企业的决策提供信息支持。在市场经济条件下，这部分会计信息使用者已成为会计信息的主要服务对象。

(2) 为国家宏观经济管理部门提供会计信息，满足其加强宏观调控的需要。财政部门、中央银行、计划部门、国有资产管理部门等国家宏观经济管理部门，为了加强国民经济管理，必须以企业经济信息为依据制定适合我国情况的经济发展政策，而会计信息是经济信息的重要组成部分。通过对会计信息的汇总和分析，国家宏观经济管理部门可以了解社会总资产在一定时期内提供利润的情况，销售产品所取得的利润占销售收入的比重，企业对社会的贡献情况，企业对社会的贡献中有多少用于国家积累，应收账款的回收速度和存货的周转速度，企业总负债对总资产的比重，国有资产的保值与增值情况等。通过对这些信息的分析，国家可以了解国民经济的发展现状及其效益情况，以此作为制定政策和调整资源配置的依据。

(3) 为税收机关提供有关企业课税、免税、递延纳税的信息。企业的税收金额是根据相关会计信息计算得出的。企业根据其采购商品和劳务的会计记录确定其应该缴纳的增值税，根据其销售收入的会计记录确定其应该缴纳的营业税，根据利润记录调整计算应缴纳的所得税。如果企业符合国家税务总局或地方税务局的减免税规定，其减免金额的计算也需要以相应的会计记录为依据。

(4) 为供应商及客户提供相关的会计信息。对于一个企业的供应商来说，企业经营的稳定、持久具有非常重要的意义，这不仅保证了本企业有一个稳定的客户，而且也保证了销售资金的回笼。因此供应商往往需要借助于会计信息了解企业的经营状况，以便制定其产销计划和赊销策略等。对于企业的客户来说，需要借助于会计信息来确定企业产品供应是否稳定，从而更好地安排自己的生产与经营。

2．企业内部的会计信息使用者

企业内部的会计信息使用者分为企业管理者和企业的职工代表大会两个层面。

(1) 为企业经营管理者提供会计信息，不断加强和改善内部经营管理。为企业管理者提供会计信息是会计最原始、最基本的目标。例如，为了对企业的资源进行有效、合理的利用和分配，管理者需要了解一段时期内本企业生产经营过程的成果与耗费、收入与支出、盈利或亏损等情况，了解本企业在某一时日的资产总额及其组成和结构(如流动资产、长期投资、固定资产各是多少以及它们占资产总额的比重)，了解资产的保值与增值情况以及掌握利润的分配情况等。在了解历史数据的基础上，还需要预测经济前景等方面的信息。因此，企业管理者需要会计部门提供有关信息，以便分析企业的财务状况和经营成果，并采取相应措施，加强和改善经营管理，提高经济效益。

(2) 企业的职工代表大会。由于现代企业是一个多边契约，企业职工是企业发展中不可或缺的力量，因此，企业应当至少每年一次向本企业的职工代表大会公布财务会计报告。

第三节　会计的职能与作用

一、会计的职能

会计的职能是指会计在经济管理中所具有的功能，即会计在社会经济生活中的作用。通俗地讲，就是说会计能干什么，有什么用。

根据会计的特点和宏观经济的要求，会计的职能可以概括为：综合核算与监督经济活动的过程，参与企业预测和决策，并对经济活动进行控制和分析。一般认为，会计具有核算和监督两大基本职能。

1. 会计的核算职能

会计的核算职能是指会计以货币为主要计量单位，通过确认、计量、记录、报告等环节，对企业经济活动进行连续、系统、全面、综合的反映，为经济管理提供系统的、完善的、综合的信息资料。通俗地讲，就是从事记账、算账、报账的工作。记账是会计人员运用会计方法把企业发生的经济业务记录下来；算账是在记账的基础上应用一定的方法计算出企业的收入、成本、费用、利润等会计指标；报账是通过编制会计报表的方式报告企业的财务状况和经营成果。

会计的核算职能具有以下特点：

(1) 以货币为主要计量尺度，具有综合性。会计要反映和监督会计内容，需要运用多种计量尺度，包括实物尺度(如公斤、吨、件等)、劳动尺度(如工时、工日等)和货币尺度，而以货币尺度为主。实物尺度和劳动尺度能够具体反映各项财产、物资的增减变动和生产过程中的劳动消耗，对核算和经济管理都是必要的。会计以货币作为综合计量尺度，通过会计的记录就可以全面地、系统地反映财产物资和财务收支、生产过程中的劳动消耗和成果，并计算出最终财务成果。

(2) 会计核算具有完整性、连续性和系统性。会计对经济业务的核算必须是完整、连续和系统的。完整是指会计核算对属于会计内容的全部经济业务都必须加以记录，不允许遗漏其中的任何一项；连续是指对各种经济业务应按其发生的时间，顺序地、不间断地进行记录和核算；系统是指对各种经济业务要进行分类核算和综合核算，并对会计资料进行加工整理，以取得系统的会计信息。

(3) 会计核算要以凭证为依据，并严格遵循会计规范。会计记录和会计信息讲求真实性和可靠性，这就要求企业、行政单位和事业单位发生的一切经济业务，都必须取得或填制合法的凭证，以凭证为依据进行核算。在会计核算的各个阶段都必须严格遵循会计规范，包括会计准则和会计制度，以保证会计记录和会计信息的真实性、可靠性和一致性。

2．会计的监督职能

会计的监督职能是指会计在核算经济活动的同时，对经济活动本身进行检查监督，使经济活动能够按照一定的方向、目标、计划正常进行。即利用会计信息，通过专门的方法对经济业务活动实施控制。

会计监督职能具有如下特点：

(1) 会计监督主要通过价值指标来进行，考核的是经济活动效果。例如：通过资产、负债、所有者权益指标，可以审查企业资产的利用是否合理，考核企业的财务状况。会计监督通过货币量可以全面、及时、有效地控制各单位的经济活动。

(2) 会计监督贯穿于企业经济活动的始终，包括事前、事中和事后监督。事前监督是在经济活动开始之前进行的监督，审查经济方案的可行性；事中监督是对正在发生的经济活动及取得的核算资料进行审查，纠正其偏差；事后监督是对已经完成的经济活动进行分析和评价，并提出改进意见。

(3) 会计监督依据国家法律法规，以及企业内部的财务管理制度，审查会计资料，保证会计信息质量和经济活动的合理性与合法性。

会计的核算和监督职能是密切联系、相辅相成的。会计的核算职能是会计监督职能的基础，会计监督职能贯穿于会计核算的全过程。两者相互依存，既有独立要求，又紧密联系，缺一不可。

二、会计在经济管理中的作用

1．会计在企业内部管理中的作用

会计信息是企业内部的管理信息，会计通过正确记录财产的价值和数量、财产的消耗量和现存量等，保证成本的真实性和利润的可靠性，保证生产目标的顺利完成。在产权的合理流动中，会计可以将其过程予以详细的记载，通过审核凭证、审核资产流向来保护企业资产的安全、完整。企业经营者通过财务会计所提供的信息数据，就可以全面了解企业的生产经营情况和财务状况，而且可以发现企业经营风险的大小和企业资金结构的状况，使经营者在企业运营的诸多方面做出正确的决策，用最健康的财务状况来实现最大的利润。

2．会计在宏观经济中的作用

在我国，会计信息既要满足企业内部经营管理的需要，也要满足宏观经济管理的需要。会计信息是政府部门进行国民经济核算的依据，政府部门通过对企业资产负债结构、损益状况等会计信息的汇总分析和整理，可以了解和掌握国民经济整体运行情况，及时发现问题，从而制定正确、合理、有效的经济政策，促进国民经济协调有序地发展。会计信息是企业投资者进行投资决策的依据，是债权人进行决策的依据。广大投资者要保护自身的利益，要进行投资决策，就需要了解企业的盈利能力和发展趋势方面的信息，了解企业资产的保管和使用情况，了解有关企业经营情况方面的信息及其所处行业的信息，从而监督企业有效地运用资产，提高资产的使用效益。银行作为企业的主要债权人，出于对其自身债权安全的考虑，为了选择贷款对象，做出贷款决策，就需要了解企业的短期偿债能力和长期偿债能力，对债权投资风险做出判断。会计作为一个经济信息系统，为整个国民经济宏观管理和调控提供真实、客观、可靠的会计信息，使国民经济宏观管理和调控决策建立在可靠的基础之上。

三、会计的任务

会计的任务是指根据会计的职能而规定的，会计应该完成的工作和所要达到的目的要求。它是会计职能的具体化，也是发挥会计作用的前提。会计的任务取决于会计的职能和经济管理的要求，并受会计对象的特点所制约。在现阶段，会计的任务主要有以下几个方面：

(1) 根据新的会计核算要求，及时、真实、正确地提供会计信息。

会计信息是经济信息的重要方面，加强会计核算是会计的首要任务。会计核算要正确计算各项收入和支出，合法、正确、及时、完整地核算经济利益，如实反映企业的财务状况、经营成果和现金流量，为企业的会计信息使用者提供可靠的会计信息。

(2) 严格会计监督，维护法律法规，保护国家利益、社会公众利益和所有者的权益。

保护国家利益、社会公众利益和投资者利益是企业会计的主要任务，企业应建立、健全会计监督制度，严格执行财务制度和会计制度，保证企业的财产不受损失，维护国家利益、社会公众利益和投资人的合法权益。保障投资人的权益，不得任意增减资本金，不得任意转移资金和盈余，并保证国有资产不受损害；控制企业各项收入、支出、利得、损失和利润的实现；保护企业资源的安全和完整；加强会计稽核和检查，进行事先、事中和事后的控制，促使企业合理有效地运行。从而保护企业所有者和债权人的权益，维护社会主义市场经济秩序。

(3) 检查分析企业经营业绩，加强企业目标的考核和分析，提高企业经济效益。

提高经济效益是企业生产经营活动的根本宗旨。会计部门要利用一切有利条件，除按规定进行会计核算监督以外，还要通过会计信息的检查分析，预测企业经济前景，控制企业经营过程，参与企业经营计划和经营决策，促进企业按计划目标和市场要求，不断提高经济效益。

第四节　会计核算的基本假设和基础

会计核算的基本假设是进行会计核算所假设的一个客观前提，是对会计核算的范围、对象、计量手段和方法所作的客观判断与限定。会计核算工作要正常进行，必须遵循一定的前提条件，事先明确一系列问题，包括会计为谁核算、什么时间核算、核算的范围多大、核算的资金运动能否持续不断地进行下去等。会计核算的基本假设具体包括会计主体、持续经营、会计期间和货币计量。

1. 会计主体

会计主体也称会计实体或经济主体，是指进行会计工作、编制会计报表的对象和范围，也是会计服务的特定单位。很显然，每一个会计主体在社会上应具有独立性，成为一个有独立资金、能独立进行生产经营活动和业务活动的独立的会计核算单位。会计工作即是在这个主体内进行的，因此，会计报表也只能反映这个主体的财会状况。会计主体可以是一个特定的企业(如股份公司、合伙或独资企业)，也可以是一个企业的某一特定的组成部分(如分公司、部门、国外的子公司等)，还可以是一个具有特定业务的非盈利性组织(如国家某一机关、学校、社会团体等)。会计主体可以是法人，也可以是非法人；可以是单个企业，也可以是几个企业组成的联营公司或企业集团。

会计主体所反映的是一个特定主体的经济业务和财务收支，而不是业主个人的财务活动，也不是其他企业或主体的业务活动，这样就规定了会计工作的空间范围界限。提出会计主体这一假设前提条件，是为了把一个会计主体的经济业务与其他会计主体的经济业务划分开来，把会计主体本身的经济业务与投资者的经济业务划分开来。

2. 持续经营

持续经营是指假定企业在可以预见的将来持续、正常经营，也就是在可以预见到的未来，企业不会进行破产清算。在此假设条件下，企业将按原定目标、使用现有经济资源，并按原定的承诺条件清偿各种债务。持续经营假设条件是选择会计方法、处理经济业务和编制报表的出发点。一个企业，除非能够明确地确定是个短期经营企业，便要假定它将无限地持续经营下去，所有的负债将会得到偿还。只有这样，才能对会计业务的处理和会计报表的有用性作出肯定，会计信息的收集和处理所使用的会计处理方法才能保持稳定。

提出持续经营这一假设前提条件，是为了解决资产估价、费用分配等会计问题。在持续经营的前提下，企业所拥有的资产将在正常经营过程中被耗用、出售或转让，所承担的债务将依照正常经营条件下所规定的偿还条件予以清偿。持续经营假设是企业进行资产计价、费用的确认和摊销的依据，也是确立会计分期假设的基础。

3. 会计期间

会计期间又称会计分期，是指人为地把企业持续不断的生产经营过程划分为较短的、相对等距的期间。会计分期假设的目的在于通过会计期间的划分，分期结算账目，按期编制会计报表，及时地向有关方面提供反映财务状况和经营成果的会计信息。若不进行会计分期，在持续经营情况下，反映企业财务状况、经营成果和现金流量情况的会计信息只有等到企业所有生产经营活动结束后，才能通过一定的方法去进行准确计算，此时的会计信息已经严重滞后，不能及时满足管理和决策的需要。因此，有必要人为地将企业持续不断的生产经营过程划分为较短的期间。

我国《企业会计准则——基本准则》明确规定：企业应当划分会计期间，分期结算账目和编制财务会计报告。会计期间分为年度和中期，中期是指短于一个完整的会计年度的报告期间。可见，我国是以公历年度作为会计年度，即从每年的1月1日至12月31日为一个会计年度。会计年度确定后，一般按公历确定会计半年度、会计季度和会计月度。会计半年度、会计季度和会计月度又称为会计中期。在会计分期的前提下，产生了本期与非本期的区别，从而产生了可比性、配比性等会计核算原则。

4. 货币计量

货币计量是指会计主体在会计核算过程中应采用货币作为统一的计量单位，记录、反映会计主体的经营情况。企业使用的计量单位较多，货币作为商品的一般等价物，以此作为计量单位能全面、综合地反映企业的生产经营活动，因此，会计核算必须以货币计量为前提。

我国《企业会计准则——基本准则》明确规定：企业会计应当以货币计量。但需要说明的是，其他计量单位，如实物量度、劳动量度等，在会计核算中也会使用，但不是主要的计量单位。人民币是我国的法定货币，所以，在《企业会计准则第 19 号——外币折算》中规定，企业通常应选择人民币作为记账本位币。业务收支以人民币以外的货币为主的企业，可以按规定选定其中一种货币作为记账本位币。但是，编制财务报表时应当折算为人民币。在境外设立的中国企业向国内报送的财务报表，应当折算为人民币。

货币本身也有价值，它是通过货币的购买力或物价水平表现出来的，但在市场经济条件下，货币的价值也在发生变动，币值很不稳定，因此，在确定货币计量假设时，必须同时确立币值稳定假设。如果币值发生急剧变动，出现恶性通货膨胀以致影响到会计信息的真实性时，货币计量这一会计核算前提就遇到了挑战，就需要采用特殊的会计原则，如物价变动会计原则或通货膨胀会计原则来处理有关的经济业务。

第五节　会计信息的质量要求

会计信息质量要求是对企业财务报表中所提供的会计信息质量的基本要求，是使财务报表中所提供的会计信息对投资者等使用者决策有用应具备的基本特征，它主要包括可靠性、相关性、可理解性、可比性、实质重于形式、重要性、谨慎性和及时性等。

1. 可靠性

可靠性要求企业应当以实际发生的交易或事项为依据进行确认、计量和报告，如实反映符合确认和计量要求的各项会计要素及其他相关信息，保证会计信息真实可靠，内容完整。

可靠性是对会计核算工作的基本要求。该原则要求会计核算必须以实际发生的交易或事项为依据，如实反映企业的财务状况、经营成果和现金流量，做到内容真实，数字准确，资料可靠。如果会计数据不能客观、真实地反映企业经济活动的实际情况，则意味着会计信息是虚假的，会误导信息使用者，也就达不到会计的目标。

2. 相关性

相关性原则，又称有用性原则，是指会计核算所提供的会计信息应当有助于信息使用者作出决策，也就是信息要与决策相关联，要对决策有用。坚持这一原则，就要求在收集、加工、处理和提供会计信息过程中，充分考虑会计信息使用者的需求，使所提供的信息与信息使用者的要求相协调，有助于信息使用者对企业过去、现在或者未来的情况作出评价或者预测。

3. 可理解性

可理解性要求企业提供的会计记录和会计报表必须清晰明了，便于财务报告使用者理解和使用，不能模糊不清、晦涩难懂。提供会计信息的目的在于使用会计信息，如果信息不能被使用者所理解，那么这种信息就毫无用处。因此，这就要求会计的数据记录和文字说明必须清晰、简明、易懂，使用的专业术语应当规范、确切，编制的财务会计报告应当项目完整、数据准确，便于会计信息的使用者理解和利用会计信息。

4. 可比性

可比性要求企业提供的会计信息应当相互可比,具体包括两层含义:其一是指同一企业不同时期发生的相同或者相似的交易或者事项,应当采用一致的会计政策,不得随意变更,确需变更的,应当在附注中说明,并按照《企业会计准则第28号——会计政策、会计估价变更和差错更正》的相关规定处理;其二是指不同企业同一会计期间发生的相同或者相似的交易或者事项,应当采用规定的会计政策,确保会计信息口径一致,相互可比。前者主要是为了便于对同一企业前后时期的会计资料进行纵向比较,后者主要是为了保证不同企业之间会计资料的横向比较。

可见,可比性原则一方面要求企业在不同时期处理同类经济业务时,所使用的会计程序和方法应保持一致,强调同一企业在不同会计期间处理同类经济业务尽可能采取相同的会计处理方法;另一方面要求企业在会计核算中,应当按照国家的统一规定,对相似经济业务采用统一的会计处理方法,使得企业提供的会计信息在不同企业之间能够比较,强调不同企业在处理同类经济业务时应尽可能采取统一的会计处理方法。但是,如果因为客观环境的变化原选用的方法不再适用,则可以按照《企业会计准则第28号——会计政策、会计估价变更和差错更正》的相关规定变更会计处理方法,并进行调账处理和披露。

5. 实质重于形式

实质重于形式要求企业应当按照交易或事项的经济实质进行会计确认、计量和报告,而不应仅按其法律形式作为会计处理的依据。因为交易或事项的实质并不总是与它们的法律形式的外在表现相一致,所以对会计要素进行确认和计量时,应重视交易的实质,而不管其采用何种形式。例如,售后回购销售业务,销货方在销售商品的同时,又与购货方签订合同和协议,约定一定时间后再回购该商品。该项业务从形式上看属于销售业务,销货方应确认销售收入;但从经济实质上分析,销货方对已售出的商品能够实施控制,售出商品的主要风险与报酬并没有从销货方转移到购货方,其经济业务的实质是销货方的融资行为,在此情况下,销货方不能确认销售收入。

6. 重要性

重要性要求企业在进行会计核算时,应当区别交易或事项的重要程度,采用不同的会计处理方式。该原则要求会计核算在全面反映企业财务状况、经营成果和现金流量的基础上,对某些重要经济业务进行单独反映,并在财务报告中重点说明。对次要的经济业务,在不影响会计信息真实性和不至于误导会计报告使用者作出正确判断的前提下,则可适当简化处理。这是因为虽然全面、真实、客观地反映企业的财务状况、经营成果和现金流量,是会计核算的基本要求,但从会计信息的使用者来看,主要是了解、掌握那些对经营过程和决策有重要影响的项目,并不要求面面俱到。

理解重要性原则还要明确的是,重要性原则具有相对性,一项经济业务对某一个企业来说可能是重要事项,而对另一个企业来说可能就是不重要的事项。对某项会计事项判断其重要性,在很大程度上取决于会计人员的职业经验。一般来说,重要性可以从质和量两个方面进行判断。从性质方面来说,如果某会计事项的发生可能对决策产生重大影响,则该事项属于具有重要性的事项;从数量方面来说,如果某会计事项的发生达到一定数量或比例可能对决策产生重大影响,则该事项属于具有重要性的事项。

7. 谨慎性

谨慎性要求企业对发生的交易或者事项进行会计确认、计量和报告时应当保持应有的谨慎,不应高估资产和收益、低估负债和损失。该原则要求在进行会计处理时,应当合理预计可能发生的费用和损失,而不应预计可能取得的收益,做到既不高估资产和收益,也不低估负债和损失。谨慎性在会计核算上的应用体现在很多方面。例如,对可能发生的资产损失提取资产减值准备,对固定资产采用加速折旧法等。但需要说明的是,谨慎性原则的运用并不意味着可以随意低估资产、收益,高估负债、费用。

8. 及时性

及时性要求企业对于已经发生的交易或事项,应当及时进行确认、计量和报告,不得提前或者延后。会计信息的价值在于帮助所有者或其他方面做出决策,具有时效性。即使是可靠、相关的会计信息,如果不及时提供,就失去了时效性,对于投资者的效用大大降低,甚至不再有用。在会计确认、计量和报告过程中贯彻及时性,一是要求及时收集会计信息,即在经济交易或者事项发生后,及时收集整理各种原始单据或者凭证;二是要求及时处理会计信息,即按照会计准则的规定,及时对经济交易或事项进行确认、计量,并编制财务报告;三是要求及时传递会计信息,即按照国家的有关规定,及时地将编制的财务报告传递给财务报告的使用者,便于其及时使用与决策。

第六节 权责发生制与收付实现制

权责发生制与收付实现制是确定收入和费用的两种截然不同的会计处理基础。企业生产经营活动在时间上是持续不断发生的,不断的取得收入,不断的发生各种成本、费用,将收入和相关的费用相配比,就可以计算和确定企业生产经营活动所产生的利润(或亏损)。由于企业生产经营活动是连续的,而会计期间是人为划分的,所以难免有一部分收入和费用出现收支期间和应归属期间不一致的情况,于是在处理这类经济业务时,应选择适合的会计处理基础。可供选择的会计处理基础包括收付实现制和权责发生制。

收付实现制,又称现金制或实收实付制,是以现金收到或付出为标准,来记录收入的实现和费用的发生。按照收付实现制,收入和费用的归属期间将与现金收支行为的发生与否紧密地联系在一起。现金收支行为在其发生的期间全部记作收入和费用,而不考虑与现金收支行为相连的经济业务实质上是否发生。采用收付实现制会计处理基础,凡是本期收到的款项,不论其是否属于本期实现的收入,都作为本期的收入处理;凡是本期付出的款项,不论其是否属于本期负担的费用,都作为本期费用处理。反之,凡是本期没有收到的款项和付出款项,即使应归属于本期,但也不作为本期的收入和费用处理。

权责发生制,又称应收应付制,是以应收应付作为标准来处理经济业务,确定本期收入和费用以计算本期盈亏的会计处理基础,在应计制下,凡属本期已获得的收入,不管是否已收到现款均作为本期的收入处理;凡属本期应负担的费用,不管是否付出了现款都作为本期的费用处理。反之,凡不应归属于本期的收入,即使现款已经收到并且已经入账也不作为本期的收入处理;凡不属于本期的费用,即使已付了现款并且已登记入账也不作为本期费用处理。

第七节　会计核算方法与会计循环

一、会计核算方法

会计核算方法是对经济业务进行完善、连续和系统的记录和计算，为经营管理提供必要的信息所应用的方法，是会计的基本方法，一般包括设置账户、复式记账、填制和审核凭证、登记账簿、成本计算、财产清查和编制会计报表等七个方面。

1. 设置账户

设置账户是对会计对象的具体内容进行归类、反映和监督的一种专门的方法。它可以对会计对象的复杂多样的具体内容进行科学的分类和记录，以便取得各种核算指标，并随时加以分析、检查和监督。

2. 复式记账

复式记账是对每一项经济业务通过两个或两个以上有关账户相互联系起来进行登记的一种专门方法。任何一项经济活动都会引起资金的增减变动或财务收支的变动。例如，使用银行存款购买原材料，一方面引起原材料的增加，另一方面引起银行存款的减少；以现金支付费用，一方面引起费用的增加，另一方面引起现金的减少。采用复式记账，可以全面地、相互联系地反映资金增减变化和财务收支变化，并掌握它的来龙去脉。

3. 填制和审核凭证

填制会计凭证是为了保证会计记录完整、真实和可靠，审查经济活动是否合理、合法而采用的一种专门方法。会计凭证是经济业务的书面证明，是登记账簿的依据。对每一项经济业务填制会计凭证并加以审核，可以保证会计核算的质量，并明确经济责任。

4. 登记账簿

登记会计账簿简称记账，是以审核无误的会计凭证为依据，在账簿中分类，连续地、完整地记录各项经济业务，以便为经济管理提供完整、系统的会计核算资料。账簿记录是重要的会计资料，是进行会计分析、会计检查的重要依据。

5. 成本计算

成本核算是按照一定对象归集和分配生产经营过程中发生的各种费用，以便确定各对象的总成本和单位成本的一种专门方法。产品成本是综合反映企业生产经营活动的一项重要指标。正确地进行成本计算，可以考核生产经营过程的费用支出水平，同时又是确定企业盈亏和制定产品价格的基础，为企业进行经营决策提供重要数据。

6. 财产清查

财产清查是指通过盘点实物，核对账目，以查明各项财产物资实有数额的一种专门方法。通过财产清查，可以提高会计记录的正确性，保证账实相符。同时，还可以查明各项财产物资的保管和使用情况以及各种结算款项的执行情况，以便对积压或损毁的物资和逾期未收到的款项及时采取措施，进行清理和加强对财产物资的管理。

7．编制会计报表

编制会计报表是以特定表格的形式，定期并总括地反映企业、行政事业单位的经济活动情况和结果的一种专门方法。会计报表主要以账簿中的记录为依据，经过一定形式的加工整理而产生一套完整的核算指标，用来考核、分析财务计划和预算执行情况，是编制下期财务预算的重要依据。

二、会计循环

1．会计循环概述

会计循环是在经济业务事项发生时，从填制和审核会计凭证开始，到登记账簿，直至编制财务会计报表，即完成一个会计期间会计核算工作的过程。企业将一定时期内发生的所有经济业务，依据一定的步骤和方法，加以记录、分类、汇总，直至编制会计报表的会计处理全过程。在连续的会计期间，这些工作周而复始地不断循环进行。

会计从经济业务发生到运用记账方法在账户中登记，并汇总编制成会计报表，这一整个会计信息的生成过程要经过一定的程序，而在每一个会计期间的会计工作都是按照这一基本程序有步骤地、连续不断地、周而复始地进行的。因此，把在一定会计期间内一次完成的会计工作的程序称为会计循环，又称会计工作程序。

2．会计循环的步骤

在实际的会计工作中，会计循环各步骤的实施具体表现在相关的凭证、账簿和报表的编制和审核工作之中。因此，结合相对应的凭证与账簿，一个完整的会计循环包括以下几个基本的步骤：

1）会计循环的起点——分析经济业务

会计作为对企业经济活动的反映与记录，与企业的经济活动是不可分割的。会计循环的第一步就是分析经济业务。

经济业务是指发生在主体与主体之间或主体内部，导致会计要素产生实际数量变化的企业各类经济活动以及内部事项。例如：购买设备、偿还到期债务、产品生产完工入库和计提折旧等。企业经济业务发生的最初证明，在会计工作中被称为原始凭证，诸如出差乘坐的车船票、采购材料的发货票、到仓库领料的领料单等用以明确经济责任，作为记账依据的最初书面证明文件就是原始凭证。

非经济业务是指凡不引起会计要素数量发生变化的活动都不能作为会计上的经济业务，比如签订一份合同，虽然会影响企业未来的经济活动，但由于合同在实际履行之前，尚未引起会计要素数量上的变化，因此，会计上不能作为经济业务加以记录。

2）编制会计分录

为了客观、真实地反映经济业务的发生对会计要素的影响，在分析的基础上必须以经办人员填制或取得的原始凭证为依据，经会计人员审核、整理后，按照设置的会计科目，运用复式记账法，编制会计分录。

3) 账簿登记

将每一笔经济业务做成会计分录，仅仅是确定了该笔经济业务发生后应记入的账户、账户的方向及其金额；会计分录只是分散地反映了经济业务对各账户的影响，还不能够连续地、系统地反映在一定会计期间内全部经济业务对各账户的综合影响。为了实现这一目的，还需要将会计分录的数据过入相关账户中去。将这一过程称为过账，包括把记账凭证中的每一笔会计分录的借方、贷方的金额，依据同样的会计凭证，按照同一借贷方向、相等的金额并在同一会计期间将之过入总分类账和明细分类账的有关账户中去。

4) 期末账项调整

除非有证据表明企业即将破产清算，会计核算通常是假定企业将持续经营下去的。但是，连续不断的经营过程需要人为地分割成相等的会计期间(年、半年、季、月)，以便信息使用者能够及时了解企业的经营成果和财务状况。

为了全面、充分地反映本期收入和费用，每个会计期间的期末，应该按权责发生制予以调整，以便合理地反映企业的经营成果。这种期末按权责发生制要求对部分会计事项予以调整的行为，就是账项调整。

5) 试算平衡

所谓试算平衡，就是要在会计期末当全部会计分录都已经过入总分类账和明细分类账后，为了检查过账是否正确，要编制试算平衡表以检查过账过程是否有错误。

6) 结账

结账是指在把一定时期(月份、季度、年度)内所发生的全部经济业务登记入账的基础上，在期末按照规定的方法计算出该期账簿记录的发生额合计数和余额，并将其余额结转下期或者转入新账以及划出结账标志的程序和方法。

7) 编制会计报表

试算平衡及结账后，标志着与本期有关的全部会计事项已经登记入账，且账务处理过程不存在明显差错，则下一步即可根据试算平衡表来编制基本财务报表。我国目前要求企业编制的财务报表包括资产负债表、利润表、现金流量表和所有者权益变动表。

思 考 题

1. 简述会计的基本概念及特点。
2. 简述会计的基本职能。
3. 简述会计的目标。
4. 试述会计核算的基本假设对会计核算有何作用。
5. 会计核算的方法有哪些？试述它们之间的关系。

第二章 会计科目和账户

第一节 会计要素

　　会计要素是会计对象按经济特征所作的最基本的分类，也是会计核算对象的具体化。通过会计要素对会计对象的进一步分类，为会计核算提供了基础，也为财务报表的构筑提供了基本构架。合理划分会计要素，有利于清晰地反映产权关系和其他经济关系。根据企业会计准则的规定，企业会计要素分为六大类，即资产、负债、所有者权益、收入、费用和利润。其中，资产、负债和所有者权益是反映企业财务状况的会计要素，也是资产负债表的基本要素，它反映企业资金运动的静态情况；收入、费用和利润是反映企业经营成果的会计要素，也是利润表的基本要素，它反映企业资金运动的动态情况。

一、资产

1. 资产的定义

　　资产，是指过去的交易或者事项所形成的、由企业拥有或控制的、预期会给企业带来经济利益的资源。

2. 资产的基本特征

　　根据资产的定义，资产具有以下基本特征：

　　(1) 资产是由过去的交易或者事项形成的。也就是说，资产是过去已经发生的交易或事项所产生的结果，资产必须是现实的资产，而不能是预期的资产。这里所指的企业过去的交易或者事项包括购买、生产、建造行为或者其他交易或事项。换句话说，只有过去的交易或者事项才能产生资产，企业预期在未来发生的交易或者事项不形成资产。例如，企业通过购买、自行建造等方式获得某项设备，会形成企业的资产；但企业预计在未来某一时点将要购买的设备，有购买某存货的意愿或者计划，引起相关的购买行为或者交易事项尚未发生，就不符合资产的定义，不能因此而确认存货资产。

　　(2) 资产是企业拥有或控制的资源。资产作为一项资源必须为企业拥有或控制。拥有或控制，是指企业应该享有某项资源的所有权，或者虽然不享有某项资源的所有权，但该资源能被企业所控制，企业可以按照自己的意愿使用或者处置该资产。例如，融资租入的固定资产，按照实质重于形式的要求，也应将其作为企业的资产予以确认。

　　通常在判断资产是否存在时，所有权是考虑的首要因素，但在有些情况下，虽然某些资产不为企业所拥有，即企业并不享用其所有权，但企业控制这些资产，同样表明企业能够从这些资产中获取经济利益。

(3) 资产预期会给企业带来经济利益。所谓经济利益,是指直接或者间接地流入企业的现金和现金等价物。资产能够为企业带来经济利益,它可以通过企业的日常经营活动获得,也可以通过企业的非日常经营活动获得。带来的经济利益的形式可以是现金,可以是现金等价物,也可以是能够转化为现金或现金等价物以及减少现金或现金等价物流出的形式。例如,企业通过收回应收账款、出售库存商品等可以直接获得经济利益,也可以通过对外投资以获得股利或参与利润分配的方式间接获得经济利益。

如果某一项目预期不能给企业带来经济利益,就不能将其确认为企业的资产,前期已经确认为资产的项目,如果不能再为企业带来经济利益,也不能再将其确认为企业的资产。

资产必须具有交换价值和使用价值。没有交换价值和使用价值、不能给企业带来未来经济利益的资源不能确认为企业的资产。例如,待处理财产损失或已失效、已毁损的存货,他们已经不能给企业带来未来经济利益,就不应该再作为资产出现在资产负债表中。

3. 资产的确认条件

根据企业会计准则的规定,将一项资源确认为资产,除了符合资产的定义之外,还要同时满足以下两个条件,才能确认为企业的资产。

(1) 与该资源有关的经济利益很可能流入企业。从资产的定义可以看到,能否带来经济利益是资产的一个本质特征,但在现实生活中,由于经济环境瞬息万变,与资源有关的经济利益能否流入企业或者能够流入多少,实际上具有不确定性。因此,资产的确认还应与经济利益流入的不确定性程度的判断结合起来,如果根据编制财务报表时所取得的证据,与资源有关的经济利益很可能流入企业,那么就应当将其作为资产予以确认;反之不能确认为资产。例如,某企业赊销一批商品给某一客户,从而形成了对该客户的应收账款,由于企业最终收到款项与销售实现之间有时间差,而且收款又在未来期间,因此具有一定的不确定性,如果企业在销售时判断未来很可能收到款项或者能够确定收到款项,企业就应当将该应收账款确认为一项资产;如果企业判断在通常情况下很可能部分或者全部无法收回款项,表明该部分或者全部应收账款已经不符合资产的确认条件,应当计提坏账准备,以减少资产的价值。

(2) 该资源的成本或价值能够可靠地进行计量。财务会计系统是一个确认、计量和报告的系统,其中计量起着枢纽作用,可计量性是所有会计要素确认的重要前提,资产的确认也是如此。只有当有关资源的成本或者价值能够可靠地计量时,资产才能予以确认。在实务中,企业取得的许多资产都是发生了实际成本的,例如,企业购买或者生产的存货,企业购置的厂房或者设备等,对于这些资产,只要实际发生的购买成本或者生产成本能够可靠计量,就视为符合了资产确认的可计量条件。在某些情况下,企业取得的资产没有发生实际成本或者发生的实际成本很小,例如,企业持有的某些衍生金融工具形成的资产,对于这些资产,尽管它们没有实际成本或者发生的实际成本很小,但是如果其公允价值能够可靠计量的话,也被认为是符合了资产可计量性的确认条件。

4. 资产的分类

资产按其流动性不同分类,可分为流动资产和非流动资产。

流动资产是指通常在一年内或者在超过一年的一个营业周期内变现或者耗用的资产。

主要包括库存现金、银行存款、应收及预付款项、其他应收款、交易性金融资产、存货等。

　　非流动资产是指流动资产以外的资产，是指在一年或者超过一年的一个营业周期以上变现或者耗用的资产。主要包括长期股权投资、固定资产、长期待摊费用、无形资产、投资性房地产等。

　　资产要素的基本内容如图 2-1 所示。

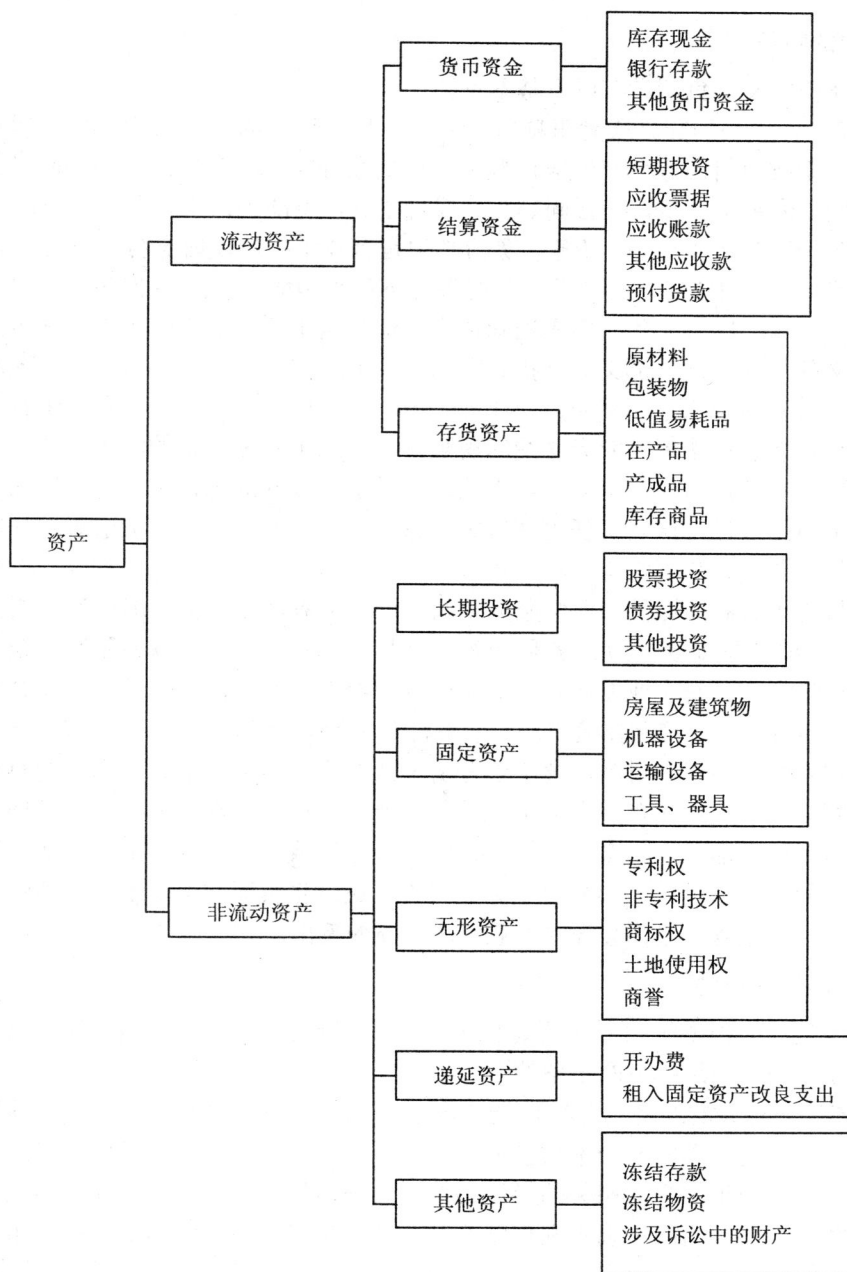

图 2-1　资产要素的基本内容

二、负债

1. 负债的定义

负债，是指企业过去的交易或者事项形成的，预期会导致经济利益流出企业的现时义务。

2. 负债的特征

根据负债的定义，负债具有以下基本特征：

(1) 负债是由过去的交易或者事项所形成的，只有过去的交易或者事项才形成负债。例如，购置货物或使用劳务会产生应付账款，接受银行贷款会产生偿还贷款的义务等。企业将在未来发生的承诺、签订的合同等交易或者事项，不能确认为企业的负债。

(2) 负债是企业承担的现时义务。负债必须是企业承担的现时义务，它是负债的一个基本特征。其中，现时义务是指企业在现行条件下已承担的义务,未来发生的交易或者事项形成的义务，不属于现时义务，不应当确认为负债。这里所指的义务可以是法定义务，也可以是推定义务。其中，法定义务是指具有约束力的合同或者法律法规规定的义务，通常在法律意义上需要强制执行。例如，企业购买原材料形成应付账款，企业向银行贷入款项形成借款，企业按照税法规定应当交纳的税款等，均属于企业承担的法定义务，需要依法予以偿还。推定义务是指根据企业多年来的习惯做法、公开的承诺或者公开宣布的政策而导致企业将承担的责任，这些责任也使有关各方形成了企业将履行义务解脱责任的合理预期。例如，某企业多年来制定有一项销售政策，对于售出商品提供一定期限内的售后保修服务，预期将为售出商品提供的保修服务就属于推定义务，应当将其确认为一项负债。

(3) 负债的清偿预期会导致经济利益流出企业。预期会导致经济利益流出企业也是负债的一个本质特征，只有企业在履行义务时会导致经济利益流出企业的，才符合负债的定义，如果不会导致企业经济利益流出的，就不符合负债的定义。例如，企业赊购一批材料，材料已经验收入库，但尚未付款，该笔业务所形成的应付账款应确认为企业的负债，需要在未来某一时日通过交付库存现金或银行存款来清偿。在履行现时义务清偿负债时，导致经济利益流出企业的形式多种多样，例如，用现金偿还或以实物资产形式偿还；以提供劳务形式偿还；部分转移资产、部分提供劳务形式偿还；将负债转为资本等。不管采用何种方式来偿还负债，最终一般都会导致企业经济利益的流出。

3. 负债的确认条件

负债的确认条件根据企业会计准则的规定，将一项现时义务确认为负债，除了符合负债的定义，还要同时满足以下两个条件：

(1) 与该义务有关的经济利益很可能流出企业。从负债的定义可以看到，预期会导致经济利益流出企业是负债的一个本质特征。在实务中，履行义务所需流出的经济利益带有不确定性，尤其是与推定义务相关的经济利益通常需要依赖于大量的估计。因此，负债的确认应当与经济利益流出的不确定性程度的判断结合起来，如果有确凿证据表明，与现时义务有关的经济利益很可能流出企业，就应当将其作为负债予以确认；反之，如果企业承担了现时义务，但是会导致企业经济利益流出的可能性很小，就不符合负债的确认条件，不应将其作为负债予以确认。

(2) 未来流出的经济利益的金额能够可靠地计量。负债的确认在考虑经济利益流出企业的同时，对于未来流出的经济利益的金额应当能够可靠计量。对于与法定义务有关的经济利益流出金额，通常可以根据合同或者法律规定的金额予以确定，考虑到经济利益流出的金额通常在未来期间，有时未来期间较长，有关金额的计量需要考虑货币时间价值等因素的影响。对于与推定义务有关的经济利益流出金额，企业应当根据履行相关义务所需支出的最佳估计数进行估计，并综合考虑有关货币时间价值、风险等因素的影响。

4．负债的分类

负债按其偿还期限的长短分为流动负债和长期负债。

流动负债，是指通常在一年内或者在超过一年的一个营业周期内偿还的债务。主要包括短期借款、应付及预收款项、应交税费、应付职工薪酬、其他应付款等。

长期负债，是指偿还期在一年或者超过一年的一个营业周期的债务。主要包括长期借款、应付债券和长期应付款等。

负债要素的基本内容如图 2-2 所示。

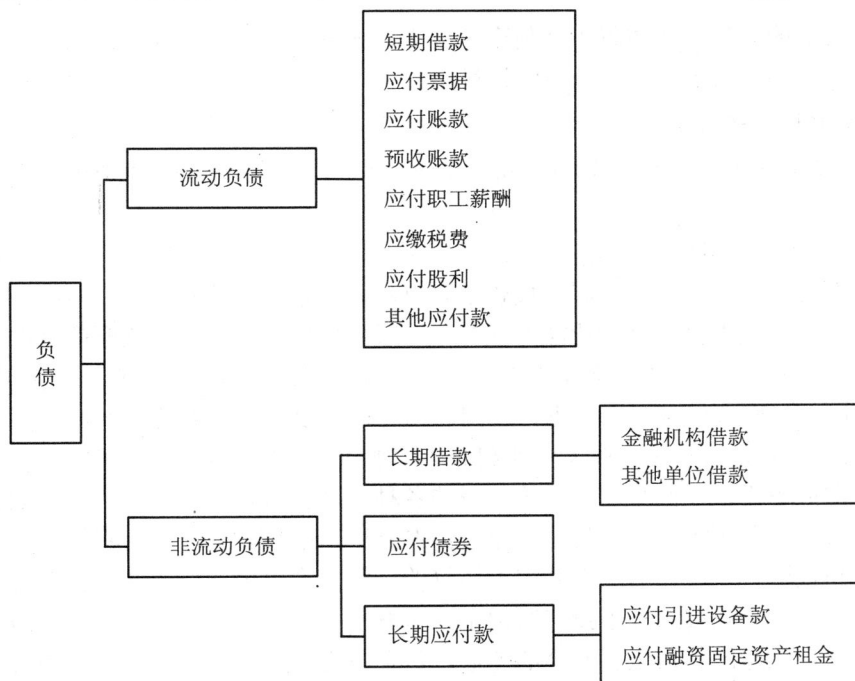

图 2-2 负债要素的基本内容

三、所有者权益

1．所有者权益的定义

所有者权益也称为净资产，是指企业资产扣除负债后由所有者享有的剩余权益。公司制的企业中所有者权益又称为股东权益，即公司股东在企业中所享有的剩余权益。所有者权益是所有者对企业资产的剩余索取权，是企业的全部资产中扣除债权人权益后应当由企业所有者所享有的部分。它既可以反映所有者投入资本的保值、增值情况，又体现了保护债权人权益的理念。

2．所有者权益的特征

根据所有者权益的定义，所有者权益具有以下基本特征：

(1) 除非发生减资、清算或分派现金股利，企业不需要偿还所有者权益。由于所有者对企业投资，形成了企业资产的主要来源，进而拥有企业的所有权，因此，正常情况下，在企业经营期内所有者权益可供企业长期、持续地使用，企业不必向投资人返还资本金，不需要偿还所有者权益。

(2) 企业清算时，只有在清偿所有的负债后，所有者权益才能返还给所有者。由所有者权益的定义可知，它是对企业的净资产享有所有权，而净资产等于全部资产扣除全部负债，所以，只有在偿还所有的负债之后，剩余的资产才可以返还给所有者。

(3) 所有者凭借所有者权益能够参与企业利润的分配。由于企业生产经营资金主要来源于所有者的出资，所有者对企业拥有所有权，当企业获利时，就应当向所有者分配利润。

3．所有者权益的确认条件

所有者权益的确认主要依赖于其他会计要素，尤其是资产和负债的确认，所有者权益金额的确定也主要取决于资产和负债的计量。

4．所有者权益的分类

(1) 所有者权益按经济内容划分，可分为实收资本、资本公积、盈余公积和未分配利润四种。

① 实收资本，是指投资者实际投入企业经济活动的各种财产物资，包括国家投资、法人投资、个人投资和外商投资。国家投资是有权代表国家投资的部门或者机构以国有资产投入企业的资本；法人投资是企业法人或其他法人单位以其依法可以支配的资产投入企业的资本；个人投资是社会个人或者本企业内部职工以其合法的财产投入企业所形成的资本；外商投资是国外投资者以及我国香港、澳门和台湾地区投资者投入的资本。

② 资本公积，是指通过企业非营业利润所增加的净资产，包括接受捐赠、法定财产重估增值、资本汇率折算差额和资本溢价所得的各种财产物资。接受捐赠是指企业因接受其他部门或个人的现金或实物等捐赠而增加的资本公积；法定财产重估增值是指企业因分立、合并、变更和投资时资产评估或者合同、协议约定的资产价值与原账面净值的差额；资本汇率折算差额是指企业收到外币投资时由于汇率变动而发生的汇兑差额；资本溢价是指投资人缴付的出资额超出其认缴资本金的差额，包括股份有限公司发行股票的溢价净收入及可转换债券转换为股本的溢价净收入等。

③ 盈余公积，是指企业从税后净利润中提取的各种公积金。盈余公积根据其用途不同分为公益金和一般盈余公积两类。公益金专门用于企业职工福利设施的支出，如购建职工宿舍、托儿所、理发室等方面的支出。现行制度规定，公司制企业按照税后利润的 5%～10% 的比例提取法定公益金。一般盈余公积分为两种：一是法定盈余公积。公司制企业的法定盈余公积按照税后利润的 10% 提取(非公司制企业也可按照超过 10% 的比例提取)，法定盈余公积已达注册资本的 50% 时可不再提取。二是任意盈余公积。任意盈余公积主要是公司

制企业按照股东大会的决议提取。盈余公积按规定可用于弥补企业亏损，也可按法定程序转增资本金。

④ 未分配利润，是指本年度所实现的净利润经过利润分配后所剩余的利润，等待以后分配。如果未分配利润出现负数时，即表示年末的未弥补的亏损，应由以后年度的利润或盈余公积来弥补。

(2) 所有者权益按来源构成划分，可分为所有者投入的资本、直接计入所有者权益的利得和损失、留存收益等。

① 所有者投入的资本，是指所有者投入企业的资本部分，它既包括构成企业注册资本或者股本部分的金额，也包括投入资本超过注册资本或者股本部分的金额，即资本溢价或者股本溢价，这部分投资资本作为资本公积(资本溢价)反映。

② 直接计入所有者权益的利得和损失，是指不应计入当期损益、会导致所有者权益发生增减变动的、与所有者投入资本或者向所有者分配利润无关的利得或者损失。利得，是指由企业非日常活动所形成的、会导致所有者权益增加的、与所有者投入资本无关的经济利益的流入。利得包括两种：一种是形成当期损益的利得，比如处置固定资产的净收益；另一种是直接计入所有者权益的利得，比如可供出售金融资产的增值。损失，是指由企业非日常活动所形成的、会导致所有者权益减少的、与向所有者分配利润无关的经济利益的流出。损失包括两种：一种是形成当期损益的损失，比如处置固定资产的净损失；另一种是直接计入所有者权益的损失，比如可供出售金融资产的贬值。

③ 留存收益，是指企业历年实现的净利润留存于企业的部分，主要包括计提的盈余公积和未分配利润。

四、收入

1. 收入的定义

收入，是指企业在日常活动中所形成的、会导致所有者权益增加的、与所有者投入资本无关的经济利益的总流入，包括销售商品收入、劳务收入、让渡资产使用权收入、利息收入、租金收入、股利收入等，但不包括为第三方或客户代收的款项。

2. 收入的特征

根据收入的定义，收入具有以下基本的特征：

(1) 收入是企业在日常活动中形成的。日常活动是指企业为完成其经营目标所从事的经常性活动以及与之相关的活动，如制造业生产和销售产品、商业企业销售商品、咨询企业提供咨询服务等。明确界定日常活动的目的在于区分收入和利得，由于非日常活动所形成的经济利益的流入不能确认为收入，而应作为利得。

(2) 收入是与所有者投入资本无关的经济利益的总流入。收入应当会导致经济利益的流入，最终导致资产的增加。例如，企业对外销售商品，应当收到或者在未来有权收到现金。但在实际工作中，经济利益的流入不都是由于收入的增加而导致的，由于所有者投入资本的增加也会导致经济利益的流入，而该流入不应当确认为企业的收入，应将其确认为所有者权益。

(3) 收入会导致所有者权益的增加。与收入相关的经济利益的流入应当会导致所有者权益的增加，不会导致所有者权益增加的经济利益的流入不符合收入的定义，不应当确认为收入。

3. 收入的确认条件

企业收入的来源渠道多种多样，不同收入来源的特征有所不同，其收入确认条件也往往存在差别，如销售商品、提供劳务、让渡资产使用权等。一般而言，收入只有在经济利益很可能流入从而导致企业资产增加或者负债减少、经济利益的流入额能够可靠计量时才能予以确认，即收入的确认至少应当符合以下条件：

(1) 与收入有关的经济利益应当很可能流入企业；

(2) 经济利益流入企业的结果会导致资产的增加或者负债的减少；

(3) 经济利益的流入额能够可靠计量。

4. 收入的分类

(1) 按照企业从事日常活动的性质，可将收入分为销售商品收入、提供劳务收入、让渡资产使用权收入等。其中，销售商品收入是指企业通过销售商品实现的收入，如工业企业制造并销售产品、商业企业销售商品等实现的收入。提供劳务收入是指企业通过提供劳务实现的收入，如咨询公司提供咨询服务、软件开发企业为客户开发软件、安装公司提供安装服务等实现的收入。让渡资产使用权收入是指企业通过让渡资产使用权实现的收入，如商业银行对外贷款、租赁公司出租资产等实现的收入。

(2) 按照企业从事日常活动在企业中的重要性，可将收入分为主营业务收入、其他业务收入等。其中，主营业务收入是指企业为完成其经营目标从事的经常性活动实现的收入，如工业企业制造并销售产品、商业企业销售商品、保险公司签发保单、咨询公司提供咨询服务、软件开发企业为客户开发软件、安装公司提供安装服务、商业银行对外贷款、租赁公司出租资产等实现的收入。这些活动形成的经济利益的总流入构成收入，属于企业的主营业务收入，根据其性质的不同，分别通过"主营业务收入"、"利息收入"、"保费收入"等科目进行核算。其他业务收入是指与企业为完成其经营目标所从事的经常性活动相关的活动实现的收入。例如，工业企业对外出售不需要的原材料、对外转让无形资产使用权等。这些活动形成的经济利益的总流入也构成收入，属于企业的其他业务收入，根据其性质的不同，通过"其他业务收入"科目核算。

五、费用

1. 费用的定义

费用，是指企业在日常活动中所发生的、会导致所有者权益减少的、与向所有者分配利润无关的经济利益的总流出。

2. 费用的特征

根据费用的定义，费用具有以下基本特征：

(1) 费用是企业在日常活动中形成的。费用必须是企业在其日常活动中所形成的，这里日常活动的界定与收入定义中涉及的日常活动要一致。因日常活动所产生的费用通常包括销售成本(营业成本)、管理费用等，将费用界定为日常活动所形成的，目的是为了将其与损失相区分。企业非日常活动所形成的经济利益的流出不能确认为费用，而应当计入损失。损失，是指由企业非日常活动所形成的、会导致所有者权益减少的、与向所有者分配利润无关的经济利益的流出。

(2) 费用会导致所有者权益的减少。与费用相关的经济利益的流出应当会导致所有者权益的减少，不会导致所有者权益减少的经济利益的流出不符合费用的定义，不应确认为费用。

(3) 费用是与向所有者分配利润无关的经济利益的总流出。费用的发生应当会导致经济利益的流出，从而导致资产的减少或者负债的增加(最终也会导致资产的减少)。其表现形式包括现金或者现金等价物的流出，存货、固定资产和无形资产等的流出或者消耗。由于企业向所有者分配利润也会导致经济利益的流出，而该经济利益的流出显然属于所有者权益的抵减项目，不应确认为费用，应当将其排除在费用的定义之外。

3. 费用的确认条件

费用的确认除了应当符合定义外，还应当满足严格的条件，即费用只有在经济利益很可能流出从而导致企业的资产减少或者负债增加、并且经济利益的流出金额能够可靠计量时才能予以确认。因此，费用的确认至少应当符合以下条件：

(1) 与费用有关的经济利益很可能会流出企业；

(2) 经济利益流出企业的结果会导致企业资产的减少或者负债的增加；

(3) 经济利益的流出金额能够可靠地计量。

4. 费用的分类

费用按其与收入的配比关系可划分为制造成本和期间费用。

(1) 制造成本，是指与生产产品直接有关的费用，包括直接材料、直接人工、制造费用等。这些费用计入产品成本，并从产品的销售收入中得到补偿。制造成本又可根据计入产品的方式不同，划分为直接费用和间接费用。直接费用，是指为生产某种产品发生的直接人工费、材料费等。直接费用可根据原始凭证直接计入该种产品成本。间接费用，是指企业为生产多种产品而发生的各种费用，生产车间的制造费用就是间接费用，应按一定的标准进行分配记入各种产品成本。

(2) 期间费用，是指企业为组织和管理企业生产经营、筹集生产经营所需资金以及销售商品等而发生的各项费用。期间费用与生产产品无直接关系，属于某一时期的费用，包括管理费用、财务费用和销售费用。期间费用不计入产品成本，而是在当期损益中扣除。

六、利润

1. 利润的定义

利润，是指企业在一定会计期间的经营成果。利润是评价企业管理层经营业绩的一项重要指标。通常情况下，如果企业的利润为正数，说明企业盈利，企业的所有者权益将增加，业绩得到了提升；反之，如果企业的利润为负数，说明企业发生亏损，企业的所有者权益将减少，业绩下滑了。

利润包括收入减去费用后的净额、直接计入当期利润的利得和损失等。前者反映的是企业日常活动的业绩，后者反映的是企业非日常活动的业绩。直接计入当期利润的利得和损失，是指应当计入当期损益、最终会引起所有者权益发生增减变动的、与所有者投入资本或者向所有者分配利润无关的利得或者损失。

2．利润的确认条件

利润反映的是收入减去费用、利得减去损失后的净额的概念，因此，利润的确认主要依赖于收入和费用以及本期利得和损失的确认，其金额的确定也主要取决于收入、费用、利得和损失金额的计量。

3．利润的分类

企业的利润最终应当反映在利润表中，按其构成分为营业利润、利润总额和净利润。

营业利润，是指营业收入减去营业成本、营业税金及附加、期间费用(包括管理费用、财务费用和销售费用)、资产减值损失，加上公允价值变动净收益、投资净收益后的金额。

利润总额，是指营业利润加上营业外收入，减去营业外支出后的金额。营业外收入，是指企业发生的与日常活动无直接关系的各项利得，包括非流动资产处置利得、盘盈利得、捐赠利得等。营业外支出，是指企业发生的与日常活动无直接关系的各项损失，包括非流动资产处置损失、盘亏损失、公益性捐赠支出等。

净利润，是指利润总额减去所得税费用后的金额。

第二节　会计等式

如前所述，六项会计要素反映了资金运动的静态和动态两个方面，具有紧密的相关性，它们在数量上存在着特定的平衡关系，这种平衡关系用公式来表示，就是通常所说的会计等式。会计等式是反映会计要素之间平衡关系的计算公式，它是制定各项会计核算方法的理论基础。从实质上看，会计等式揭示了会计主体的产权关系、基本财务状况和经营成果。

一、资产负债表等式

任何一个企业在其经营活动过程中，都必须要有一定的经济资源作为从事经济活动的基础，即必须拥有或控制一定数量和结构的能够满足其经营活动所需要的资产。资产可采取多种表现形式，如现金和银行存款、房屋和建筑物、机器设备、原材料等具有实体辨认形态；还有不具备实体可辨认形态，而只是代表一种在未来收取款项的权利，如应收账款等；此外，还有为企业生产产品、提供劳务、出租给他人，或为管理目的而持有的、没有实物形态的非货币性长期资产，即无形资产，如商标权、专利权、土地使用权、商誉等。

从具体的企业看，它们拥有的全部资产必有其来源。企业拥有的资产，其来源不外乎有两个，即来源于投资者的投入资金，或者来源于债权人的借入资金。不管是谁，只要为企业提供了资金来源，对企业的资产就具有所有权或者要求权，这种所有权或者要求权在会计上称为"权益"。

资产和权益实际上是企业所拥有的经济资源在同一时点上所表现的不同形式，是同一资本的两个不同方面。企业有一定数额的资产，必然同时拥有一定数额的权益；反之，企业有一定数额的权益，必然同时拥有一定数额的资产。因此，资产和权益是相互依存的，资产反映的是资源在企业存在、分布的形态，权益反映的是资源取得和形成的渠道。两者是从不同角度揭示同一资本。从数量上看，企业有多少数额的资产必然有与其等量的权益，即在任何情况下，企业的资产总是等于权益。对于资产与权益之间的这种恒等关系，可以用公式表示如下：

$$资产 = 权益 \tag{1}$$

资产与权益之间的恒等关系是复式记账法的理论基础，也是编制资产负债表的依据。会计的实际工作包括设置会计科目和账户、复式记账、试算平衡、结账、财务报表的编制，它们都必须以这一会计等式为指导。

由于企业的资产来源于所有者的投入资本和债权人的借入资金以及企业在生产经营过程中所产生效益的积累，分别归属于所有者和债权人。归属于所有者的部分形成所有者权益，会计上称为"所有者权益"，归属于债权人的部分形成债权人权益，会计上称为"负债"。因此，资产与权益之间的恒等关系又可以进一步表示为

$$资产 = 负债 + 所有者权益 \tag{2}$$

上述公式反映了企业任何一个时点资产的分布状况和形成这些资产的来源。无论在什么时点，这三者都应该保持上述恒等关系，通常称为"会计等式"或者"会计恒等式"，它反映了企业资产与权益的静态及动态平衡关系。

对于一个企业来讲，资产和权益是同一个事物的两个不同方面。一方面，企业的任何资产只不过是其经济资源的一种实际存在或表现形式，资产代表的是资金的存在形态或占用形态；另一方面，这些资产总是按照一定的渠道进入企业的，权益则代表资金的来源。逻辑上，这两者在任何时点上都是相等的，这正是辩证法中所说的一个事物的两个不同侧面的对立统一。这里我们用反证法进行论证，假设公式(1)的两边不相等，不外乎资产>权益或资产<权益两种情况。当资产>权益时，则多出的资产没有资金来源；当资产<权益时，则多出的权益没有资金的存在形态。显然，这两种情况在理论上及实践中均不成立和不存在，所以说"资产 = 负债 + 所有者权益"在企业的任何一个时点上均是成立的。

需要说明的是，公式(2)中，负债总是位于所有者权益之前。这种顺序的排列不是随机的，而是有其特定的经济意义。因为负债有具体的清偿期限，到期时，企业要支付一定的现金或其他经济资源，并且债务的求偿性受到法律的保护。也就是说，到期企业如不偿还，就要承担法律责任。而所有者权益则不同，它代表的是所有者投入的资本以及在后续的经营期间累计留存的盈利。这部分资本可供企业长期使用，没有到期还本付息的限制，除非企业破产或者清算，否则将可供企业永久使用，因此其求偿力远远低于负债，它在会计等式中的位置应排在负债之后。正因为负债具有偿还性，我们还可得到下面的等式：

$$所有者权益 = 资产 - 负债 = 净资产 \tag{3}$$

这一等式表明，所有者的权益是在资产扣减负债以后的剩余部分，即净资产。从这个意义上说，所有者权益也称为"剩余权益"。

为了反映某一会计主体在任何一个时点上资产与负债、所有者权益的状况，我们可以利用公式(2)来编制资产负债表来反映。公式(2)是编制资产负债表的理论依据，所以它又称为资产负债表等式。

二、利润表等式

资产、负债和所有者权益三者之间的恒等式,反映了企业资金运动的相对静止状态,即在某一特定时点上企业资产的构成、占用状况以及资产的来源渠道、权益状况。但是,运动是绝对的,企业的资金运动一刻也不能停止,否则这个企业就不复存在了。因此,企业在经营活动中,为了取得收入,必然要使用一定量的资产。当这些资产的效能被使用后,其价值就不复存在或转移到新产品中了,于是,企业就发生了费用。所谓费用,就是企业在经营过程中发生的耗费,它一般表现为资产的减少或者负债的增加。

对于一个正常、有效的企业来说,发生了一定的费用,一般会形成相应的收入。与费用相反,收入会导致资产的增加或者负债的减少。这样,企业一定期间所形成的收入和发生的费用相比较,其差额就是这一期间经营活动的净成果。如果收入大于费用,其净成果为正,就是利润;反之,如果收入小于费用,其净成果为负,就产生亏损。其关系式如下:

$$收入-费用=利润 \qquad (4)$$

公式(4)反映的是企业资金的绝对运动形式,即资金运动三个动态要素之间的内在联系和企业在某一时期的经营成果,说明了企业利润的实现过程,因此,在实际会计工作中,用于专门反映企业赚取利润的过程的报表,即利润表,就是依据公式(4)来编制的,所以说公式(4)也称为利润表等式。

三、资产负债表等式和利润表等式之间的关系

公式(2)和公式(4)有什么关系呢?或者说资金运动的两种表现形式是如何联系在一起的呢?

企业若取得了收入,则会导致资产增加,或负债减少,或资产增加与负债减少兼而有之。比如,某工业企业销售产品取得产品销售收入的同时,银行存款、应收账款等资产会同时增加,或者抵偿了原有的预收账款从而使负债减少,或者是银行存款的增加和预收账款的减少同时存在。而费用则正好相反,企业若发生费用,则会导致资产减少,或者负债增加,或者资产减少与负债增加兼而有之。比如,支付机器设备的修理费会减少现金或者银行存款;发生职工薪酬而未向职工支付之前,则会增加应付职工薪酬等。因此,我们可以得出这样的结论:收入、费用的发生会引起企业的资产、负债的变化。同时,进一步分析,我们可以得到,收入和费用在使资产和负债增加或者减少的同时,也使所有者权益随之增加或减少。而收入和费用相配比的结果,不管是盈利还是亏损,均应该由企业的所有者来承担。若为盈利,则所有者权益一定会增加;反之,若为亏损,则所有者权益一定会减少。因此,将公式(2)和公式(4)结合起来,则可以得到反映资产、负债、所有者权益、收入、费用和利润之间相互关系的恒等式:

$$资产=负债+所有者权益+收入-费用 \qquad (5)$$

公式(5)又可以表示为

$$资产=负债+所有者权益+利润 \qquad (6)$$

需要说明的是,在上述两个公式中,资产为变动后的资产,负债为变动后的负债,所有者权益为变动前的所有者权益,"收入-费用"即利润(亏损)为增加或减少的所有者权益,

这样公式(5)右边的"所有者权益＋收入－费用"就是变动后的所有者权益。

　　由此可以看出，公式(5)和公式(6)实质上是公式(2)的动态表现形式，它所反映的是企业资金经过一定时期经营活动之后产生了收入和费用，在变动后这个新时点资产、负债与所有者权益之间的平衡关系。到了会计年度末，利润按照法定程序经过分配(亏损经过弥补)后，利润(亏损)归入所有者权益。此时，会计恒等式又恢复到最基本的形式，即"资产＝负债＋所有者权益"。

　　由此可见，公式(2)和公式(4)之间存在着内在的联系。公式(2)是时点性的、静态的，反映了某一具体会计时点企业的财务状况，而公式(4)是时期性的、动态的，是对资产负债表的补充和发展，它反映了某一会计时期企业经营活动的成果。这种成果一旦发生了，必定会影响到企业资产、负债和所有者权益的分布状况，期末的资产负债表等式也相应发生变化，但不管怎样变，会计恒等式仍然成立。

　　公式(5)还可以经过变形得到如下形式：

$$资产＋费用＝负债＋所有者权益＋收入 \hspace{3cm} (7)$$

　　公式(7)揭示出会计六大基本要素的记账方向。资产与费用的两大要素在等式的左边，它们的记账方向相同，均代表的是资金占用性质；负债、所有者权益和收入这三个要素在等式的右边，它们的记账方向相同，均代表的是资金来源性质，掌握了这一点，有利于下面学习借贷记账法的账户结构。

四、经济业务对会计恒等式的影响

　　经济业务，一般是指企业在生产经营过程中发生的、能引起会计要素发生增减变动的经济活动，也叫会计事项。例如，购买材料、接受投资、销售商品、计提各项减值准备等，都属于经济业务。企业在生产经营过程中，每天都会发生多种多样、错综复杂的经济业务，从而引起各会计要素的增减变动，但并不影响资产与权益的恒等关系。

　　下面通过实例分析说明资产与权益的恒等关系，验证企业发生的经济业务对会计恒等式的影响。

　　【例2-1】　某企业2012年12月1日资产总额250 000元，负债50 000元，所有者权益为200 000元。本月发生如下经济业务：

　　(1) 发生的经济业务，使资产和所有者权益有关项目的金额同时增加。

　　业务1：企业接受投资人投入的机器设备一台，价值为50 000元。

　　这项经济业务同时引起资产要素中的固定资产和所有者权益要素中的实收资本发生增加的变动。其中，固定资产增加50 000元，实收资本增加50 000元。对会计等式的影响如下：

经济业务	资产	＝	负债	＋	所有者权益
原有余额	250 000		50 000		200 000
(1)	+50 000				+50 000
新余额	300 000		50 000		250 000

　　由此可以看出，会计等式的两边同时增加，且增加的金额相等，即资产和所有者权益同时增加相等的金额，使会计等式的两边同时增加，总额发生变动，且变动的金额相等，会计等式仍然保持平衡。

　　(2) 发生的经济业务，使资产和负债有关项目的金额同时增加。

　　业务 2：企业购买原材料 4 000 元，材料已验收入库，货款尚未支付(假设不考虑增值税)。

　　这项经济业务同时引起资产要素中的原材料及负债要素中的应付账款发生增加的变动。其中，原材料增加 4 000 元，应付账款增加 4 000 元。对会计等式的影响如下：

经济业务	资产	=	负债	+	所有者权益
原有余额	300 000		50 000		250 000
(2)	+4 000		+4 000		
新余额	304 000		54 000		250 000

　　由此可以看出，会计等式的两边同时增加，且增加的金额相等，即资产和负债同时增加相等的金额，使会计等式的两边同时增加，总额发生变动，且变动的金额相等，会计等式仍然保持平衡。

　　(3) 发生的经济业务，使资产和所有者权益有关项目的金额同时减少。

　　业务 3：依法以银行存款退回 Y 公司原投资额 10 000 元。

　　这项经济业务同时引起资产要素中的银行存款和所有者权益要素中的实收资本发生减少的变动。其中，银行存款减少 10 000 元，实收资本减少 10 000 元。对会计等式的影响如下：

经济业务	资产	=	负债	+	所有者权益
原有余额	304 000		54 000		250 000
(3)	-10 000				-10 000
新余额	294 000		54 000		240 000

　　由此可以看出，会计等式的两边同时减少，且减少的金额相等，即资产和所有者权益同时减少相等的金额，使会计等式的两边同时减少，总额发生变动，且变动的金额相等，会计等式仍然保持平衡。

　　(4) 发生的经济业务，使资产和负债有关项目的金额同时减少。

　　业务 4：用银行存款 2 000 元偿还部分所欠货款。

　　这项经济业务同时引起资产要素中的银行存款和负债要素中的应付账款发生减少的变动。其中，银行存款减少 2 000 元，应付账款减少 2 000 元。对会计等式的影响如下：

经济业务	资产	=	负债	+	所有者权益
原有余额	294 000		54 000		240 000
(4)	-2 000		-2 000		
新余额	292 000		52 000		240 000

由此可以看出，会计等式的两边同时减少，且减少的金额相等，即资产和负债同时减少相等的金额，会使会计等式的两边同时减少，总额发生变动，且变动的金额相等，会计等式仍然保持平衡。

(5) 发生的经济业务，使资产有关项目的金额发生增减变动，不涉及负债和所有者权益。

业务 5：企业将现金 5 000 元存入银行。

这项经济业务引起资产要素中的库存现金和银行存款这两个具体项目发生增减变动。其中，银行存款增加 5 000 元，库存现金减少 5 000 元。对会计等式的影响如下：

经济业务	资产　=	负债　+	所有者权益
原有余额	292 000	52 000	240 000
(5)	+5 000 −5 000		
新余额	292 000	52 000	240 000

由此可以看出，会计等式的左边一增一减，资产总额不变，会计等式右边的负债和所有者权益项目没有涉及，其总额也不变，会计等式仍然保持平衡。

(6) 发生的经济业务，使负债有关项目的金额发生增减变动，不涉及资产和所有者权益。

业务 6：企业签发一张面值为 20 000 元的商业承兑汇票，偿付以前所欠供货单位的货款。

这项经济业务引起负债要素中的应付票据及应付账款这两个具体项目发生增减变动。其中，应付票据增加 20 000 元，应付账款减少 20 000 元。对会计等式的影响如下：

经济业务	资产　=	负债　+	所有者权益
原有余额	292 000	52 000	240 000
(6)		+20 000 −20 000	
新余额	292 000	52 000	240 000

由此可以看出，会计等式的右边负债一增一减，且增减金额相等，即负债的内部发生增减变动，负债总额不变，会计等式左边的资产和右边的所有者权益项目没有涉及，其总额也不变，会计等式仍然保持平衡。

(7) 发生的经济业务，使所有者权益有关项目的金额发生增减变动，不涉及资产和负债。

业务 7：企业将 50 000 元的盈余公积转增资本，有关手续已经办妥。

这项经济业务引起所有者权益要素中的实收资本及盈余公积两个具体项目发生增减变动。其中，实收资本增加 50 000 元，盈余公积减少 50 000 元。对会计等式的影响如下：

经济业务	资产　=	负债　+	所有者权益
原有余额	292 000	52 000	240 000
(7)			+50 000 −50 000
新余额	292 000	52 000	240 000

由此可以看出，会计等式的右边所有者权益一增一减，且增减金额相等，即所有者权益的内部发生增减变动，所有者权益总额不变，会计等式左边的资产和右边的负债项目没有涉及，其总额也不变，会计等式仍然保持平衡。

(8) 发生的经济业务，使负债有关项目的金额增加，所有者权益有关项目的金额减少，但不影响权益总额和资产总额的变化。

业务 8：经企业研究决定，向投资者分配利润 35 000 元。

这项经济业务同时引起所有者权益要素中的利润分配和负债要素中的应付利润发生增减变动。其中，利润分配减少 35 000 元，应付利润增加 35 000 元。对会计等式的影响如下：

经济业务	资产	=	负债	+	所有者权益
原有余额	292 000		52 000		240 000
(8)			+35 000		−35 000
新余额	292 000		87 000		205 000

由此可以看出，会计等式的右边一增一减，且增减金额相等，即负债增加和所有者权益减少的金额相等，会计等式右边的总额不变，会计等式左边的资产没有涉及，其总额也不变，会计等式仍然保持平衡。

(9) 发生的经济业务，使负债有关项目的金额减少，所有者权益有关项目的金额增加，但不影响权益总额和资产总额的变化。

业务 9：将一笔 10 000 元的长期借款转为对企业的投资。

这项经济业务同时引起负债要素中的长期借款和所有者权益要素中的实收资本发生增减变动。其中，长期借款减少 10 000 元，实收资本增加 10 000 元。对会计等式的影响如下：

经济业务	资产	=	负债	+	所有者权益
原有余额	292 000		87 000		205 000
(9)			−10 000		+10 000
新余额	292 000		77 000		215 000

由此可以看出，会计等式的右边一增一减，且增减金额相等，即负债减少和所有者权益增加的金额相等，会计等式右边的总额不变，会计等式左边的资产没有涉及，其总额也不变，会计等式仍然保持平衡。

在企业发生如上 9 项经济业务后，其资产由期初的 250 000 元增加到期末的 292 000 元；在权益构成上负债由期初的 50 000 元增加到期末的 77 000 元，所有者权益由期初的 200 000 元增加到期末的 215 000 元。会计等式依然成立，平衡关系依旧存在。

五、总结

通过上述分析，可以得到以下结论：

第一，经济业务的发生引起会计等式两边会计要素变动的方式可以总结归纳为以下四种类型：

(1) 经济业务的发生引起会计等式两边金额同时增加，增加金额相等，变动后等式依然保持平衡。如上例的业务 1、业务 2。

(2) 经济业务的发生引起会计等式两边金额同时减少，减少金额相等，变动后等式依然保持平衡。如上例的业务 3、业务 4。

(3) 经济业务的发生引起会计等式左边即资产内部的项目此增彼减，增减金额相等，变动后资产的总额不变，会计等式仍然保持平衡。如上例的业务 5。

(4) 经济业务的发生引起会计等式右边负债内部项目此增彼减，或所有者权益内部项目此增彼减，或负债与所有者权益项目之间此增彼减，增减的金额相等，变动后会计等式右边的总额不变，会计等式仍然保持平衡。如上例的业务 6、业务 7、业务 8、业务 9。

将上述四种类型的经济业务再进一步细分，表现为以下九种情况：

① 资产和所有者权益要素同时增加，增加金额相等，如上例的业务 1；

② 资产和负债要素同时增加，增加金额相等，如上例的业务 2；

③ 资产和所有者权益要素同时减少，减少金额相等，如上例的业务 3；

④ 资产和负债要素同时减少，减少金额相等，如上例的业务 4；

⑤ 资产要素内部项目此增彼减，增减金额相等，负债和所有者权益要素不变，如上例的业务 5；

⑥ 负债要素内部项目此增彼减，增减金额相等，资产和所有者权益要素不变，如上例的业务 6；

⑦ 所有者权益要素内部项目此增彼减，增减金额相等，资产和负债要素不变，如上例的业务 7；

⑧ 负债要素增加，所有者权益要素减少，增减金额相等，如上例的业务 8；

⑨ 负债要素减少，所有者权益要素增加，增减金额相等，如上例的业务 9。

第二，经济业务的发生引起会计等式两边的会计要素同时增加或者减少时，会计等式两边的总额会发生变动，但变动后的总额仍然相等。

第三，经济业务的发生引起会计等式一边的会计要素同时增加或者减少时，会计等式两边的总额不会发生变动，等式仍然保持平衡。

可见，企业发生的任何经济业务，无论如何都不会破坏会计等式，仍旧维持会计等式的左右平衡关系。

第三节 会 计 科 目

会计科目是对会计对象的具体内容即会计要素的进一步分类核算的项目。在实际工作中，会计科目是事先通过会计制度规定的，它是设置账户、进行账务处理所必须遵循的规则和依据，是正确进行会计核算的一个重要条件。

一、会计科目的概念和意义

1. 会计科目的概念

会计要素是对会计对象的基本分类，而这六项会计要素仍显得过于粗略，难以满足各有关方面对会计信息的需要。例如，所有者需要了解利润构成及其分配情况、了解负债及其构成情况；债权人需要了解流动比率、速动比率等有关指标，以评判其债权的安全情况；

税务机关要了解企业欠缴税金的详细情况，等等。企业经济业务的复杂性，决定了各个会计要素内部构成以及各个会计要素之间增减变化的错综复杂性和形式多样性。为了全面、系统、详细地对各项会计要素的具体内容及其增减变动情况进行核算和监督，为经济管理提供更加具体的分类的数量指标，需要对会计要素进行更为具体和进一步的分类，划分为更为详细具体的会计科目。这种对会计要素的具体内容进行分类核算的项目，就是会计科目。也就是说，会计科目是为了满足会计确认、计量和报告的需要，根据企业内部管理和外部信息的需要，对会计要素进行分类的项目，是对资金运动进行的第三层次的划分。

2．会计科目的意义

会计科目是进行各项会计记录和提供各项会计信息的基础，在会计核算中具有重要意义。

(1) 会计科目是开设会计账户的依据，是复式记账的基础。有一个会计科目就应该设置一个相应名称的会计账户，复式记账要求每一笔经济业务同时在两个或者两个以上相互联系的账户中进行登记，以反映资金运动的来龙去脉。

(2) 会计科目是编制记账凭证的基础。记账凭证是确定所发生的经济业务应计入何种科目以及分门别类登记账簿的凭据。

(3) 会计科目为成本计算与财产清查提供了前提条件。通过会计科目的设置，有助于成本核算，使各种成本计算成为可能；通过账面记录与实际结存的核对，又为财产清查、保证账实相符提供了必备的条件。

(4) 会计科目为编制报表提供了方便。会计报表是提供会计信息的主要手段，为了保证会计信息的质量及其提供的及时性，财务报表中的许多项目与会计科目是一致的，并根据会计科目的本期发生额或余额填列。

二、会计科目的分类

1．按归属的会计要素分类

企业会计科目按其所归属的会计要素的不同，可以分为资产类科目、负债类科目、所有者权益类科目、成本类科目和损益类科目。

1) 资产类科目

资产类科目按其流动性分为反映流动资产的科目和反映非流动资产的科目。反映流动资产的科目主要有库存现金、银行存款、原材料、应收账款、库存商品等科目；反映非流动资产的科目主要有固定资产、无形资产、长期股权投资等科目。

2) 负债类科目

负债类科目按其偿还期限分为反映流动负债的科目和反映长期负债的科目。反映流动负债的科目主要有短期借款、应付账款、应付职工薪酬、应交税费、应付股利等科目；反映长期负债的科目主要有长期借款、应付债券、长期应付款等科目。

3) 所有者权益类科目

所有者权益类科目按其形成和性质分为反映投入资本的科目和反映留存收益的科目。反映投入资本的科目主要有实收资本或股本、资本公积等科目；反映留存收益的科目主要有盈余公积、本年利润、利润分配等科目。

4) 成本类科目

成本类科目按其不同内容和性质分为反映制造成本的科目和反映劳务成本的科目。反映制造成本的科目主要有生产成本、制造费用等科目；反映劳务成本的科目主要有劳务成本等科目。成本类科目归属于资产要素。在企业中，生产产品或提供劳务的成本计算是重要的一项经济业务，所以单独设置了成本类科目。

5) 损益类科目

损益类科目按其不同内容分为反映收入的科目和反映费用的科目。反映收入的科目主要有主营业务收入、其他业务收入、营业外收入等科目；反映费用的科目主要有主营业务成本、其他业务成本、财务费用、管理费用、销售费用、营业外支出、所得税费用等科目。

2．按提供信息的详细程度及其统驭关系分类

在设置会计科目时要兼顾对外报告信息和企业内部经营管理的需要，并根据所需提供信息的详细程度及其统驭关系的不同分设总分类科目和明细分类科目。

1) 总分类科目

总分类科目也称总账科目或一级科目，它是对会计要素的具体内容进行总括分类、提供总括信息的会计科目。例如："原材料"、"固定资产"、"短期借款"、"应付账款"等科目。总分类科目是反映各种经济业务的总括性核算指标，是进行总分类核算的依据。

2) 明细分类科目

明细分类科目又称明细科目，是对总分类科目的内容作进一步分类，提供更详细、更具体的会计信息的科目。例如，在"应付账款"总分类科目下按具体应付单位开设明细科目，具体反映应付哪个单位的货款。

在实际工作中，有时在总分类科目下设置的明细分类科目太多了，为了适应管理工作的需要，可以在总分类科目与明细分类科目之间增设二级科目或多级明细分类科目，如设置二级明细分类科目、三级明细分类科目等。二级明细分类科目是对总分类科目的进一步分类，三级明细分类科目是对二级明细分类科目的进一步分类。因此，会计科目可分为二级或者多级，即总分类科目统辖下属若干明细分类科目。

会计科目按提供信息的详细程度及其统驭关系分类的举例见表 2-1。

表 2-1　会计科目按提供信息的详细程度及其统驭关系分类

总分类科目	明细分类科目	
(一级科目)	二级科目	三级科目
生产成本	基本生产成本	A 产品 B 产品
	辅助生产成本	机修车间 供电车间

总分类科目和明细分类科目之间的关系：总分类科目对其所属的明细分类科目具有统驭和控制作用，明细分类科目是对其归属的总分类科目的补充和说明。总分类科目及其所属的明细分类科目共同反映经济业务的总括或详细的情况。

三、常用会计科目名称和编号

根据 2006 年财政部颁布的新《企业会计准则》和《企业会计准则——应用指南 2006》中的一级会计科目表，以及这门课程的教学需要，我们有选择地列表如下，见表 2-2(本表以工商企业为主，暂时没有考虑金融企业的会计科目)。

表 2-2　会计科目名称和编号

顺序号	编号	名称	顺序号	编号	名称
		一、资产类			二、负债类
1	1001	库存现金	38	2001	短期借款
2	1002	银行存款	39	2101	交易性金融负债
3	1012	其他货币资金	40	2201	应付票据
4	1101	交易性金融资产	41	2202	应付账款
5	1121	应收票据	42	2203	预收账款
6	1122	应收账款	43	2211	应付职工薪酬
7	1123	预付账款	44	2221	应交税费
8	1131	应收股利	45	2231	应付利息
9	1132	应收利息	46	2232	应付股利
10	1221	其他应收款	47	2241	其他应付款
11	1231	坏账准备	48	2501	长期借款
12	1401	材料采购	49	2502	应付债券
13	1402	在途物资	50	2701	长期应付款
14	1403	原材料			三、所有者权益类
15	1404	材料成本差异	51	4001	实收资本
16	1405	库存商品	52	4002	资本公积
17	1406	发出商品	53	4101	盈余公积
18	1407	商品进销差价	54	4103	本年利润
19	1408	委托加工物资	55	4104	利润分配
20	1411	周转材料			四、成本类
21	1461	融资租赁资产	56	5001	生产成本
22	1471	存货跌价准备	57	5101	制造费用
23	1511	长期股权投资	58	5201	劳务成本
24	1512	长期股权投资减值准备	59	5301	研发支出
25	1531	长期应收款			五、损益类
26	1601	固定资产	60	6001	主营业务收入
27	1602	累计折旧	61	6051	其他业务收入
28	1603	固定资产减值准备	62	6111	投资收益
29	1604	在建工程	63	6301	营业外收入
30	1605	工程物资	64	6401	主营业务成本
31	1606	固定资产清理	65	6402	其他业务成本
32	1701	无形资产	66	6403	营业税金及附加
33	1702	累计摊销	67	6601	销售费用
34	1703	无形资产减值准备	68	6602	管理费用
35	1711	商誉	69	6603	财务费用
36	1801	长期待摊费用	70	6711	营业外支出
37	1901	待处理财产损溢	71	6801	所得税费用

第四节　会计账户

会计科目的设置只是确定了对会计要素具体内容进行分类核算的项目。这些项目的本身只表示其所反映的会计要素的内容，而经济业务的发生所引起的会计要素的变化不能在这些项目中反映或加以说明。要想序时、连续、系统地记录由于经济业务发生所引起的会计要素的增减变动，以提供会计信息，就必须根据规定的会计科目来开设账户，对会计要素进行分类核算。

一、账户的概念

账户是根据会计科目设置的，具有一定的格式和结构，用于分类连续地记录各项经济业务，反映会计要素增减变动情况及其结果的载体。设置账户是会计核算的重要方法之一。

账户是根据会计科目开设的，会计科目分为总分类科目和明细分类科目。所以，根据总分类科目开设总分类账户，根据明细分类科目开设明细分类账户。

总分类账户，是指根据总分类科目设置的、用于对会计要素具体内容进行总括分类核算的账户，简称总账账户或总账。根据账户所反映的经济内容，可将其分为资产类账户、负债类账户、所有者权益类账户、成本类账户、损益类账户五类。

明细分类账户是根据明细分类科目设置的、用来对会计要素具体内容进行明细分类核算的账户，简称明细账。总账账户称为一级账户，明细分类账户称为明细账户。

二、账户的基本结构

账户除了以会计科目作为名称以外，还必须具有一定的结构。账户的基本结构是由会计要素的数量变化情况决定的。会计要素的数量变化是由经济业务所引起的，而经济业务的发生所导致的各项会计要素的变化，从数量上看只有两种情况：增加或减少。因此，用来分类记录经济业务的账户在基本结构上也相应地分为两个基本部分，即划分为左、右两方，一方登记增加数，一方登记减少数。如图2-3所示。

左方	账户名称	右方

图2-3　账户的基本结构

这是最为简化的账户格式，分为左、右两方。由于其格式有点像英文字母T，在英语系国家被称为"T"形账户；在我国的文字中，它与"丁"字相似，所以，我国习惯将其称为"丁"字账户。

在账户中，如果左方用来登记增加数，那么右方肯定就用来登记减少数。反之，亦然。至于哪一方登记增加，哪一方登记减少，取决于所记录的经济业务和账户的性质。本期发生额是一个动态指标，说明会计要素的增减变动情况。账户中登记本期增加的金额，称为本期增加发生额；登记本期减少的金额，称为本期减少发生额。增减相抵后的差额，称为余额。余额是一个静态指标，说明会计要素在某一个时期增减变动的结果。余额按照其表现的时间不同，分为期初余额和期末余额，其基本公式如下：

$$期末余额=期初余额+本期增加发生额-本期减少发生额$$

上述公式中的四个部分称为账户的四个金额要素。在连续登记账户的情况下，账户的本期期末余额即为下期期初余额。

"T"形账户其实是一种简化的格式，在实际工作中，账户的基本格式见表 2-3 所示，它应该包括以下几个内容：

(1) 账户的名称，即会计科目；

(2) 日期和摘要，即经济业务发生的时间和内容；

(3) 凭证号数，即账户记录的来源和依据；

(4) 增加和减少的金额；

(5) 余额。

表 2-3　账户的基本结构

年		凭证号数	摘要	借方	贷方	余额
月	日					

三、账户和会计科目的联系和区别

账户是根据会计科目开设的，会计科目就是账户的名称。会计科目与账户在会计学中是两个不同的概念，两者之间既有联系又有区别。

从联系上来说，会计科目和账户都是分门别类地反映会计要素的具体内容，即两者所反映的经济内容是一致的。会计科目是账户的名称，也是设置账户的依据；账户是会计科目的具体运用。没有会计科目，账户便失去了设置的依据；没有账户，就无法发挥会计科目的作用。

它们之间的主要区别：会计科目只表明某项会计要素的具体内容，不能记录经济业务的增减变化情况，不存在结构问题；而账户不仅表明相同的内容，还具有一定的结构、格式，可以对会计对象进行连续、系统的记录，以反映某项经济内容的增减变化及其结果。

在实际工作中，由于账户是根据会计科目开设的，有什么样的会计科目就有什么样的账户，而且账户按会计科目命名，二者完全一致，因此，通常将二者作为同义语来理解，互相通用，不加区别。

思 考 题

1. 试举例说明会计对象是社会再生产过程中的资金运动。

2. 什么是会计要素？会计要素之间存在怎样的关系？

3. 什么是资产？资产的确认需满足哪些条件？

4. 资产按照流动性不同可以划分为哪些种类？各包括哪些内容？

5. 什么是负债？负债有哪些特征？

6. 负债按照流动性不同可以划分为哪些种类？各包括哪些内容？

7. 所有者权益包括哪些内容？它与资产、负债有何关系？

8. 我国会计准则中规定的收入与费用采用的是广义还是狭义概念？各包括哪些内容？

9. 收入有哪些特点？费用有哪些特点？

10. 生产成本与期间费用有何不同？

11. 什么是利润？利润可以划分为哪几个层次？如何计算？

12. 什么是会计的基本等式？简述会计基本等式的意义。

13. 按照经济业务事项对会计要素的影响，经济业务事项有哪些基本类型？

14. 试结合会计的基本平衡关系说明经济业务事项对会计等式的影响。

练 习 题

1. 对会计要素进行分类，并掌握它们之间的关系。

资料：A 企业 2010 年 12 月 31 日资产、负债、所有者权益的状况如下表。

项　目		资　产	权　益	
			负　债	所有者权益
1. 库存现金	600 元			
2. 存放在银行的货币资金	95 000 元			
3. 生产车间用的厂房	280 000 元			
4. 各种机器设备	330 000 元			
5. 运输车辆	250 000 元			
6. 库存产品	75 000 元			
7. 车间正在加工中的产品	86 500 元			
8. 库存材料	85 000 元			
9. 投资人投入的资本	800 000 元			
10. 应付的购料款	142 000 元			
11. 尚未缴纳的税金	6 570 元			
12. 向银行借入的短期借款	72 000 元			
13. 应收产品的销货款	115 000 元			
14. 采购员出差预借的差旅费	2 000 元			
15. 商标权	250 000 元			
16. 发行的企业债券	317 000 元			
17. 单位的小轿车	95 000 元			
18. 盈余公积结余	68 530 元			
19. 预收的材料款	126 000 元			
20. 未分配利润	132 000 元			
合计				

要求：根据上述资料确定资产、负债和所有者权益项目；分别加计资产、负债和所有者权益的金额和合计数，验证资产和权益是否相等。

2．练习会计要素之间的相互关系。

资料：某企业 12 月 31 日资产、负债和所有者权益的状况如下表所示：

单位：元

资　产	金　额	负债及所有者权益	金　额
库存现金	1 000	短期借款	10 000
银行存款	27 000	应付账款	32 000
应收账款	35 000	应交税费	9 000
原材料	52 000	长期借款	B
长期股权投资	A	实收资本	240 000
固定资产	200 000	资本公积	23 000
合　计	375 000	合　计	C

要求：根据上表回答：

(1) 表中应填的数据为：

A.　　　　　　　　　　B.　　　　　　　　　　C.

(2) 计算该企业的流动资产总额。

(3) 计算该企业的负债总额。

(4) 计算该企业的净资产总额。

3．掌握经济业务的类型及其对会计等式的影响。

资料：某企业 2011 年 2 月末资产、负债、所有者权益情况如下表：

单位：元

资　产	金　额	负债及所有者权益	金　额
固定资产	120 000	短期借款	20 000
原材料	30 000	应付账款	13 480
生产成本	25 000	实收资本	147 000
库存商品	12 000	盈余公积	3 200
库存现金	180	未分配利润	20 000
银行存款	11 800		
应收账款	4 700		
合　计	203 680	合　计	203 680

3 月发生下列经济业务：

(1) 购入甲材料一批，价款 8 000 元，材料已入库，货款由银行存款支付。

(2) 收到红星公司所欠货款 20 000 元，存入银行。

(3) 收到国家投入的全新的、不需要安装的设备一台，价值 400 000 元。

(4) 以银行存款归还半年期借款 10 000 元。

(5) 以现金预付厂长出差费 2 000 元。

(6) 从银行提取现金 4 000 元。

(7) 经批准将盈余公积 500 元转增资本。

(8) 生产产品领用原材料 4 000 元。

(9) 本厂债权人同意将工厂所欠材料款 100 000 元转作为对本工厂的投入资本。

(10) 一批产品完工，生产成本 12 000 元，转入产成品库。

(11) 以银行存款 3 000 元缴纳应交税费。

(12) 以银行存款 1 000 元偿付前欠材料款。

(13) 购入材料一批已入库，金额 100 000 元，材料款尚未支付。

(14) 从银行取得短期借款 6 000 元，直接偿付所欠购料款。

要求：

(1) 分析每笔经济业务的类型。

(2) 分析每笔经济业务的发生对会计要素具体项目所产生的增减变动及结果，并根据变动后的结果编制 3 月末的资产、负债、所有者权益情况表。

第三章　复 式 记 账

第一节　复式记账的原理

企业发生的经济业务必然会引起会计要素发生增减变动，如何将这些经济业务登记到有关账户中，就需要采用一定的记账方法。

一、记账方法的概念

所谓记账方法，就是账簿登记经济业务的方法，即在交易或者事项发生后，根据一定的记账原理，按照一定的记账规则，使用一定的记账符号，采用一定的计量单位，利用文字和数字将其所引起的会计要素具体内容的增减变动在有关账户中进行记录的一种专门方法。

二、记账方法

从会计发展的历史来看，人类曾使用过两大记账方法：一是单式记账法；一是复式记账法。人类早期使用的是单式记账法，到了 15 世纪以后，复式记账法才完备起来并得到广泛的应用。

1．单式记账法

采用单式记账法，在经济业务发生后，一般只在一个账户中进行单方面登记。由于早期生产经营活动比较简单，人们主要关注货币资金以及人欠、欠人等情况，因而，这种记账方法重点强调现金、银行存款的收付，以及人欠、欠人等债权、债务的结算，而其他财产物资的记账则相对不被重视。例如，当以银行存款 10 000 元购买材料时，只在银行存款账户上记录减少 10 000 元，而不在原材料上记录增加 10 000 元。

单式记账法具有如下特点：

(1) 没有一套完整的账户体系；

(2) 账户之间的记录一般没有直接的联系；

(3) 由于账户之间没有对应的关系，所以，账户之间也没有数字平衡关系。

可见，这种记账方法不能全面、系统地反映经济业务的来龙去脉，也不便于检查账户记录的正确性，不能适应复杂的商品生产和交换的需要，于是，在 15 世纪末、16 世纪初逐渐被复式记账法所取代。

2. 复式记账法

1) 复式记账法的概念

复式记账法，是指对发生的每一项经济业务，都要以相等的金额同时在相互关联的两个或两个以上账户中进行记录，系统地反映资金运动变化结果的一种记账方法。例如，用银行存款 5 000 元购买原材料的业务，不仅要在"银行存款"账户中记录银行存款减少 5 000元，而且还要在"原材料"账户中记录原材料增加 5 000 元，这样，"银行存款"账户和"原材料"账户之间就形成了一种对应关系。再如，企业赊购一项设备业务，一方面要在"应付账款"账户中记录欠款的增加，另一方面，要在"固定资产"账户中记录固定资产的增加。"固定资产"账户与"应付账款"账户之间也形成了一种对应关系。

复式记账的原理，现在看来似乎并不复杂，但在会计的发展历史上，却有着划时代的意义。会计之所以能从一种简单的记录计算方法发展成为一门科学，复式记账法的产生起了奠基的作用。它的历史功绩决不限于记账方法的本身，而是推动着现代会计方法体系的形成，因此，不少学者把复式记账视为会计核算方法的核心，把它誉为"会计科学史上的伟大建筑"。

2) 复式记账法的特点

与单式记账法相比，复式记账法具有不可比拟的优越性，具体包括以下几个特点：

(1) 对于每一项经济业务，都必须在两个或两个以上相互联系的账户中进行记录。需要强调说明的是，复式记账法所记录的对象是企业发生的任何一项经济业务，不能有所遗漏。每项业务所涉及的至少是两个账户，而这些账户之间存在着一种对应关系。也正因为如此，我们通过账户记录不仅可以全面、清晰地反映出经济业务的来龙去脉，还能够通过会计要素具体内容的增减变动，全面、系统地反映经济活动的过程和结果。

(2) 对于每一项经济业务，必须以相等的金额进行记录。不仅在相互联系的账户中进行登记，还要以相等的金额进行记录。这样，我们可以很容易检查账户记录是否正确。检查的方法是进行试算平衡。

(3) 账户设置完整，具有完善的账户体系。由于复式记账法要求对每一项经济业务都进行反映，每一项经济业务涉及的所有方面都要在相应的账户里登记，因此，必须设置一套完整的账户。例如，企业既要设置反映资金处于静态下的资产、负债和所有者权益的账户，也要设置反映资金处于运动过程中所形成的收入、费用等账户。

(4) 对一定时期内的账户记录能进行综合试算平衡。由于复式记账法对发生的每一项经济业务，都要以相等的金额在相互联系的两个或者两个以上的账户中进行记录，依据一定的平衡原理就能进行所有账户记录的综合试算平衡。

复式记账法由于具备上述特点，因而被世界各国公认为是一种科学的记账方法而被广泛采用。我国过去曾采用的复式记账法有增减记账法、收付记账法和借贷记账法。实践证明，增减记账法和收付记账法都有其各自的缺陷，借贷记账法是最科学的记账方法。借贷记账法是目前世界各国普遍采用的一种复式记账方法，也同样是在我国应用最广泛的一种记账方法。2006 年财政部颁布的《企业会计准则——基本准则》中明确规定企业应当采用借贷记账法记账。

第二节　借贷记账法

历史上最早的复式记账法，是以"借"和"贷"为记账符号的借贷记账法。借贷记账法产生于 12～15 世纪的意大利，后在英、美等国得到发展和完善，并在清朝末年经日本传入我国。目前，借贷记账法是我国会计规范规定的唯一可采用的记账方法。

一、借贷记账法的概念

借贷记账法是以"借"、"贷"作为记账符号的一种复式记账法。借贷记账法是建立在"资产=负债+所有者权益"会计等式的基础上，以"有借必有贷、借贷必相等"作为记账规则，反映会计要素的增减变动的一种复式记账方法。

借贷记账法从其产生到基本定型，经历了近两百年的时间。据目前已经发现的史料来看，借贷记账法于 13 世纪起源于意大利。当时意大利的商品经济已经发展到相当的程度，加上海陆交通比较发达，沿海城市已形成了很多国际、国内的贸易中心。由于商品交换的需要，在这些地方出现了一种从事货币借贷业务和兑换各种不同货币的"银钱"行业，也就是银行的前身，这些银钱行业还为商人办理转账结算。他们对于各个有银钱来往的客户，分别开设往来账户，每个账户有两个记账部位，一个部位记"我应当给他的"(即债务)，另一个部位记"他应当给我的"(即债权)。这两个部位相当于账户的贷方和借方。如果两个往来客户之间要办理转账结算，那就在付款人的账户上计入借方，在收款人的账户上计入贷方。这种账户从银钱也对债权、债务的结算来看，最初是具有借贷的本义的。当时的这种记账方法，虽然有了复式记账的雏形，但账簿的记载，仍是以文字叙述为主，并没有形成以数字平衡为基础的账户结构。而且，复式记账的使用基本上只限于债权、债务的结算。这种复式记账方法于 1211 年首先出现在佛罗伦萨，因此会计学者称之为佛罗伦萨式记账法。后来，在意大利的热那亚出现了一种更为进步的复式记账法，记账的对象已从债权、债务扩大到商品、现金，而且账户的格式已经分为左、右两方，分别表示借方和贷方。账户的记录也从文字叙述为主改为数字平衡为主，每个账户都要结出余额，并把借方或贷方列在相反的方向，求得账户两方在数字上的平衡。这种记账方法的发展，把借贷的记录从债权、债务扩大到了商品和现金的收付，因此，借、贷的本义已经失去，剩下的只是一种记账符号而已。这种记账方法以 1340 年在热那亚使用过的账簿为代表，因此也就称它为热那亚式。热那亚式虽比佛罗伦萨式有了明显的进步，但是当时还没有计算损益和反映企业资本的账户，因此全部账户的数字平衡还无法完全做到。到 15 世纪时，在威尼斯开始出现了更为完备的账户设置，既增设了计算损益和反映企业资本的账户，而且还进行了全部账户余额的试算平衡。1494 年，意大利数学家卢卡·帕乔利著书介绍了这种记账方法，并从理论上作了论述。借贷记账法从此基本定型。此后几百年，世界各国对会计理论和方法的研究虽有不少重大的进展，但借贷记账法的基本原理却一直沿用至今。

二、借贷记账法的主要特点

前已说明，借贷记账法的产生对会计核算的方法体系有着多方面的影响，但从记账方法的角度来分析，它的主要特点可以简单地归纳为以下几点：

(1) 借贷记账法以"借"和"贷"作为记账符号。用"借"(借方)表示资产的增加或负债及所有者权益的减少；用"贷"(贷方)表示资产的减少或负债及所有者权益的增加。

(2) 借贷记账法对每项经济业务的记录，都按相等的金额同时记入一个账户的借方和一个账户的贷方，或一个账户的借方和几个账户的贷方，或几个账户的借方和一个账户的贷方，或几个账户的借方和几个账户的贷方。

(3) 借贷记账法以"有借必有贷，借贷必相等"作为记账规则。由于"借"、"贷"是同时出现的记账符号，而且双方的金额又是相等的，这就形成了借贷记账法的"有借必有贷，借贷必相等"的记账规则。

(4) 借贷记账法以"有借必有贷，借贷必相等"的记账规则进行试算平衡。试算平衡包括发生额平衡和余额平衡两种方法，根据会计恒等式和借贷记账法的记账规则进行试算，若平衡，可以说明账簿记录基本正确，但不能保证完全正确，因为试算平衡只能计算相反方向的金额合计是否相等，至于方向、金额、科目是否正确无法验证。

(5) 借贷记账法对账户不要求固定分类。除了资产、负债、所有者权益、收入、费用、利润账户以外，还可以设置和运用双重性质的账户。双重性质的账户可根据余额来确定其性质，如为借方余额，就是资产账户；如为贷方余额，就是负债账户。

三、借贷记账法的理论依据

借贷记账法的对象是会计要素的增减变动过程及其结果。这个过程及结果可用公式来表示：资产 = 负债 + 所有者权益。这一恒等式揭示了三个方面的内容：

(1) 会计主体各要素之间的数字平衡关系。有一定数量的资产，就必然有相应数量的权益(负债和所有者权益)与之相对应，任何经济业务所引起的要素增减变动，都不会影响这个等式的平衡。如果把等式的"左"、"右"两方用"借"、"贷"两方来表示的话，就是说每一次记账的借方和贷方是平衡的；一定时期账户的借方、贷方的金额是平衡的；所有账户的借方、贷方的金额是平衡的；所有账户的借方、贷方余额的合计数是平衡的。

(2) 各会计要素增减变化的相互关系。从上一章可以看出，任何经济业务都会引起两个或两个以上相关会计项目发生金额变动，因此当经济业务发生后，在一个账户中记录的同时必然要有另一个或两个以上账户的记录与之对应。

(3) 等式有关因素之间是对立统一的。资产在等式的左边，当想移到等式右边时，就要以"−"表示，负债和所有者权益也具有同样的情况。也就是说，当我们用左边(借方)表示资产类项目增加时，就要用右边(贷方)来记录资产类项目减少。与之相反，当我们用右方(贷方)记录负债和所有者权益增加额时，我们就需要通过左方(借方)来记录负债和所有者权益的减少额。

这三个方面的内容贯穿了借贷记账法的始终。会计等式对记账方法的要求决定了借贷记账法的账户结构、记账规则、试算平衡的基本理论，因此说会计等式是借贷记账法的理论依据。

四、借贷记账法的记账符号

记账符号是会计上用来表示经济业务的发生涉及的金额应该如有关账户的左方金额栏还是右方金额栏的符号。借贷记账法下以"借"和"贷"作为记账符号，分别作为账户的元方和右方。

从借贷记账法的产生过程中可以看出，"借"和"贷"最初是从借贷资本家的角度来解释的。借贷资本家以经营货币为主要业务，对于收进来的存款，记在贷主的名下，表示自身的债务，即"欠人"的增加；对于付出去的放款，即在借主的名下，表示自身的债权，即"人欠"的增加。随着社会经济的发展，经济活动的内容日益复杂，记录的经济业务已不局限于货币资金的收付业务，而逐渐扩展到财产物资、经营损益和经营资本等的增减变化。这时，为了求得账簿记录的统一，对于非货币资金的收付活动，也利用"借"、"贷"两字的涵义来记录其增减变动情况。这样，"借"、"贷"两字逐渐失去了原来的涵义，而转化为纯粹的记账符号，成为会计上的专门术语，用来表明记账方向。

具体而言，借贷记账法的记账符号具有以下几点作用：

(1) 表示经济业务发生应当记入账户的方向；

(2) 表示资金运动变化的来龙去脉；

(3) 表示已登记在账户中"借方"和"贷方"的数字所包含的资金数量是增加还是减少；

(4) 用以判别账户的性质。

五、借贷记账法的账户结构

在前面有关账户的结构中把账户分为左、右两方，不同类型的账户在登记增加或减少时的方向不同，主要取决于所采用的记账方法。借贷记账法的确定使这个问题得以解决。在借贷记账法下，账户的基本结构：左方为借，右方为贷。记账时，账户的借、贷两方必须做相反方向的记录，即对于每一个账户来说，如果借方用来登记增加额，则贷方就用来登记减少额。反之，亦然。在一个会计期间内，借方登记的合计数成为借方发生额；贷方登记的合计数成为贷方发生额。借、贷两方相抵后的差额若在借方，则称为借方余额；相抵后的差额若在贷方，则称为贷方余额。但究竟是哪一方登记增加数，哪一方登记减少数，则要根据账户反映的经济内容，也就是账户的性质来决定。对于制造业而言，账户包括资产、负债、所有者权益、成本、收入和费用六大类。每一类账户的结构具体如下：

1. 资产类账户的结构

从会计等式的角度看，企业的资产通常列在等式的左方，企业的会计报表也通常在左边反映资产项目，所以，会计上习惯将资产的增加数记入账户的左方即借方，而减少数则必然记入账户的右方即贷方。

借贷记账法下，资产类账户的借方登记资产的增加数，贷方登记资产的减少数。由于增加数和减少数是在一定会计期间内发生的，又称为本期发生额。资产的增加数记在借方，其登记的增加数的合计数又称为本期借方发生额；资产的减少数记在贷方，其登记的减少数的合计数又称为本期贷方发生额。资产类账户期末一般都有余额，余额的方向与登记增加的方向一致，因此，资产类账户的期末余额一般在借方。资产类账户的结构如图 3-1 所示。

借方		资产类账户	贷方	
期初余额	××			
本期增加额	××	本期减少额	××	
	××		××	
本期发生额合计	××	本期发生额合计	××	
期末余额	××			

图 3-1　资产类账户的结构

资产类账户期末余额的计算公式为：

$$资产类账户期末余额 = 期初余额 + 本期借方发生额 - 本期贷方发生额$$

2．负债和所有者权益类账户的结构

从会计等式的角度看，企业的负债和所有者权益通常列在等式的右方，企业的会计报表也通常在右边反映负债和所有者权益项目，所以，会计上习惯将负债和所有者权益的增加数记入账户的右方即贷方，而减少数则必然记入账户的左方即借方。

借贷记账法下，负债和所有者权益账户的结构是相同的。其贷方登记负债和所有者权益的增加数，借方登记负债和所有者权益的减少数。因为贷方登记的是增加数，本期贷方发生额反映的是增加数的合计数；借方登记的是减少数，本期借方发生额反映的是减少数的合计数。负债和所有者权益账户期末一般也都有余额，余额的方向与登记增加的方向一致，因此，负债和所有者权益账户的期末余额一般在贷方。负债和所有者权益类账户的结构如图 3-2 所示。

借方		负债和所有者权益类账户	贷方	
		期末余额	××	
本期减少额	××	本期增加额	××	
	××		××	
本期发生额合计	××	本期发生额合计	××	
		期末余额	××	

图 3-2　负债和所有者权益类账户的结构

负债和所有者权益类账户期末余额的计算公式为：

$$负债和所有者权益类账户期末余额 = 期初余额 + 本期贷方发生额 - 本期借方发生额$$

3．成本类账户的结构

成本类账户的结构兼有损益费用类账户和资产类账户的特征。其发生额的记录与损益费用类账户结构相同，其余额的反映与资产类账户相同。即成本的增加记入账户的借方，成本的减少或结转记入账户的贷方；借方的余额反映期初或期末的结存成本。成本类账户的结构如图 3-3 所示。

借方	成本类账户	贷方	
期初余额	××		
本期增加额	××	本期减少额	××
	××	或结转额	××
本期发生额合计	××	本期发生额合计	××
期末余额	××		

图 3-3　成本类账户的结构

成本类账户期末余额的计算公式为：

成本类账户期末余额＝期初余额＋本期借方发生额－本期贷方发生额

4．收入类账户的结构

企业收入的取得会导致企业利润的增加，会使企业的资产增加或负债减少，从而引起所有者权益的增加。因此，收入类账户的结构与所有者权益类账户的结构相似，即增加金额计入账户的贷方，减少的金额计入账户的借方，平时的余额记在账户的贷方。但与所有者权益类账户不同的是，收入是企业在一定期间内取得的经营成果，不应该留存到下一个会计期间，应当在当期全部结转，以便下一个会计期间的收入类账户金额能够反映下一个会计期间的实际收入情况，因此，在期末要将全部余额结转到"本年利润"账户的贷方。因此，收入类账户期末一般无余额。收入类账户的结构如图 3-4 所示。

借方	收入类账户	贷方	
本期减少额	××	本期增加额	××
或结转额	××		××
本期发生额合计	××	本期发生额合计	××

图 3-4　收入类账户的结构

5．费用类账户的结构

费用的发生会使企业的资产减少或负债增加，从而引起所有者权益的减少。因此，费用类账户的结构与所有者权益类账户的结构正好相反，与资产类账户的结构基本相同，即增加金额计入账户的借方，减少或转销的金额计入账户的贷方，平时的余额记在账户的借方。由于当期发生的费用应当在当期全部结转，不应该留存到下一个会计期间，以便下一个会计期间的费用类账户金额能够反映下一个会计期间的实际费用情况，因此，在期末要将全部余额结转到"本年利润"账户的借方。所以，费用类账户期末一般也无余额。费用类账户的结构如图 3-5 所示。

借方	费用类账户	贷方	
本期增加额	××	本期减少额	××
		或结转额	××
本期发生额合计	××	本期发生额合计	××

图 3-5　费用类账户的结构

上述各类账户的结构在借贷记账法下借、贷方所登记的内容以及账户余额的方向，可以归纳成表格，见表 3-1(表中均为一般情况)。

表 3-1 借贷记账法下各类账户的结构

账 户	借 方	贷 方	余 额
资产类	增加	减少	借方
负债类	减少	增加	贷方
所有者权益类	减少	增加	贷方
成本类	增加	减少(或结转)	借方
收入类	减少(或结转)	增加	一般无余额
费用类	增加	减少(或结转)	一般无余额

从表 3-1 可以看出：

(1) 从登记的方向来看，我们可以把账户分为两大类：资产、成本、费用类，增加记借方，减少记贷方；负债、所有者权益、收入类，增加记贷方，减少记借方。

(2) 从余额的方向来看，只有资产、负债和所有者权益账户期末一般有余额。资产类账户的余额在借方，负债与所有者权益类账户的余额在贷方。从每一个账户来说，无论期初、期末余额，只能在账户的一方，这样就可以根据账户余额的所在方向，判断账户的性质。

(3) 在借贷记账法下，可以设置双重性质的账户。双重性质账户，是指既可以用来反映资产，又可以反映负债的账户。例如，应收账款是资产类的账户，如果多收了，多收的部分就转化成应该退还给对方的款项，变为负债。这类账户需要在期末根据账户余额的方向确定其反映的经济业务性质。如果该类账户的期初余额和期末余额的方向相同，说明账户登记项目的资产、负债和所有者权益的性质未变；如果期初余额在借方，期末余额在贷方，说明该账户登记项目已从期初的资产变为期末的负债或所有者权益；如果期初余额在贷方，期末余额在借方，说明该账户登记项目已从期初的负债或所有者权益变为期末的资产。

(4) 如果用一个账户来登记所有要素的增减变动情况，就可以用图 3-6 来表示。

借方	账户名称	贷方
资产的增加		资产的减少
成本的增加		成本的减少
费用的增加		费用的减少
负债的减少		负债的增加
所有者权益的减少		所有者权益的增加
收入的减少		收入的增加
资产的余额		负债、所有者权益的余额

图 3-6 所有会计要素的账户结构综合反映图

六、借贷记账法的记账规则

记账规则是进行会计记录和检查账簿登记是否正确的依据和规律。不同的记账方法，具有不同的记账规则。借贷记账法的记账规则可以用一句话概括为："有借必有贷，借贷必相等"。这一记账规则要求对于每一项经济业务，都要在两个或两个以上相互联系的账户中以借方和贷方相等的金额进行登记。具体来说，对于每一项经济业务，如果在一个账户中登记了借方，必须同时在另一个或几个账户中登记贷方；反之，如果在一个账户中登记了贷方，必须同时在另一个或几个账户中登记借方，并且，登记在借方和贷方的金额总额必须相等。

在实际运用借贷记账法的记账规则登记经济业务时，一般要按以下三个步骤进行：

首先，根据发生的经济业务分析涉及的账户名称有哪些；

其次，确定所涉及的账户的性质，是属于哪一类会计要素，其资金数量是增加还是减少；

最后，根据账户的结构，确定应记录的方向是借方还是贷方以及各账户应计金额。

下面用例子说明借贷记账法的记账规则。

【例 3-1】 某企业 2012 年 12 月 1 日资产总额 250 000 元，负债 50 000 元，所有者权益为 200 000 元。本月发生如下经济业务：

业务 1：企业接受投资人投入的机器设备一台，价值为 50 000 元。

此项经济业务属于资产和所有者权益同时增加的业务。该业务使企业的"固定资产"增加了 50 000 元，同时导致"实收资本"增加了 50 000 元。"固定资产"属于资产类账户，增加应计入借方；"实收资本"属于所有者权益类账户，增加应计入贷方。因此，此项经济业务，应计入"固定资产"账户的借方和"实收资本"账户的贷方。登记入账的结果如图3-7 所示。

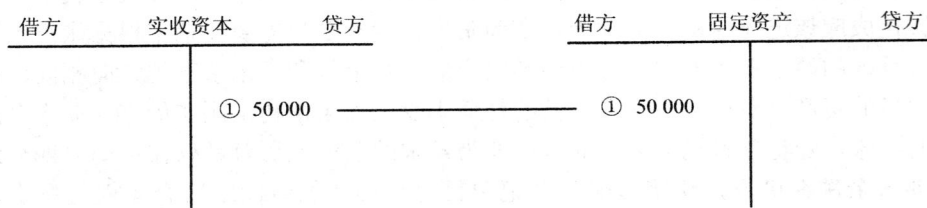

借方	实收资本	贷方		借方	固定资产	贷方
	① 50 000				① 50 000	

图 3-7 业务 1 登记入账示意图

业务 2：企业购买原材料 4 000 元，材料已验收入库，货款尚未支付(假设不考虑增值税)。

此项经济业务属于资产和负债同时增加的业务。该业务使企业的"原材料"增加了 4 000 元，同时导致"应付账款"增加了 4 000 元。"原材料"属于资产类账户，增加应计入借方；"应付账款"属于负债类账户，增加应计入贷方。因此，此项经济业务应计入"原材料"账户的借方和"应付账款"账户的贷方。登记入账的结果如图 3-8 所示。

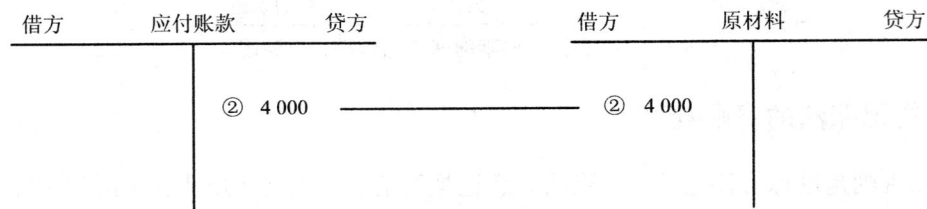

借方	应付账款	贷方		借方	原材料	贷方
	② 4 000				② 4 000	

图 3-8 业务 2 登记入账示意图

业务 3：依法以银行存款退回 Y 公司原投资额 10 000 元。

此项经济业务属于资产和所有者权益同时减少的业务。该业务使企业的"银行存款"减少了 10 000 元，同时导致"实收资本"减少了 10 000 元。"银行存款"属于资产类账户，减少应计入贷方；"实收资本"属于所有者权益类账户，减少应计入借方。因此，此项经济业务应计入"实收资本"账户的借方和"银行存款"账户的贷方。登记入账的结果如图 3-9 所示。

借方	银行存款	贷方		借方	实收资本	贷方
		③ 10 000		③ 10 000		

图 3-9 业务 3 登记入账示意图

业务 4：用银行存款 2 000 元，偿还部分所欠货款。

此项经济业务属于资产和负债同时减少的业务。该业务使企业的"银行存款"减少了 2 000 元，同时导致"应付账款"减少了 2 000 元。"银行存款"属于资产类账户，减少应计入贷方；"应付账款"属于负债类账户，减少应计入借方。因此，此项经济业务应计入"应付账款"账户的借方和"银行存款"账户的贷方。登记入账的结果如图 3-10 所示。

借方	银行存款	贷方		借方	应付账款	贷方
		④ 2 000		④ 2 000		

图 3-10 业务 4 登记入账示意图

业务 5：企业将现金 5 000 元存入银行。

此项经济业务属于一项资产增加，另一项资产减少的业务。该业务使企业的"银行存款"增加了 5 000 元，同时导致"库存现金"减少了 5 000 元。两者都属于资产类账户，增加应计入借方，减少应计入贷方。因此，此项经济业务应计入"银行存款"账户的借方和"库存现金"账户的贷方。登记入账的结果如图 3-11 所示。

借方	库存现金	贷方		借方	银行存款	贷方
		⑤ 5 000		⑤ 5 000		

图 3-11 业务 5 登记入账示意图

业务 6：企业签发一张面值为 20 000 元的商业承兑汇票，偿付以前所欠供货单位的货款。

此项经济业务属于一项负债增加，另一项负债减少的业务。该业务使企业的"应付票据"增加了 20 000 元，同时导致"应付账款"减少了 20 000 元。两者都属于负债类账户，增加应计入贷方，减少应计入借方。因此，此项经济业务应计入 "应付账款"账户的借方和"应付票据"账户的贷方。登记入账的结果如图 3-12 所示。

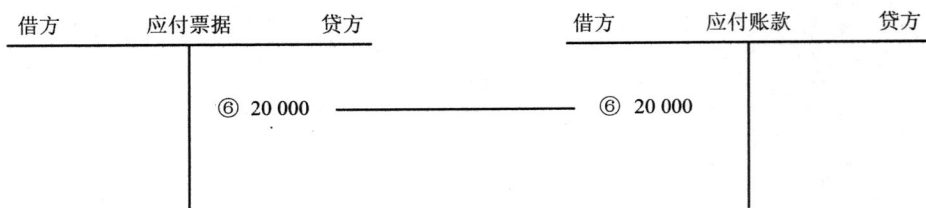

借方	应付票据	贷方		借方	应付账款	贷方
	⑥ 20 000			⑥ 20 000		

图 3-12　业务 6 登记入账示意图

业务 7：企业将 50 000 元的盈余公积转增资本，有关手续已经办妥。

此项经济业务属于一项所有者权益增加，另一项所有者权益减少的业务。该业务使企业的"实收资本"增加了 50 000 元，同时导致"盈余公积"减少了 50 000 元。两者都属于所有者权益类账户，增加应计入贷方，减少应计入借方。因此，此项经济业务应计入 "盈余公积"账户的借方和"实收资本"账户的贷方。登记入账的结果如图 3-13 所示。

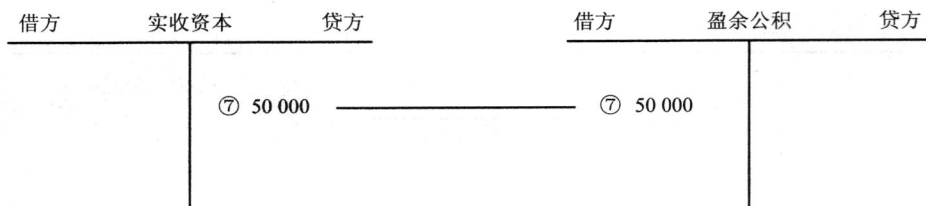

借方	实收资本	贷方		借方	盈余公积	贷方
	⑦ 50 000			⑦ 50 000		

图 3-13　业务 7 登记入账示意图

业务 8：经企业研究决定，向投资者分配利润 35 000 元。

此项经济业务属于一项负债增加，一项所有者权益减少的业务。该业务使企业的"应付股利"增加了 35 000 元，同时导致"利润分配"减少了 35 000 元。"应付股利"属于负债类账户，增加应计入贷方；"利润分配"属于所有者权益类账户，减少应计入借方。因此，此项经济业务应计入 "利润分配"账户的借方和"应付股利"账户的贷方。登记入账的结果如图 3-14 所示。

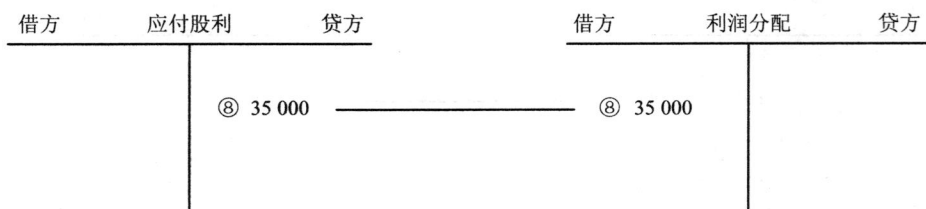

借方	应付股利	贷方		借方	利润分配	贷方
	⑧ 35 000			⑧ 35 000		

图 3-14　业务 8 登记入账示意图

业务 9： 将一笔 10 000 元的长期借款转为对企业的投资。

此项经济业务属于一项负债减少，一项所有者权益增加的业务。该业务使企业的"长期借款"减少了 10 000 元，同时导致"实收资本"增加了 10 000 元。"长期借款"属于负债类账户，减少应计入借方；"实收资本"属于所有者权益类账户，增加应计入贷方。因此，此项经济业务应计入 "长期借款"账户的借方和"实收资本"账户的贷方。登记入账的结果如图 3-15 所示。

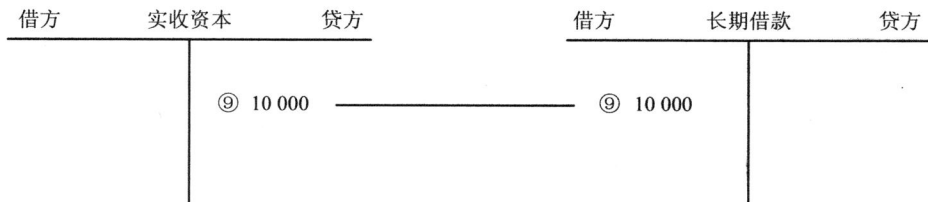

借方	实收资本	贷方		借方	长期借款	贷方
		⑨ 10 000		⑨ 10 000		

图 3-15　业务 9 登记入账示意图

七、账户的对应关系和会计分录

(一) 账户的对应关系

在借贷记账法下，发生的任何一项经济业务，都要同时记录在一个或几个账户的借方和一个或几个账户的贷方。账户的对应关系，是指在处理每一项经济业务时，其借方涉及的各个账户和贷方涉及的各个账户之间的联系。存在这种对应关系的账户称为对应账户。通过对应账户的对应关系，既可以了解经济业务的基本内容和整个资金运动的来龙去脉，又可以检查对经济业务的会计处理是否正确。例如，上例业务 1 中，"实收资本"的对应账户为"固定资产"，两者之间形成对应关系。

(二) 会计分录

1. 会计分录的概念

在实务工作中，企业每天都要发生大量的经济业务。按照企业会计准则的规定，对每一项经济业务都要记入有关账户。为了保证账户记录的正确性和便于事后检查，会计上通常将经济业务所涉及的账户名称、记录方向和金额用一种专门的方法表示出来，即编制会计分录。

会计分录，是指对某项经济业务标明其应借、应贷账户的名称及其金额的记录。会计分录的书写格式通常是"借"在上，"贷"在下，每一个会计科目(会计账户)名称占一行，"借"和"贷"前后错位表示。

会计分录应当包括以下内容：

(1) 一组对应的记账符号："借"和"贷"；

(2) 涉及两个或两个以上的账户名称；

(3) 借贷双方的相等金额。

2. 会计分录的编制

1) 会计分录的编制步骤

对于初学者来说，编制会计分录应该逐步分析，按以下步骤进行：

(1) 一项经济业务发生后，分析这项经济业务涉及的会计要素；

(2) 分析经济业务引起这些要素是增加还是减少，涉及哪些账户；

(3) 根据账户的名称选择合适的账户，并根据账户的性质明确应记入账户的方向，借方还是贷方；

(4) 检查会计分录中应借、应贷账户是否正确，借贷双方金额是否相等。

如前分析的例 3-1 的经济业务对应的会计分录如下：

业务 1：企业接受投资人投入的机器设备一台，价值为 50 000 元。

借：固定资产　　　　50 000
　　贷：实收资本　　　　50 000

业务 2：企业购买原材料 4 000 元，材料已验收入库，货款尚未支付(假设不考虑增值税)。

借：原材料　　　　　4 000
　　贷：应付账款　　　　4 000

业务 3：依法以银行存款退回 Y 公司原投资额 10 000 元。

借：实收资本　　　　10 000
　　贷：银行存款　　　　10 000

业务 4：用银行存款 2 000 元，偿还部分所欠货款。

借：应付账款　　　　2 000
　　贷：银行存款　　　　2 000

业务 5：企业将现金 5 000 元存入银行。

借：银行存款　　　　5 000
　　贷：库存现金　　　　5 000

业务 6：企业签发一张面值为 20 000 元的商业承兑汇票，偿付以前所欠供货单位的货款。

借：应付账款　　　　20 000
　　贷：应付票据　　　　20 000

业务 7：企业将 50 000 元的盈余公积转增资本，有关手续已经办妥。

借：盈余公积　　　　50 000
　　贷：实收资本　　　　50 000

业务 8：经企业研究决定，向投资者分配利润 35 000 元。

借：利润分配　　　　35 000
　　贷：应付股利　　　　35 000

业务 9：将一笔 10 000 元的长期借款转为对企业的投资。

借：长期借款　　　　10 000
　　贷：实收资本　　　　10 000

2) 会计分录的分类

会计分录按照其所涉及数量的多少可以分为简单会计分录和复合会计分录。

简单会计分录，是指只涉及一个账户的借方和另一个账户的贷方发生对应关系的会计分录，即一借一贷的会计分录。这种分录，其账户之间的对应关系一目了然，非常直观，如例3-1中的9项业务均为简单分录。

复合分录，是指经济业务发生后，一个账户的借方同几个账户的贷方发生对应关系、一个账户的贷方同几个账户的借方发生对应关系或几个账户的借方同几个账户的贷方发生对应关系的会计分录，即"一借多贷"、"一贷多借"或"多借多贷"的会计分录。

【例3-2】 某企业购买一批原材料，货款共计50 000元(不考虑增值税)，用银行存款支付20 000元，余款暂欠。

此项经济业务属于资产和负债有增有减的业务。该经济业务的发生使企业的"原材料"增加了50 000元，同时导致"银行存款"减少了20 000元，"应付账款"增加了30 000元。"原材料"和"银行存款"都属于资产类账户，增加应计入借方，减少应计入贷方；"应付账款"属于负债类账户，增加应计入贷方。因此，此项经济业务应分别记入"原材料"账户的借方、"银行存款"账户的贷方和"应付账款"账户的贷方。由于借方只有一个"原材料"账户，登记金额为50 000元；贷方有"银行存款"和"应付账款"两个账户，其中"银行存款"登记金额为20 000元，"应付账款"登记金额为30 000元。借贷双方金额相等。登记入账的结果如图3-16所示。

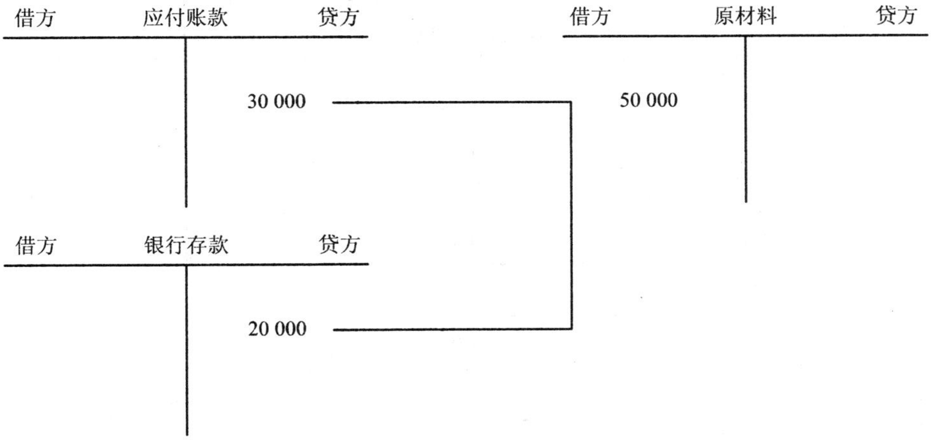

图3-16 例3-2登记入账示意图

编制的会计分录如下：

  借：原材料 50 000
   贷：银行存款 20 000
    应付账款 30 000

编制复合会计分录，既可以集中反映某项经济业务的全面情况，又可以简化记账工作，提高会计工作的效率。需要注意的是，为了保持账户对应关系清楚，一般不宜把反映不同类型的经济业务合并在一起编制"多借多贷"的复合会计分录。

八、借贷记账法的试算平衡

企业对日常发生的经济业务都要记入有关账户，内容庞杂，次数繁多，记账稍有疏忽，便有可能发生差错。为了保证或检查一定时期内所发生的经济业务在账户中登记的正确性和完整性，需要在一定时期终了时，对账户记录进行试算平衡。

所谓试算平衡，是指根据会计恒等式"资产=负债+所有者权益"以及借贷记账法的记账规则，通过汇总，检查和验算确定所有账户记录是否正确的一种方法。它包括发生额试算平衡和余额试算平衡法。

1. 发生额试算平衡法

发生额试算平衡法是根据本期所有账户借方发生额合计与贷方发生额合计的恒等关系，检验本期发生额记录是否正确的方法。

采用借贷记账法，由于对任何经济业务都是按照"有借必有贷，借贷必相等"的记账规则记入有关账户，所以不仅每一笔会计分录借贷发生额相等，而且当一定会计期间的全部经济业务都记入相关账户后，所有账户的借方发生额合计数必然等于所有账户的贷方发生额合计数，这样，就形成了一个平衡公式：

全部账户本期借方发生额合计=全部账户本期贷方发生额合计

根据例3-1的9项经济业务，可以编制出如表3-2所示的发生额试算平衡表。

表3-2　某企业12月发生额试算平衡表

2012 年 12 月 31 日　　　　　　　　　　元

账户名称	本期发生额	
	借　方	贷　方
库存现金		5 000
银行存款	5 000	12 000
原材料	4 000	
固定资产	50 000	
应付票据		20 000
应付账款	22 000	4 000
应付股利		35 000
长期借款	10 000	
实收资本	10 000	110 000
盈余公积	50 000	
利润分配	35 000	
合计	186 000	186 000

2. 余额试算平衡法

余额试算平衡法是根据所有账户的借方余额之和与所有账户贷方余额之和相等的恒等关系，来检验本期记录是否正确的方法。

根据"资产 = 负债 + 所有者权益"的会计恒等式，运用借贷记账法在账户中记录经济业务的结果是，各项资产余额的合计数与负债及所有者权益的合计数必定相等。在借贷记账法下，由于每个账户的余额是根据一定会计期间该账户的累计发生额计算得出的，因此，在某一时点上，有借方余额的账户应该是资产类账户，有贷方余额的账户应该是权益类账户，分别合计其金额，即是具有相等关系的资产与权益总额。根据余额的时间不同，可分为期初余额平衡和期末余额平衡。本期的期末余额平衡，结转到下一期，就成为下一期的期初余额平衡。这个平衡用公式可以表示为：

$$全部账户期初借方余额合计 = 全部账户期初贷方余额合计$$

$$全部账户期末借方余额合计 = 全部账户期末贷方余额合计$$

在实际工作中，余额试算平衡是通过编制试算平衡表进行的。通常是在月末结出各账户的本期发生额和月末余额之后，通过编制总分类账户发生额试算平衡表和总分类账户余额试算平衡表来编制合并的试算平衡表。

沿用例 3-2，假设【例 3-1】中该企业 12 月 1 日有关账户的期初余额如表 3-3 所示，根据表 3-2，可以编制如表 3-4 所示的余额试算平衡表。

表 3-3 某企业 12 月有关账户期初余额

2012 年 12 月 1 日 　　　　　　　　　元

账户名称	期初余额	
	借 方	贷 方
库存现金	7 000	
银行存款	30 000	
原材料	13 000	
固定资产	200 000	
应付票据		5 000
应付账款		30 000
应付股利		5 000
长期借款		10 000
实收资本		100 000
盈余公积		60 000
利润分配		40 000
合计	250 000	250 000

表 3-4　某企业 12 月余额试算平衡表

2012 年 12 月 31 日　　　　　　　　　　　　　　　　元

账户名称	期初余额		本期发生额		期末余额	
	借方	贷方	借方	贷方	借方	贷方
库存现金	7 000			5 000	2 000	
银行存款	30 000		5 000	12 000	23 000	
原材料	13 000		4 000		17 000	
固定资产	200 000		50 000		250 000	
应付票据		5 000		20 000		25 000
应付账款		30 000	22 000	4 000		12 000
应付股利		5 000		35 000		40 000
长期借款		10 000	10 000			0
实收资本		100 000	10 000	110 000		200 000
盈余公积		60 000	50 000			10 000
利润分配		40 000	35 000			5 000
合计	250 000	250 000	186 000	186 000	292 000	292 000

从表 3-4 应该可以看出，试算平衡表只是通过借贷金额是否平衡来检查账户记录是否正确，而有些错误对于借贷双方的平衡并不发生影响。在编制试算平衡表时，应注意以下几点：

(1) 必须保证所有账户的余额均已记入试算平衡表。会计等式是对六要素整体而言的，缺少任何一个账户的发生额和余额，都会造成本期借方发生额合计与本期贷方发生额合计不相等、期初或期末借方余额合计数与贷方余额合计数不相等。

(2) 及时发现记账错误。如果借贷不平衡，说明账户记录肯定有错误，应认真查找，直到实现平衡为止。一般情况下，发生错误的可能原因包括：

① 记账凭证上的会计分录出现错误，如分录中的借贷方金额不平衡；

② 记账过程中出现错误，如借贷方金额中的某一方遗漏或者重复过账；

③ 分类账户余额合计时出现错误；

④ 试算平衡表本身出现错误，如某一方金额抄错，某些账户被遗漏而未被抄录等。

(3) 即使发生额和余额试算平衡，也不一定说明账户记录绝对正确，这是因为有些错误并不会影响借贷双方的平衡关系，例如：

① 重记某项经济业务，将使本期借贷双方的发生额发生等额增加，借贷仍然平衡；

② 漏记某项经济业务，将使本期借贷双方的发生额发生等额减少，借贷仍然平衡；

③ 某项经济业务颠倒了记账方向，借贷仍然平衡；

④ 某项经济业务记错有关账户，借贷仍然平衡；

⑤ 借方或者贷方发生额中，偶尔发生一多一少并相互抵消，借贷仍然平衡，等等。

第三节 总分类账户和明细分类账户

一、总分类账户和明细分类账户的设置

在会计核算工作中，为了适应经济管理上的需要，对于一切经济业务都要在有关账户中进行登记，既要提供总括的核算资料，又要提供详细的核算资料。各会计主体日常使用的账户，按其提供资料的详细程度不同，可以分为总分类账户和明细分类账户。

总分类账户，也称为一级账户，是按照总分类科目设置，仅以货币计量单位进行登记，用来提供总括核算资料的账户。前面举例中的账户，都是总分类账户。通过总分类账户提供的各种总括核算资料，可以概括地了解一个会计主体各项资产、负债及所有者权益等会计要素增减变动的情况和结果。但是，总分类账户并不能提供关于各项会计要素增减变动过程及其结果的详细资料，也就难以满足经济管理上的具体需要。因此，各会计主体在设置总分类账户的同时，还应根据实际需要，在某些总分类账户的统驭下，分别设置若干明细分类账户。

明细分类账户，是按照明细分类科目设置，用来提供详细核算资料的账户。例如，为了具体了解各种材料的收、发、结存情况，有必要在"原材料"总分类账户下，按照材料的品种、名称或类别分别设置明细分类账户。又如，为了具体掌握企业与各往来单位之间的货款结算情况就应在"应付账款"总分类账户下，按各债权单位的名称分别设置明细分类账户。在明细分类账户中，除了以货币计量单位进行金额核算外，必要时还要运用实物计量单位进行数量核算，以便通过提供数量方面的资料，对总分类账户进行必要的补充。明细分类账户还可以根据需要进一步分为三级明细账户、四级明细账户等。

二、总分类账户和明细分类账户的关系

由于总分类账户与明细分类账户是对同一经济业务内容进行分层次核算而设置的账户，二者之间存在相互联系、相互制约的关系。

(1) 总分类账户对其所属的明细分类账户起着统驭和控制的作用。总分类账户提供的总括核算资料是对所属明细分类账户资料的综合；明细分类账户提供的明细核算资料是对其总分类账户资料的具体化。因此，总分类账户对其所属的明细分类账户起着统驭和控制的作用。

(2) 明细分类账户对总分类账户起着补充和说明的作用。总分类账户是对会计要素各项目增减变化的总括反映，提供总括的资料；明细分类账户则是反映会计要素各项目增减变化的详细情况，提供某一具体方面的详细资料，有些明细分类账户还可以提供数量指标和劳动量指标等。因此，明细分类账户对总分类账户起着补充和说明的作用。

(3) 总分类账户与其所属的明细分类账户在总金额上应当相等。由于总分类账户与其所属的明细分类账户都是根据相同的凭证进行平行登记，反映的经济业务内容相同，其总金额一定相等。例如"应付账款"总分类账户与其所属的"A 公司"、"B 公司"等明细分类账户都是反映了应付债权单位货款多少的情况，因此，"应付账款"总分类账户的金额与

其所属的"A公司"、"B公司"等明细分类账户的总金额应当相等。

三、总分类账户与明细分类账户的平行登记

总分类账户是所属明细账户的统驭账户,对所属明细分类账户起着控制作用;而明细分类账户则是某一总分类账户的从属账户,对其所隶属的总分类账户起着辅助作用。某一总分类账户及其所属明细分类账户的核算对象是相同的,它们所提供的核算资料相互补充,只有把二者结合起来,才能既总括又详细地反映同一核算内容。因此,总分类账户和明细分类账户必须平行登记。

所谓平行登记,是指对发生的每一项经济业务都要以会计凭证为依据,一方面要记入有关的总分类账户中,另一方面要记入有关总分类账户所属明细分类账户的方法。通过总分类账户与明细分类账户的平行登记,便于账户核对和检查,纠正错误和遗漏。平行登记的要点如下:

(1) 依据相同。即对于发生的每一项经济业务,都要根据相同的会计凭证登记入账。凡在总分类账户下设有明细分类账户的,一方面要登记在有关的总分类账户中,另一方面要登记在总分类账户所属的明细分类账户中。

(2) 方向相同。即对于发生的每一项经济业务,记入总分类账户与所属明细分类账户的方向必须相同。也就是说,如果总分类账户登记在借方,其所属的明细分类账户也应该登记在借方;反之,如果总分类账户登记在贷方,其所属的明细分类账户也应该登记在贷方。

(3) 期间相同。即对于发生的每一项经济业务,在记入总分类账户与所属明细分类账户的过程中,可以有先有后,但必须在同一个会计期间全部登记入账。也就是说,对于发生的每一项经济业务,都必须在记入总分类账户进行总括登记的同一个会计期间内,在其所属的明细分类账户中进行明细登记。

(4) 金额相同。即对于发生的每一项经济业务,记入某一总分类账户的金额必须与记入其所属的一个或几个明细分类账户的金额合计数相等。具体包括以下几个公式:

总分类账户本期发生额 = 与其所属的明细分类账户本期发生额合计数
总分类账户期末余额 = 与其所属的明细分类账户期末余额合计数

四、总分类账户与明细分类账户平行登记举例

下面以"原材料"和"应付账款"账户为例,说明总分类账户和明细分类账户平行登记的方法。

【例3-3】 假设某企业某年6月1日,"原材料"总分类账户期初余额为借方580 000元,其所属的明细分类账户的期初余额为:

名　称	重　量(千克)	单　价(元/千克)	金　额(元)
甲材料	1 600	300	480 000
乙材料	200	100	20 000
丙材料	500	160	80 000
合计			580 000

"应付账款"总分类账户期初余额为贷方 300 000 元，其所属的明细分类账户的期初余额为：

名 称	金 额(元)
A 公司	180 000
B 公司	120 000
合 计	300 000

该公司 6 月份发生下列部分经济业务(假设不考虑增值税)：

业务 1：6 月 2 日，向 A 公司购入甲材料 300 千克，单价 300 元，价款 90 000 元；乙材料 50 千克，单价 100 元，价款 5 000 元。向 B 公司购入丙材料 100 千克，单价 160 元，价款 16 000 元。材料均已验收入库，货款尚未支付。

对于这项经济业务，应编制会计分录如下：

借：原材料——甲材料　　90 000
　　　　　——乙材料　　 5 000
　　　　　——丙材料　　16 000
　　贷：应付账款——A 公司　　95 000
　　　　　　　　——B 公司　　16 000

业务 2：6 月 10 日，仓库发出下列各种材料直接用于生产产品。

名 称	重 量(千克)	单 价(元/千克)	金 额(元)
甲材料	500	300	150 000
乙材料	100	100	10 000
丙材料	200	160	32 000
合 计			192 000

对于这项经济业务，应编制会计分录如下：

借：生产成本　　192 000
　　贷：原材料——甲材料　　150 000
　　　　　　　——乙材料　　 10 000
　　　　　　　——丙材料　　 32 000

业务 3：6 月 20 日，用银行存款偿还欠 A 公司的货款 56 000 元，偿还欠 B 公司的货款 12 000 元。

对于这项经济业务，应编制会计分录如下：

借：应付账款——A 公司　　56 000
　　　　　　——B 公司　　12 000
　　贷：银行存款　　　　　68 000

根据以上资料，在"原材料"总分类账户及其所属的"甲材料"、"乙材料"、"丙材料"三个明细分类账户中进行登记的程序如下：

(1) 将原材料的期初余额 580 000 元，记入"原材料"总分类账户的借方；同时，在"甲材料"、"乙材料"、"丙材料"三个明细分类账户的收入方(即借方)分别登记甲、乙、丙三种材料的期初结存数量和金额，并注明计量单位和单价。

（2）将本期入库的材料总额 111 000 元，记入"原材料"总分类账户的借方；同时，将入库的甲、乙、丙三种材料的数量、金额分别记入有关明细分类账户的收入方(即借方)。

（3）将本期发出的材料总额 192 000 元，记入"原材料"总分类账户的贷方；同时，将发出的甲、乙、丙三种材料的数量、金额分别记入有关明细分类账户的发出方(即贷方)。

（4）期末，根据"原材料"总分类账户和有关明细分类账户的记录，结出本期发生额和期末余额。

按照上述步骤，在"原材料"总分类账户及其所属的明细分类账户中进行登记的结果，如表 3-5、表 3-6、表 3-7、表 3-8 所示。

表 3-5   "原材料"总分类账户   元

××年		凭证号数	摘要	对应科目	借方	贷方	借或贷	金额
月	日							
6	1		期初余额				借	580 000
	2	(1)	购入材料	应付账款	111 000		借	691 000
	10	(2)	生产领用	生产成本		192 000	借	499 000
6	30		本月合计		111 000	192 000	借	499 000

表 3-6   "原材料"明细分类账户

明细科目：甲材料   元

××年		凭证号数	摘要	收入			发出			结存		
月	日			数量	单价	金额	数量	单价	金额	数量	单价	金额
6	1		期初余额							1 600	300	480 000
1	2	(1)	购入材料	300	300	90 000				1 900	300	570 000
	10	(2)	生产领用				500	300	150 000	1 400	300	420 000
6	30		本月合计	300	300	90 000	500	300	150 000	1 400	300	420 000

表 3-7   "原材料"明细分类账户

明细科目：乙材料   元

××年		凭证号数	摘要	收入			发出			结存		
月	日			数量	单价	金额	数量	单价	金额	数量	单价	金额
6	1		期初余额							200	100	20 000
1	2	(1)	购入材料	50	100	5 000				250	100	25 000
	10	(2)	生产领用				100	100	10 000	150	100	15 000
6	30		本月合计	50	100	5 000	100	100	10 000	150	100	15 000

表 3-8 "原材料"明细分类账户

明细科目：丙材料   元

××年		凭证号数	摘要	收入			发出			结存		
月	日			数量	单价	金额	数量	单价	金额	数量	单价	金额
6	1		期初余额							500	100	80 000
	2	(1)	购入材料	100	160	16 000				600	160	96 000
	10	(2)	生产领用				200	160	32 000	400	160	64 000
6	30		本月合计	100	160	16 000	200	160	32 000	400	160	64 000

从以上"原材料"总分类账户及其所属明细账户平行登记的结果中可以看出，"原材料"总分类账户的期初余额 580 000 元，借方本期发生额 111 000 元，贷方本期发生额 192 000 元，期末余额 499 000 元，分别与其所属的三个明细分类账户的期初余额之和 580 000 元(480 000+20 000+80 000)，借方本期发生额之和 111 000 元(90 000+5 000+16 000)，贷方本期发生额之和 192 000 元(150 000+10 000+32 000)，以及期末余额之和 499 000 元(420 000+15 000+64 000)完全相等。

同理，根据以上资料，在"应付账款"总分类账户及其所属的"A 公司"和"B 公司"两个明细分类账户中进行登记的程序如下：

(1) 将应付账款的期初余额 300 000 元，记入"应收账款"总分类账户的贷方；同时，在"A 公司"和"B 公司"两个明细分类账户的贷方分别登记 A 公司和 B 公司的期初余额。

(2) 将本期购入材料所欠货款的总额 111 000 元，记入"应收账款"总分类账户的贷方；同时，在"A 公司"和"B 公司"两个明细分类账户的贷方分别记入各自的金额。

(3) 将本期偿还货款的总额 68 000 元，记入"应收账款"总分类账户的借方；同时，在"A 公司"和"B 公司"两个明细分类账户的借方分别记入各自的金额。

(4) 期末，根据"应付账款"总分类账户和有关明细分类账户的记录，结出本期发生额和期末余额。

按照上述步骤，在"原材料"总分类账户及其所属的明细分类账户中进行登记的结果，如表 3-9、表 3-10、表 3-11 所示。

表 3-9 "应付账款"总分类账户   元

××年		凭证号数	摘要	对应科目	借方	贷方	借或贷	金额
月	日							
6	1		期初余额				贷	300 000
	2	(1)	购入材料	原材料		111 000	贷	411 000
	10	(2)	偿还货款	银行存款	68 000		贷	343 000
6	30		本月合计		68 000	111 000	贷	343 000

表 3-10　　"应付账款"明细分类账户

明细科目：A 公司　　　　　　　　　　　　　　　　　　　　　　　　元

××年		凭证号数	摘要	对应科目	借方	贷方	借或贷	金额
月	日							
6	1		期初余额				贷	180 000
	2	(1)	购入材料	原材料		95 000	贷	275 000
	10	(2)	偿还货款	银行存款	56 000		贷	219 000
6	30		本月合计		56 000	95 000	贷	219 000

表 3-11　　"应付账款"明细分类账户

明细科目：B 公司　　　　　　　　　　　　　　　　　　　　　　　　元

××年		凭证号数	摘要	对应科目	借方	贷方	借或贷	金额
月	日							
6	1		期初余额				贷	120 000
	2	(1)	购入材料	原材料		16 000	贷	136 000
	10	(2)	偿还货款	银行存款	12 000		贷	124 000
6	30		本月合计		12 000	16 000	贷	124 000

　　从以上"应付账款"总分类账户及其所属明细账户平行登记的结果中可以看出，"应付账款"总分类账户的期初余额 300 000 元，借方本期发生额 68 000 元，贷方本期发生额 111 000 元，期末余额 343 000 元，分别与其所属的两个明细分类账户的期初余额之和 300 000 元(180 000+120 000)，借方本期发生额之和 68 000 元(56 000+12 000)，贷方本期发生额之和 111 000 元(95 000+16 000)，以及期末余额之和 343 000 元(219 000+124 000)完全相等。

思 考 题

1. 什么是会计科目？设置会计科目应遵循哪些原则？
2. 会计科目有哪些分类标准？按各分类标准可以将其分为哪几类会计科目？
3. 什么是账户？账户与会计科目的关系如何？
4. 账户的基本结构是怎样的？

练 习 题

1. 不定项选择题。
(1) 会计科目是对(　　)的具体内容进行分类核算的项目。
　　A. 会计对象　　　　B. 会计要素　　　　C. 资金运动　　　　D. 会计账户
(2) 设置账户是(　　)的重要方法之一。
　　A. 会计监督　　　　B. 会计决策　　　　C. 会计分析　　　　D. 会计核算

(3) 会计科目按其所反映的会计对象具体内容可分为(　　)。

    A. 资产、负债、所有者权益、收入、费用等五类

    B. 资产、负债、所有者权益、成本、利润等五类

    C. 资产、负债、所有者权益、利润、损益等五类

    D. 资产、负债、所有者权益、成本、损益等五类

(4) 账户是根据(　　)设置的，具有一定的格式和结构，用于分类反映会计要素增减变动情况及其结果的载体。

    A. 会计对象　　　B. 会计要素　　　C. 会计科目　　　D. 会计账簿

(5) 账户分为左方、右方两个方向，当某一账户左方登记增加时，则该账户的右方(　　)。

    A. 登记增加数　　　　　　　　　B. 登记减少数

    C. 登记增加数或减少数　　　　　D. 不登记任何数

(6) 会计账户四个金额要素是(　　)。

    A. 期末余额、本期发生额、期初余额、本期余额

    B. 期初余额、本期增加发生额、本期减少发生额、期末余额

    C. 期初余额、期末余额、本期借方增加额、本期借方减少额

    D. 期初余额、本期增加发生额、本期减少发生额、本期发生额

(7) 账户中的各项金额包括(　　)。

    A. 期初余额　　　　　　　　　　B. 本期增加额

    C. 本期减少额　　　　　　　　　D. 期末余额

    E. 本期发生额

(8) 下列说法中，正确的是(　　)。

    A. 设置会计科目是会计核算的基本方法

    B. 会计科目的名称也是账户的名称

    C. 账户是分类核算经济业务的工具

    D. 科目账户都存在结构问题

    E. 会计科目和账户的经济内容相同

(9) 会计科目按其经济内容可分为(　　)。

    A. 资产类　　　　　　　　　　　B. 负债类

    C. 所有者权益类　　　　　　　　D. 成本类

    E. 损益类

(10) 下列会计科目中，属于资产类的有(　　)。

    A. 应收账款　　　　　　　　　　B. 应付账款

    C. 预收账款　　　　　　　　　　D. 预付账款

    E. 累计折旧

(11) 下列会计科目中，属于所有者权益类的有(　　)。

    A. 资本公积　　　　　　　　　　B. 盈余公积

    C. 应付利润　　　　　　　　　　D. 实收资本

    E. 本年利润

(12) 下列会计科目中，属于损益类的有(   )。

A. 财务费用 B. 管理费用

C. 制造费用 D. 所得税费用

E. 应交税费

(13) 下列会计科目中，属于负债类科目的有(   )。

A. 短期借款 B. 预付账款

C. 应付账款 D. 应交税费

E. 预收账款

2. 熟悉各类账户的结构。

资料：通达公司 2011 年 10 月有关账户资料如下(单位：元)：

账户名称	期初余额	本期增加发生额	本期减少发生额	期末余额
库存现金	4 000	2 000		4 750
银行存款	75 000	50 000	91 000	
应收账款		52 300	43 000	17 000
短期借款	50 000	25 000		45 000
实收资本	300 000		0	450 000
固定资产	67 000	5 400	56 500	
原材料		6 450	8 670	7 410
应付账款	2 000		1 500	2 100

要求：根据各类账户的结构关系，计算并填写上列表格中的空格。

第四章　借贷记账法的应用(上)

第一节　产品制造业的主要经济业务

为了更好地掌握账户的设置和借贷记账法的基本原理，本章将以制造企业为例，较为系统地介绍借贷记账法的应用。

工业制造业的生产过程是一个再生产过程，包括供应、生产、销售三个环节，是供、产、销的不断循环与周转。制造业要开展正常的生产经营活动，必须经过资金的筹集过程筹集足够的资金，然后用货币资金购建厂房、购买机器设备和材料物资。传统意义的供应过程主要是从材料采购到原材料验收入库为止这个阶段，在这个过程中，企业将所筹备的货币资金转化为储备资金。其实，供应过程实际上是一个生产准备过程，在这个过程中，虽然以采购与储备生产经营所需的各种材料物资为主，但也包括零星设备的购置，只是由于厂房、设备等生产资料的购置一般是通过基本建设完成的。在生产准备进行完成之后进入生产过程，企业通过劳动者利用生产资料对劳动对象进行加工制造产品，通过产品的销售形成收入，所获得的各项收入抵补各项费用后形成经营成果及利润。企业实现的利润按规定上缴所得税，最后进行利润分配。因此，制造业企业基本生产经营活动主要包括：第一，资金筹集业务；第二，生产准备业务；第三，产品生产业务；第四，产品销售业务；第五，财务成果形成及其分配业务。

第二节　资金筹集业务的核算

一、筹资活动的含义和分类

1. 筹资活动的含义

筹资活动，是指企业根据其生产经营、对外投资以及调整资本结构等需要，通过一定的渠道，采取适当的方式，获取所需资金的一种行为，是企业进行生产经营活动的前提条件。筹资活动导致企业资本及债务规模和构成发生变化。在筹资过程中，企业应遵循规模适当、筹措及时、来源合理、方式经济和结构优化的原则。

2. 筹资活动的分类

在实际经济活动中，企业的筹资活动复杂多样，可以按不同的标准进行分类。

1) 按照资金来源渠道不同分类

企业筹资活动按照资金来源渠道不同，可以分为权益性筹资(本章的权益指所有者权益)和负债性筹资。权益性筹资，是指企业通过吸收投资者直接投资、发行股票、内部积累等方式筹集自有资金。负债性筹资，是指企业通过发行债券和向银行等金融机构借款等方式筹集资金，即企业吸收债权人资金。

2) 按照所筹资金使用期限的长短分类

按照所筹资金使用期限的长短，可以将企业筹资分为短期资金筹集和长期资金筹集。短期资金，是指使用期限在一年以内或超过一年的一个营业周期以内的资金。长期资金，是指使用期限在一年以上或超过一年的一个营业周期以上的资金。

二、筹资渠道与筹资方式

1．筹资渠道

筹资渠道，是指筹措资金来源的方向与通道，体现资金的来源与流量。目前我国企业筹资渠道主要包括：银行信贷资金、其他金融机构资金、其他企业资金、居民个人资金、国家资金和企业自留资金。

2．筹资方式

筹资方式，是指企业筹集资金所采用的具体形式。目前我国企业的筹资方式主要有吸收直接投资、发行股票、利用留存收益、采用银行借款、利用商业信用、发行公司债券和融资租赁。

三、权益性筹资和负债性筹资的区别

企业经营所需的全部资产来自于两条渠道：一是负债，二是投资者的投资及其增值。因此，债权人和投资者对企业的资产均拥有要求权，在资产负债表中都反映在右方，负债和所有者权益的合计总额等于资产总额。但是，负债性筹资和权益性筹资之间又存在着明显的区别，主要表现在以下几个方面：

1．性质不同

负债是在经营或其他事项中发生的债务，是债权人要求企业清偿的权利；所有者权益是投资者享有的、对投入资本及其运用所产生的盈余(或亏损)的权利。

2．偿还期限不同

负债必须于一定时期(特定日期或确定的日期)偿还；所有者权益一般只有在企业解散清算时(按法律程序减资等除外)，或在破产清算时才可能返还给投资者。为了保证债权人的利益不受侵害，法律规定债权人对企业资产的要求权优先于投资者，所以债权又称为第一要求权；权益所有者具有对剩余财产的要求权，又称为剩余权益。

3．享受的权利不同

债权人无权过问企业的重大生产经营决策，也无权分享企业的盈利，只享有到期收回债权本金及利息的权利；权益所有者则可以通过股东大会或董事会对企业生产经营及盈利分配等政策施加影响。

4．承受的风险不同

负债性筹资到期要归还本金和支付利息，一般承担较大的财务风险。权益性筹资一般不用还本，财务风险相对较小。

5．负担的成本不同

负债利息的偿还作为费用可以从损益中扣除，降低了本期的利润，从而使企业少缴所得税；而权益筹资的股息红利支出是用税后利润支付的，不能起到抵税的作用。所以，相对而言负债筹资付出的资金成本较低，权益筹资付出的资金成本相对较高。

四、权益性筹资的核算

1．权益性筹资的概述

所有者权益按形成的来源分类，可分为投入资本和留存收益。前者是所有者投入企业的资本，后者是企业生产经营活动所产生的利润在缴纳所得税后的留存部分。所有者权益，是企业所有者对企业净资产的要求权，即资产总额减去负债之后的一种剩余权益。权益性筹资主要是指投资者投入的资本。

企业要进行经营，必须要有一定的“本钱”。我国民法通则中明确规定，设立企业法人必须要有必要的财产。我国企业法人登记管理条例也明确规定，企业申请开业，必须具备符合国家规定并与其生产经营和服务规模适应的资产数额。我国公司法也将股东出资达到法定资本最低限额作为公司成立的必备条件。

一般而言，投资者投入企业的资金应构成实收资本。但在某些情况下，投资者投入的资金并不全部构成实收资本。在我国，企业的实收资本应当等于注册资本，实收资本是一项重要的指标，它表明企业的注册资本总额。

投入资本可以进一步划分为实收资本和资本公积。在股份制企业，实收资本称为股本，资本公积则由发行股票时的溢价收入和其他资本公积等构成。从会计学角度讲，资本公积是投入资本的一部分，与上述实收资本并无区分的必要，但从法律角度讲，实收资本(法定资本或股本)不得任意减少，而资本公积则是在一定条件下可以减少的资本，如以资本公积转增股本等，所以两者必须区别处理。

2．账户设置

1) “库存现金”账户

为了总括地反映企业库存现金的收入、支出和结存情况，企业需要设置“库存现金”科目，进行总分类核算。该科目借方登记现金的增加数，贷方登记现金的减少数，余额在借方，表示企业期末库存现金实际持有的数额。企业在核算库存现金时应注意的是，企业内部各部门、各单位周转使用的备用金，应在“其他应收款”科目下核算，或单独设置“备用金”科目核算，不在“库存现金”科目下核算。如图4-1所示。

借方	库存现金	贷方
收入增加数		支出减少数
余额：企业库存现金实有数		

图 4-1　库存现金账户结构图

2) "银行存款"账户

为了总括地反映企业存入银行或其他金融机构的各种存款的收、支和结存情况，企业需要设置"银行存款"科目，进行总分类核算，同时，可以按照不同的金融机构设置明细账进行核算。其借方登记银行存款的增加数，贷方登记银行存款的减少数，借方余额表示银行存款的结余额。如图 4-2 所示。

借方	银行存款	贷方
收入增加数		支出减少数
余额：企业银行存款实有数		

图 4-2　银行存款账户结构图

3) "实收资本"或"股本"账户

投资者投入企业的资本，企业应设置"实收资本"账户进行核算。股份有限公司对股东投入资金应设置"股本"账户进行核算。"实收资本"或"股本"账户是用来核算投资者投入企业资本的增减变化情况及其结果的账户。该账户属于所有者权益类账户，该账户贷方登记企业实际收到投资者投入的资本，包括实际收到的货币、各项实物资产和无形资产等确认的价值。企业以资本公积、盈余公积金转增资本时，也记入本账户的贷方。如果企业按法定程序办理减资，则记入本账户借方。本账户贷方余额表示企业实有的资本金数额。本账户应按投资者设置明细账户进行明细核算。如图 4-3 所示。

借方	实收资本(或股本)	贷方
经批准减少的注册资本		接受投资、追加投资、转增资本
		余额：企业资本实有数

图 4-3　实收资本账户结构图

4) "资本公积"账户

"资本公积"账户是用来核算企业收到投资者出资超出其在注册资本(或股本)中所占份额的部分，即资本溢价或股本溢价；另外，直接计入所有者权益的利得和损失，也通过本账户核算。该账户属于所有者权益类账户，其贷方登记企业接受投资者投入的资本等形成的资本公积，借方登记动用资本公积转增资本等减少的资本公积，期末贷方余额反映企业资本公积的余额。该账户可按资本公积的来源设置明细账，分别设置"资本溢价"(或"股本溢价")、"其他资本公积" 进行明细核算。如图 4-4 所示。

借方	资本公积	贷方
动用资本公积转增资本等		接受投资者投入的资本等形成资本公积
	余额：企业资本公积实有数	

图 4-4 资本公积账户结构图

3. 一般账务处理

投资人可以用现金投资，也可以用现金以外的其他有形资产投资，符合国家规定比例的，可以用无形资产投资。

1) 接受货币资产投资的账务处理

企业收到货币资产投资时，在实际收到或者存入企业开户银行时，按实际收到的金额，借记"库存现金"、"银行存款"科目，贷记"实收资本"(或股本)科目。

【例 4-1】 A、B、C 共同出资设立凯悦有限责任公司，公司注册资本为 50 000 000 元，A、B、C 认缴比例分别为 40%、30% 和 30%，各方首期出资比例为认缴总额的 20%。2011年 1 月 5 日，凯悦公司如期收到各投资者首期交付的款项并存入银行。凯悦公司的会计分录如下：

```
借：银行存款              10 000 000
    贷：实收资本——A          4 000 000
              ——B          3 000 000
              ——C          3 000 000
```

【例 4-2】 明星股份有限公司于 2011 年 1 月 1 日发行普通股股票 1 000 000 股，每股面值 1 元，并收到现金。明星公司的会计分录如下：

```
借：库存现金               1 000 000
    贷：股本                    1 000 000
```

2) 接受实物资产投资的账务处理

企业收到实物资产投资时，在办理实物转移手续后，按投资双方确认的价值增加相关资产和投入资本，借记"固定资产"、"原材料"、"库存商品"等科目，贷记"实收资本"(或"股本")科目。

【例 4-3】 2011 年 2 月 5 日，凯悦有限责任公司收到甲公司投入的一批产品，经协商确定以 120 000 元的价格作为投入资本。凯悦公司的会计分录如下：

```
借：库存商品                120 000
    贷：实收资本——甲公司        120 000
```

【例 4-4】 2011 年 2 月 10 日，明星股份有限公司收到某发起人投入新的设备一套，经确认其价值为 2 500 000 元。公司发给该发起人普通股 250 万股，每股面值 1 元。明星公司的会计分录如下：

```
借：固定资产                2 500 000
    贷：股本                     2 500 000
```

3) 接受无形资产投资的账务处理

企业收到无形资产投资时，按合同、协议或公司章程规定，移交有关凭证证明，按投资双方确认的价值确定无形资产价值，借记"无形资产"科目，贷记"实收资本"(或"股本")科目。

【例4-5】 2011年3月10日，凯悦有限责任公司收到乙公司投入价值200 000元的技术专利权。凯悦公司的会计分录如下：

```
借：无形资产                    200 000
    贷：实收资本——乙公司        200 000
```

【例4-6】 2011年4月10日，明星股份有限公司发行面值为1元的普通股100 000股换取一项专利技术。双方确认其价值为100 000元。明星公司的会计分录如下：

```
借：无形资产                    100 000
    贷：股本                     100 000
```

四、负债性筹资的核算

1．负债性筹资的概述

负债筹资，是指企业以已有的自有资金作为基础，为了维系企业的正常营运、扩大经营规模、开创新事业等，可以通过银行借款、商业信用和发行债券等形式吸收资金，并运用这笔资金从事生产经营活动，使企业资产不断得到补偿、增值和更新的一种现代企业筹资方式。

负债筹资按偿还期限不同，可分为流动负债筹资和长期负债筹资两大类。流动负债，是指将在一年(含一年)或者超过一年的一个营业周期内偿还的债务，包括短期借款、应付账款、预收账款等。长期负债，是指偿还期在一年或者超过一年的一个营业周期以上的债务，包括长期借款、应付债券、长期应付款项等。

2．账户的设置

1) "短期借款"账户

"短期借款"账户用以核算企业向银行或其他金融机构等借入的期限在一年以下(含一年)的借款及其变动情况。该账户属于负债类账户，贷方登记借入资金的实际金额，借方登记偿还的实际金额，期末贷方余额，表示尚未偿还的借款金额。该账户应按债权人设置明细账，并按借款种类进行明细核算，或用备查簿予以记录。如图4-5所示。

借方	短期借款	贷方
偿还短期借款	借入短期借款	
	余额：期末尚未偿还的短期借款	

图4-5　短期借款账户结构图

2) "长期借款"账户

"长期借款"账户用以核算企业向银行或其他金融机构等借入的期限在一年以上(不含

一年)的借款及其变动情况。该账户属于负债类账户，贷方登记借入款项的实际金额，借方登记偿还借款的实际金额，期末贷方余额表示尚未偿还的长期借款。该账户应按债权人设置明细账，进行明细核算，或用备查簿予以记录。如图4-6所示。

借方	长期借款	贷方
偿还长期借款	借入长期借款	
	余额：期末尚未偿还的长期借款	

图 4-6　长期借款账户结构图

3) "应付利息"账户

"应付利息"账户用于核算企业按照规定计提的应付未付的利息费用。该账户属于负债类的账户，贷方登记计提的利息费用，借方登记实际支付的利息费用，期末余额一般在贷方，反映企业已计提尚未支付的利息费用。通常按照借款种类进行明细核算。如图 4-7所示。

借方	应付利息	贷方
支付已计提利息	计提尚未支付的分期应付利息	
	余额：已经计提但尚未支付	

图 4-7　应付利息账户结构图

4) "财务费用"账户

"财务费用"账户用以核算企业为筹集生产经营所需资金而发生的费用，包括利息支出(减利息收入)、汇兑损失(减汇兑收益)以及相关的手续费等。该账户属于损益类账户，借方登记发生的财务费用，贷方登记应冲减财务费用的利息收入、汇兑收益。期末应将本科目余额转入"本年利润"科目，结转后本科目应无余额。如图4-8所示。

借方	财务费用	贷方
本期发生的各种财务费用	本期减少的各种财务费用 期末转入"本年利润"账户的本期财务费用	
	期末无余额	

图 4-8　财务费用账户结构图

3. 银行借款的核算

1) 短期借款的核算

短期借款，一般是企业为维持正常的生产经营活动所需的资金或者抵偿某项债务而借入的款项。

企业借入的各种短期借款，应按实际借入金额，借记"银行存款"科目，贷记"短期借款"科目。归还借款时，借记"短期借款"科目，贷记"银行存款"科目。

【例 4-7】　星光公司因生产经营的临时需要，于2011年7月1日向其开户银行借入款项1 000 000元，年利率6%，期限3个月，利息到期一次支付，企业按月计提利息费用。

星光公司的会计分录如下：

(1) 7 月 1 日借入款项时：

借：银行存款　　　　　1 000 000

　　贷：短期借款　　　　　　1 000 000

(2) 7、8、9 月末分别计提当月利息费用时：

借：财务费用　　　　　5 000

　　贷：应付利息　　　　　　5 000

(3) 10 月 1 日还本付息时：

借：短期借款　　　　　1 000 000

　　应付利息　　　　　　15 000

　　贷：银行存款　　　　　　1 015 000

2）长期借款的核算

长期借款应按实际的借款本金及借款期内形成的利息之和计价核算。企业借入各种长期借款时，按实际收到的款项，借记"银行存款"科目，贷记"长期借款——本金"科目；按借贷双方之间的差额，借记"长期借款——利息调整"科目。

【例 4-8】　星光公司 2010 年 1 月 1 日借入两年期的长期借款 3 000 000 元，款项已存入银行。借款利率按市场利率确定为 6%，每年付息一次，期满后一次还清本金。2010 年 1 月 10 日，以银行存款支付工程价款共计 3 000 000 元。该厂房于 2011 年 8 月底完工，达到预定可使用状态。星光公司的会计分录如下(仅做取得借款时的分录)：

2010 年 1 月 1 日，取得借款时：

借：银行存款　　　　　　　　3 000 000

　　贷：长期借款——本金　　　　3 000 000

第三节　生产准备业务的核算

生产准备业务，主要是指生产过程前所发生的经济业务活动。所谓经济业务，是指在经济活动中使会计要素发生增减变动且可以用货币予以计量的交易或者事项，又称会计事项。一般来说，在生产准备阶段的经济业务，主要包括固定资产的购置与材料的采购，即准备构建固定资产的劳动资料和购买原材料的劳动对象。

一、固定资产的核算

1. 固定资产的概念

固定资产，是指为生产商品、提供劳务、出租或经营而持有的，使用期限在一年以上，单位价值较高(一般为 2000 元以上)的有形资产。在会计实务中，会计上所确认的固定资产必须同时满足该固定资产所包含的经济利益很可能流入企业和其成本能够可靠地计量两个条件。因此，与其他资产项目一样，固定资产必须遵守实际成本计价原则，按实际成本入账。

固定资产的计价有原始成本、重置成本和净值三种计价方式。原始成本(简称原价)，是指为取得某些固定资产并使其达到预计可使用状态所发生的一切合理、必要的支出。重置成本，是指企业重新取得与其所拥有的某项资产相同或与其功能相当的资产所发生的支出。净值(又称折余价值)，是指原始价值扣除累计折旧以后的价值。

本教材中固定资产购置仅指生产设备的购置，在购置过程中所支付的买价、进口关税、运杂费、场地整理费、包装费、安装费、保险费、专业人员服务费和试车调试费等，均计入固定资产的成本，但对一般纳税人购买时所支付的增值税允许抵扣，不计入固定资产的成本。

2. 账户设置

企业以外购方式所取得的固定资产，有的需要安装，有的不需要安装。对于不需要安装的固定资产，其成本在取得时即能可靠计量，而需要安装的固定资产因涉及安装问题，其成本需待安装完毕以后方可计量，在实务中，尚不能确认为固定资产，而是属于在建工程。因此，针对安装与不安装两种情况分别设置"在建工程"和"固定资产"两个账户。

(1) "在建工程"账户。在建工程泛指正在建设尚未竣工投入使用的建设项目。本账户用来核算与监督企业基建工程、安装工程、技术改造工程和大修理工程等业务的实际支出情况，并按工程项目设置明细账，进行明细分类核算。企业实际发生工程项目开支时，记入本科目的借方；工程完工结转工程成本时，按实际支出贷记本科目；期末余额一般在借方，表示尚未完工工程的实际成本。如图4-9所示。

借方	在建工程	贷方
本期发生的各种工程项目开支	完工时结转工程成本	
余额：尚未完工工程的实际成本		

图4-9　在建工程账户结构图

(2) "固定资产"账户。本账户用来核算与监督企业固定资产原始价值的增减变动和结存情况，并按固定资产的种类和使用部门设置明细账，进行明细分类核算。借方登记外购的不需要安装的固定资产的实际成本以及由在建工程转入的已完工工程的实际成本；贷方登记因各种原因减少的固定资产的实际成本；期末余额在借方，表示结存固定资产的实际成本。如图4-10所示。

借方	固定资产	贷方
外购不需要安装固定资产的实际成本 由在建工程转入已完工工程的实际成本	各种原因减少的固定资产的实际成本	
余额：结存固定资产的实际成本		

图4-10　固定资产账户结构图

(3) "应交税费——应缴增值税(进项税额)"账户。增值税是对销售货物或者提供加工、修理修配劳务以及进口货物的单位和个人就其实现的增值额征收的一个税种。增值税已经成为我国最主要的税种之一，2011年国内增值税的收入占我国全部税收的27%以上，是第一大的税种。它根据增值额征收，可以避免重复纳税。该税是一种价外税，可以较好地解决纳税人与负税人的关系，增强纳税意识。实际工作中，该税与增值税专用发票结合进行，在购买材料或固定资产时，除支付货款外，还需要根据对方出具的增值税专用发票上的税额支付进项税额(相当于垫付)，待企业销售产品时，除了向购买人按照销售收入收取货款外，同样要根据增值税专用发票上的税额收取销项税额(相当于代收)，然后用代收的销项税额扣除垫付的进项税额即是应向税务部门支付的应缴税额。当然，对涉及税收优惠、出口退税以及不能抵扣的进项税额，还需要在"应缴增值税"明细账中设置"减免税款"、"出口退税"、"进项税额转出"等专栏进行明细核算。

"应交税费——应缴增值税(进项税额)"账户是专门用来核算与监督增值税一般纳税人在购买生产设备、材料时所支付的、符合增值税规定可以从增值税销项税额中予以抵扣的增值税额，企业因购买生产设备、材料时所支付的增值税进项税额用蓝字记入该账户的借方，购货退回和索取折让应冲销的进项税额用红字记入该账户的借方。如图 4-11 所示。

借方	应交税费——应缴增值税	贷方
增值税进项税额 实际缴纳的增值税税额	增值税的销项税额	
	余额：应缴而尚未缴纳的增值税	

图 4-11　应交税费——应缴增值税账户结构图

(4) "累计折旧"账户。固定资产在使用过程中，因为存在有形和无形损耗，其价值要逐渐减少，并转移到产品成本或期间费用中去，称为折旧。磨损程度越大折旧就越大，因此根据累计折旧的大小就可计算固定资产的净值，判断固定资产的新旧程度，从而为企业更新或修理固定资产提供决策依据。本账户是"固定资产"的调整账户，核算企业固定资产的累计折旧，贷方登记计提的固定资产折旧，借方登记处置固定资产转出的累计折旧，期末贷方余额，反映固定资产的累计折旧额。如图 4-12 所示。

借方	累计折旧	贷方
固定资产折旧的减少数	固定资产折旧的增加数(折旧提取数)	
	余额：现有固定资产已计提的折旧数	

图 4-12　累计折旧账户结构图

(5) "固定资产清理"账户。本账户核算企业因出售、报废、毁损、对外投资、非货币性资产转换、债务重组等原因转出的固定资产价值以及在清理过程中发生的清理费用、残值收入、赔偿收入等，是资产类账户，借方登记固定资产转入清理的净值和清理过程中发生的费用；贷方登记收回出售固定资产的价款、残料价值和变价收入。其贷方余额表示清理后的净收益；借方余额表示清理后的净损失。清理完毕后净收益转入"营业外收入"账户；净损失转入"营业外支出"账户。该账户应按被清理的固定资产项目设置明细账，进行明细分类核算。如图 4-13 所示。

借方	固定资产清理	贷方
固定资产转入清理的净值 清理过程中发生的费用 转入"营业外收入"账户的净收益	收回出售固定资产的价款、残料价值和变价收入 转入"营业外支出"账户的净损失	
	期末无余额	

图 4-13　固定资产清理账户结构图

3. 固定资产购入的核算

企业外购的固定资产，应按实际支付的购买价款、相关税费、使固定资产达到预定可使用状态前所发生的可归属于该项资产的运输费、装卸费、安装费、专业人员服务费等，作为固定资产的取得成本，增值税进项税额记入"应交税费——应缴增值税(进项税额)"账户的借方。

(1) 企业购入不需要安装的固定资产，应按实际支付的购买价款、相关税费(增值税进项税额除外)、使固定资产达到预定可使用状态前所发生的可归属于该项资产的运输费、装卸费、安装费、专业人员服务费等，作为固定资产的取得成本，借记"固定资产"科目，贷记"银行存款"等科目。

(2) 企业购入需要安装的固定资产，应在购入的固定资产取得成本的基础上加上安装调试成本等，作为购入固定资产的成本，先通过"在建工程"科目核算，待安装完毕达到预定可使用状态时，再由"在建工程"科目转入"固定资产"科目。

企业购入固定资产时，按实际支付的购买价款、运输费、装卸费和除增值税以外的相关税费等，借记"在建工程"科目，支付的增值税借记"应交税费——应缴增值税(进项税额)"科目，贷记"银行存款"等科目；安装完毕达到预定可使用状态时，按其实际成本，借记"固定资产" 科目，贷记"在建工程"科目。

【例 4-9】 12 月 3 日，购入一台不需要安装即可投入使用的设备，取得的增值税专用发票上注明的设备价款为 30 000 元，增值税额为 5 100(30 000×17%)元，另支付运输费 300 元，包装费 400 元，款项以银行存款支付。

这笔经济业务的发生，一方面使企业的固定资产增加 30 700(30 000+300+400)元，可以抵扣的增值税进项税额增加 5 100 元，另一方面也使企业的银行存款减少 35 800 元，涉及"固定资产"、"应交税费——应缴增值税(进项税额)"和"银行存款"三个账户。固定资产的增加应按其实际成本记入"固定资产"账户的借方，可抵扣的增值税进项税额的增加记入"应交税费——应缴增值税(进项税额)"账户的借方，银行存款的减少应记入"银行存款"账户的贷方。因此，该业务应编制的会计分录如下：

```
借：固定资产——生产设备                    30 700
    应交税费——应缴增值税(进项税额)          5 100
    贷：银行存款                                    35 800
```

【例 4-10】 12 月 5 日，购入需要安装的设备一台，买价 50 000 元，增值税 8 500 元，运杂费 500 元，全部款项已开出银行转账支票，用银行存款支付。

这笔经济业务的发生，一方面使公司需要安装固定资产的成本增加了 50 500 元，可抵扣的增值税进项税额增加了 8 500 元；另一方面也使公司的银行存款减少了 59 000 元。需要安装固定资产成本的增加应记入"在建工程"账户的借方，可抵扣的增值税进项税额增加记入"应交税费——应缴增值税(进项税额"账户的借方，银行存款的减少应记入"银行存款"账户的贷方。其会计分录如下：

　　　　借：在建工程——生产设备安装工程　　　　　50 500
　　　　　　应交税费——应缴增值税(进项税额)　　　　8 500
　　　　　　贷：银行存款　　　　　　　　　　　　　　　59 000

【例 4-11】 12 月 6 日，上述固定资产在安装过程中，耗用甲材料 5 千克，单价 200 元，合计 1 000 元，并以现金支付外聘专业服务人员安装费 3 000 元。12 月 7 日，安装完毕，经验收合格交付使用。

本例应分别对固定资产安装和交付使用两笔业务进行账务处理。

(1) 安装业务的处理。在安装过程中，所耗用的材料和所支付的安装费用，一方面使企业的材料和现金等资产项目减少，另一方面使企业购入设备的安装成本增加。材料和现金的减少分别记入"原材料"账户和"库存现金"账户的贷方；设备安装成本的增加应记入"在建工程"账户的借方。其会计分录如下：

　　　　借：在建工程——生产设备安装工程　　　　　4 000
　　　　　　贷：原材料——甲材料　　　　　　　　　　1 000
　　　　　　　　库存现金　　　　　　　　　　　　　3 000

(2) 固定资产交付使用业务的处理。设备安装完毕，经验收合格交付使用后，表示该设备正式成为企业的一项固定资产，在建工程已结束。因此，应该将其实际成本 54 500 (50 500+4 000)元，由"在建工程"账户的贷方转入"固定资产"账户的借方。其会计分录如下：

　　　　借：固定资产——生产设备　　　　　　　　　54 500
　　　　　　贷：在建工程——生产设备安装工程　　　　　54 500

4. 固定资产折旧的计算

1) 固定资产折旧概述

固定资产应当在固定资产的使用寿命内，按照确定的方法对应计折旧额进行系统分摊，根据固定资产的性质和使用情况，合理确定固定资产的使用寿命和预计净残值。固定资产的使用寿命，是指企业使用固定资产的预计期间，或者该固定资产所能生产产品或提供劳务的数量。预计净残值，是指固定资产使用寿命已满并处于使用寿命终了时的预期状态，企业目前从该项资产处置中获得的扣除预计处置费用后的金额。固定资产的使用寿命和预计净残值一经确定，不得随意变更。

在确定计提折旧的范围时，还应该注意：固定资产应当按月计提折旧，当月增加的固定资产，当月不计提折旧，从下月起计提折旧；当月减少的固定资产，当月仍计提折旧，从下月起不计提折旧。

2) 固定资产的折旧方法

企业应当根据与固定资产有关的预期实现方式，合理选择固定资产折旧方法。所谓折旧方法，是指将应提折旧总额在固定资产各使用期间进行分配时所采用的具体计算方法。可选用的折旧方法包括年限平均法、工作量法、双倍余额递减法和年数总和法。

(1) 年限平均法。年限平均法又称直线法，是将固定资产的应计折旧额在固定资产的预计使用寿命内平均分摊的一种方法。此方法是以固定资产的原价减去预计净残值后除以预计使用年限，求得每年的折旧费用。其计算公式如下：

$$年折旧率 = \frac{1-预计净残值率}{预计使用寿命(年)} \times 100\%$$

$$月折旧率 = \frac{年折旧率}{12}$$

$$月折旧额 = 固定资产原价 \times 月折旧率$$

【例 4-12】　某公司有一幢简易厂房，原价为 50 000 元，预计可使用 10 年，预计报废时的净残值率为 4%，该厂房的折旧率和折旧额的计算如下：

$$年折旧率 = \frac{1-4\%}{10} \times 100\% = 9.6\%$$

$$月折旧率 = \frac{9.6\%}{12} = 0.8\%$$

$$月折旧额 = 5\,000\,0 \times 0.8\% = 400(元)$$

(2) 工作量法。工作量法又称变动费用法，是根据实际工作量计提折旧额的一种方法。它的理论依据在于资产价值的降低是资产使用状况的函数。其计算公式如下：

$$单位工作量折旧额 = \frac{固定资产原价 \times (1-预计净残值率)}{预计工作总量}$$

某项固定资产月折旧额=该项固定资产当月工作量×单位工作量折旧额

【例 4-13】　某公司的一辆运货卡车的原价为 600 000 元，预计总行驶里程为 500 000 公里，预计报废时的净残值率为 5%，本月行驶 4 000 公里。该辆汽车的月折旧额计算如下：

$$单位里程折旧额 = \frac{600\,000 \times (1-5\%)}{500\,000} = 1.14(元/公里)$$

$$月折旧额 = 4\,000 \times 1.14 = 4560(元)$$

工作量法也是一种平均法，它与年限平均法的区别是，它是按照工作量来平均。如果各年工作量相同，则两种方法是一致的。因此，该方法主要针对各期工作量有较大差异的固定资产所采用的，用以弥补年限平均法的不足。

(3) 双倍余额递减法。双倍余额递减法是在不考虑固定资产净残值的情况下，根据每一期期初固定资产账面净值和双倍的直线法折旧率计算固定资产折旧的一种方法。计算公式如下：

$$年折旧率 = \frac{2}{预计使用寿命（年）} \times 100\%$$

$$月折旧率 = \frac{年折旧率}{12}$$

$$月折旧额 = 固定资产账面净值 \times 月折旧率$$

这种方法没有考虑固定资产的残值收入，因此不能使固定资产的账面折余价值降低到它的预计残值收入以下，即实行双倍余额递减法计提折旧的固定资产，应当在其固定资产折旧年限到期的最后两年时(当采用直线法的折旧额大于等于双倍余额递减法的折旧额时),将固定资产账面净值扣除预计净残值后的余额平均摊销。

【例4-14】 某企业一固定资产的原价为 10 000 元,预计使用年限为 5 年,预计净残值 200 元,按双倍余额递减法计算折旧,每年的折旧额为:

双倍余额年折旧率＝2/5×100%＝40%

第一年应提的折旧额＝10 000×40%＝4000(元)

第二年应提的折旧额＝(10 000－4 000)×40%＝2 400(元)

第三年应提的折旧额＝(6 000－2 400)×40%＝1 440(元)

从第四年起改按平均年限法(直线法)计提折旧。

第四、第五年的年折旧额＝(10 000－4 000－2 400－1 440－200)/2＝980(元)

每月折旧额根据年折旧额除以 12 来计算。

采用双倍余额递减法计提固定资产折旧时,一般应在固定资产使用寿命到期前两年内,将固定资产账面价值扣除预计净残值后的净值平均摊销。

(4) 年数总和法。年数总和法也称为合计年限法,是将固定资产的原值减去净残值后的余额乘以一个逐年递减的分数计算每年的折旧额,这个逐年递减的分数值就是各年的折旧率。这个分数的分子代表固定资产尚可使用的年数,分母代表使用年数的逐年数字总和。计算公式为:

$$年折旧率＝\frac{尚可使用年限}{预计使用寿命的年数总和}×100\%$$

或

$$年折旧率＝\frac{预计使用寿命-已使用年限}{预计使用寿命×(预计使用寿命+1)÷2}×100\%$$

$$月折旧率＝年折旧率÷12$$

$$月折旧额＝(固定资产原值-预计净残值)×月折旧率$$

【例4-15】 某企业一项固定资产的原价为 1 000 000 元,预计使用年限为 5 年,预计净残值为 4 000 元。采用年数总和法,计算的各年折旧额如表 4-1 所示。

表 4-1　某企业各年折旧额计提表　　　　　　　　　　　元

年份	尚可使用年限	原价–净残值	变动折旧率	年折旧额	累计折旧
1	5	996 000	5/15	332 000	332 000
2	4	996 000	4/15	265 600	597 600
3	3	996 000	3/15	199 200	796 800
4	2	996 000	2/15	132 800	929 600
5	1	996 000	1/15	66 400	996 000

在这四种方法中,前两种属于普通折旧法,后两种属于快速折旧法。快速折旧法符合谨慎原则,通常对那些技术进步快的行业要求其采用快速折旧法。其特点是各年折旧额逐步递减,对投资者来讲,可以较快收回投资,即使是资产提前报废,也不会造成太大的损失。

固定资产应当按月计提折旧,计提的折旧记入"累计折旧"科目,借方科目的确定要按照"谁受益,谁负担"的原则,根据固定资产的用途记入相关资产的成本或当期损益。

具体核算分录在后面的生产活动及其他内容中将作专门介绍,这里不再赘述。

5. 固定资产报废清理的核算

企业在生产经营过程中,可能将不适用或不需用的固定资产对外出售转让,或因磨损、技术进步等原因对固定资产进行报废,或因遭受自然灾害而对毁损的固定资产进行处理。对上述事项在进行会计核算时,应按规定程序办理有关手续,结转固定资产的账面价值,计算有关的清理收入、清理费用及残料价值等。具体包括以下几个环节:

(1) 固定资产转让清理。企业因出售、报废、毁损、对外投资、非货币性资产转换、债务重组等转出的固定资产,按该项固定资产的账面价值,借记"固定资产清理"科目,按已计提的累计折旧,借记"累计折旧"科目,按其账面原价,贷记"固定资产"科目。

(2) 发生的清理费用等。固定资产清理过程中应支付的相关费用及其他费用,借记"固定资产清理"科目,贷记"银行存款"、"应交税费——应缴营业税"等科目。

(3) 收回出售固定资产的价款、残料价值和变价收入等,借记"银行存款"、"原材料"等科目,贷记"固定资产清理"科目。

(4) 保险赔偿等的处理。应由保险公司或过失人赔偿的损失,借记"其他应收款"等科目,贷记"固定资产清理"科目。

(5) 清理净损益的处理。固定资产清理完成后,属于生产经营期间由于自然灾害等非正常原因造成的损失,借记"营业外支出——非常损失"科目,贷记"固定资产清理"科目;属于生产经营期间正常的处理损失,借记"营业外支出——处置非流动资产损失"科目,贷记"固定资产清理"科目。如为贷方余额,则借记"固定资产清理"科目,贷记"营业外收入"科目。

【例4-16】 由于性能等原因,某公司将一台设备提前报废,原值500 000元,已提折旧450 000元,报废时的残值变价收入是20 000元,报废清理过程中发生的清理费用是4 000元。有关收入、支出均通过银行办理结算。所作会计处理如下:

(1) 将报废固定资产转入清理时:
借:固定资产清理　　　　　　　50 000
　　累计折旧　　　　　　　　　450 000
　　贷:固定资产　　　　　　　　　500 000

(2) 收回残料变价收入时:
借:银行存款　　　　　　　　　20 000
　　贷:固定资产清理　　　　　　　20 000

(3) 支付清理费用时:
借:固定资产清理　　　　　　　4 000
　　贷:银行存款　　　　　　　　　4 000

(4) 结转报废固定资产发生的净损失时:
借:营业外支出——非流动资产处置损失　　34 000
　　贷:固定资产清理　　　　　　　　　　34 000

【例4-17】 某公司因遭受水灾而毁损一座仓库,该仓库原价3 000 000元,已经提折旧1 000 000元,其残料估计价值50 000元,残料已办理入库。发生的清理费用20 000元,以现金支付。经保险公司核定应赔偿损失 1 000 000 元，尚未收到赔偿。应作会计处理如下：

    (1) 将毁损的仓库转入清理时：

        借：固定资产清理　　　　　　　　　2 000 000

           累计折旧　　　　　　　　　　　1 000 000

           贷：固定资产　　　　　　　　　　　　　3 000 000

    (2) 残料入库时：

        借：原材料　　　　　　　　50 000

           贷：固定资产清理　　　　　　50 000

    (3) 支付清理费用时：

        借：固定资产清理　　　　　　　　20 000

           贷：库存现金　　　　　　　　　　20 000

    (4) 确定应由保险公司理赔的损失时：

        借：其他应收款　　　　　　　　　1 000 000

           贷：固定资产清理　　　　　　　　1 000 000

    (5) 结转毁损固定资产发生的损失时：

        借：营业外支出——非常损失　　　　970 000

           贷：固定资产清理　　　　　　　　　970 000

二、材料采购业务的核算

1. 材料采购业务的主要内容

通过材料采购，企业一方面从供货单位取得所需要的各种材料，经验收后入库，以备日后生产所需；另一方面应向供货单位支付材料的买价和增值税。材料采购虽然不需要通过基本建设过程，但从购买材料到材料验收入库也要经过不少环节，发生一些采购费用，如何归集采购费用，正确计算采购成本，也是材料采购的重要内容。因此，材料采购的主要业务内容包括：进行材料物资的采购，保证生产过程的正常进行；正确计算材料物资的采购成本；按照结算制度办理与供应单位的款项结算。

在采购材料的过程中，除支付材料买价、增值税外，还可能发生各种采购费用，包括运杂费(运输费、装卸费、包装费、仓储费)和运输途中的保险费、运输途中的合理损耗以及入库前的挑选整理费用，这些统称为采购费用。对进口物资而言，还要支付进口关税。因此，材料买价、进口关税和各项采购费用是构成材料采购成本的常规项目。

关于采购费用的分配。采购材料过程中发生的采购费用，如果能在发生时确定应由哪种材料负担，则直接计入该种材料的采购成本；如果出现两种及两种以上材料共同负担的费用，应采用一定的方法，选择恰当的分配标准，分摊计入各种材料的采购成本，以确保材料采购成本计算的准确性。选择分配标准时应注意两点：一是应选择各种材料所共有的项目；二是按照受益原则体现各种材料对共同性费用的合理分担关系。实际工作中可根据具体情况选择重量、体积、件数、买价等作为分配标准。计算过程如下：

        采购费用分配率 = 实际发生的采购费用 ÷ 各种材料的分配标准之和

        某种材料应分担的采购费用 = 该种材料的分配标准 × 采购费用分配率

2. 账户设置

(1) "在途物资"账户。为了正确计算所购材料的实际采购成本，及时、准确地核算和监督采购材料的增减变动和结余情况，应设置"在途物资"账户。其借方登记购入材料的买价、进口关税和采购费用；贷方登记结转的验收入库材料的实际成本；余额在借方，表示在途材料的实际成本。该账户应按材料的品种、类别等设置明细账，进行明细分类核算。如图 4-14 所示。

借方	在途物资	贷方
材料买价 材料采购费用	转入"原材料"等账户的材料实际采购成本	
余额：在途材料、商品等物资的采购成本		

图 4-14　在途物资账户结构图

(2) "原材料"账户。本账户属于资产类账户，核算与监督库存材料实际成本的增减变动及结存情况。其借方登记已验收入库材料的实际成本；贷方登记发出材料的实际成本；余额在借方，表示库存材料的实际成本，该账户应按材料的保管地点(仓库)、材料的类别、品种和规格型号等设置明细账，进行明细分类核算。如图 4-15 所示。

借方	原材料	贷方
入库材料的实际成本	发出材料的实际成本	
余额：库存材料的实际成本		

图 4-15　原材料账户结构图

(3) "应付账款"账户。本账户属于负债类账户，用来核算与监督企业因购买材料、商品和接受劳务供应等而应付给供应单位的款项。贷方登记应付供应单位款项的增加数；借方登记偿付或预付供应单位的款项；余额一般在贷方，表示企业尚未偿还的应付账款，如为借方余额，表示企业预付的款项。该账户按供应单位设置明细账，进行明细分类核算。如图 4-16 所示。

借方	应付账款	贷方
已偿还的款项	应付未付的款项	
	余额：尚未偿还的款项	

图 4-16　应付账款账户结构图

(4) "应付票据"账户。本账户属于负债类账户，用来专门核算在商业汇票结算方式下企业因购买材料、商品和接受劳务供应等而开出、承兑的商业汇票，包括商业承兑汇票和银行承兑汇票。

我国的商业汇票根据承兑人的不同分为商业承兑汇票和银行承兑汇票两种。承兑人是购货企业的为商业承兑汇票，承兑人是购货企业的开户银行的为银行承兑汇票。付款期限由双方协商确定，最长不超过 6 个月。贷方登记开出、承兑的商业汇票；借方登记到期付款或转出的商业汇票(商业汇票到期无款支付,应转为应付账款);余额在贷方,表示尚未到期的商业汇票。本账户应按债权人进行明细核算。同时,还应设置"应付票据备查簿",详细登记每一应付票据的种类、号数、签发日期、到期日、票面金额、票面利率、合同交易号、收款人姓名或单位以及付款日期和金额等资料。应付票据到期结算时,应在备查薄内逐笔注销。如图 4-17 所示。

借方	应付票据	贷方
到期付款或转出的商业汇票金额	开出、承兑的商业汇票金额	
	余额:尚未到期的商业汇票金额	

图 4-17　应付票据账户结构图

(5) "预付账款"账户。本账户为资产类账户,用来核算与监督企业因购买材料、商品和接受劳务供应等按购货合同规定预付给供应单位的款项。借方登记预付或补付给供应单位的款项;贷方登记所购材料、商品或接受劳务的金额及退回多付的款项;余额在借方,表示实际预付的款项,如果出现贷方余额,则表示尚未补付的款项。本账户应按供应单位设置明细账,进行明细分类核算。如图 4-18 所示。

借方	预付账款	贷方
预付或补付给供应单位的款项	购买材料、商品或接受劳务的金额 退回多付的款项	
余额:实际预付的款项	余额:尚未补付的款项	

图 4-18　预付账款账户结构图

对预付账款业务不多的企业,也可以不设本账户,而将预付的款项直接记入"应付账款"账户。

3. 采购业务核算举例

【例 4-18】 12 月 1 日,从北京宏达公司购入甲、乙两种材料。其中,甲材料 200 千克,单价 500 元,乙材料 400 千克,单价 250 元,价款合计 200 000 元,增值税专用发票上注明的增值税额为 34 000 元,价款与税金用银行存款支付。

这笔经济业务的发生,使得材料采购成本增加 200 000 元,增值税进项税额增加 34 000元,银行存款减少 234 000 元。会计分录如下:

借:在途物资——甲材料　　　　　　　　　　100 000
　　　　　——乙材料　　　　　　　　　　100 000
　　应交税费——应缴增值税(进项税额)　　　34 000
　　贷:银行存款　　　　　　　　　　　　　　　234 000

【例 4-19】 12 月 1 日,开出转账支票,支付甲、乙材料的运杂费 3 600 元。

材料运杂费是材料采购成本的组成部分,应计入材料采购成本。但这笔运杂费是为甲、乙两种材料发生的,故应在这两种材料之间进行分配。这里以材料的重量为标准分配:

运杂费分配率 = 所要分配的运杂费 ÷ 各种材料的分配标准之和
= 3 600 ÷ (200 + 400) = 6 (元/千克)

$$甲材料应分配的运杂费 = 200 \times 6 = 1\ 200(元)$$
$$乙材料应分配的运杂费 = 400 \times 6 = 2\ 400(元)$$

根据分配结果,编制如下会计分录:

借:在途物资——甲材料　　　　　　　　　1 200
　　　　　　——乙材料　　　　　　　　　2 400
　　贷:银行存款　　　　　　　　　　　　　　3 600

【例 4-20】 12 月 6 日,企业从上海吉利公司购入丙材料 5 000 千克,单价 20 元,增值税专用发票列明其价款 100 000 元,增值税进项税额 17 000 元。另外,吉利公司代垫运杂费 2 000 元。材料已到,款项未付。

这笔经济业务的发生,一方面使公司的材料采购成本(买价及运杂费)增加 102 000 元,增值税进项税额增加 17 000 元;另一方面,企业欠吉利公司的应付款项增加 119 000 元。涉及"在途物资"、"应交税费——应缴增值税(进项税额)"、"应付账款"三个账户。材料采购成本的增加记入"在途物资"账户的借方,增值税进项税额的增加记入"应交税费——应缴增值税(进项税额)"账户的借方;公司欠吉利公司款项的增加记入"应付账款"账户的贷方。其会计分录如下:

借:在途物资——丙材料　　　　　　　　　　102 000
　　应交税费——应缴增值税(进项税额)　　　17 000
　　贷:应付账款——上海吉利公司　　　　　　　119 000

假设公司开出一张为期 6 个月,面值为 119 000 元的商业承兑汇票,则会计分录为:

借:在途物资——丙材料　　　　　　　　　　102 000
　　应交税费——应缴增值税(进项税额)　　　17 000
　　贷:应付票据　　　　　　　　　　　　　　119 000

【例 4-21】 12 月 8 日,上述甲、乙、丙三种材料全部验收入库,计算并结转其实际采购成本。

所谓结转,是指从一个账户转入另一个账户。所谓结转材料的采购成本,是指当材料的采购手续完成以后,将材料的采购成本从"在途物资"账户转入"原材料"账户。材料采购手续包括材料采购成本的确定和材料验收入库两个方面。但材料采购手续完成后,是否马上结转材料的采购成本,应该视企业的具体情况而定。当企业的材料采购业务不多时,企业可以选择"逐笔结转法",即每完成一笔材料采购业务,就将其采购成本结转一次。如果企业材料采购业务非常多,采用逐笔结转法势必会加大会计工作,而是通常选择"一笔结转法",即月末根据"在途物资明细账"与材料入库单,对完成材料采购手续的材料成本一次性结转。本例只是将这三种材料做了一次结转的简要示范。

当材料验收入库,实际采购成本也已确定之后,说明采购过程已经结束,在途物资减少,库存材料增加。所以应记入"原材料"账户的借方,表示库存材料的增加,以及记入"在途物资"账户的贷方,表示材料采购过程已经结束。亦即从"在途物资"账户转入"原材料"账户。会计分录如下:

借:原材料——甲材料　　　　　　　　　　101 200
　　　　　——乙材料　　　　　　　　　　102 400
　　　　　——丙材料　　　　　　　　　　102 000

　　　　　贷：在途物资——甲材料　　　　　　　　　　　　101 200
　　　　　　　　　　——乙材料　　　　　　　　　　　　102 400
　　　　　　　　　　——丙材料　　　　　　　　　　　　102 000

　　【例4-22】 12月15日，开出转账支票，用银行存款支付所欠上海吉利公司的款项。

　　这笔经济业务的发生，一方面使得所欠上海吉利公司的欠款减少，即解除了债务，另一方面也使得企业的银行存款减少，涉及两个账户——"应付账款"和"银行存款"，应分别记入"应付账款"账户的借方和"银行存款"账户的贷方。会计分录如下：

　　　　　借：应付账款——上海吉利公司　　　　　　　　　119 000
　　　　　　贷：银行存款　　　　　　　　　　　　　　　　　　　　119 000

　　【例4-23】 12月17日，根据购销合同，企业开出一张面值60 000元的转账支票，向天津大华公司预付购买丁材料货款。

　　这笔经济业务的发生，一方面使公司的银行存款减少60 000元，另一方面使公司的预付账款增加60 000元。涉及"银行存款"和"预付账款"两个账户，其中，银行存款的减少记入"银行存款"账户的贷方，预付账款的增加记入"预付账款"账户的借方。其会计分录如下：

　　　　　借：预付账款——天津大华公司　　　　　　　　　60 000
　　　　　　贷：银行存款　　　　　　　　　　　　　　　　　　　　60 000

　　需要说明的是，如果预付账款业务不多的企业，可以不设置"预付账款"账户，而在"应付账款"账户中记录。假设公司的预付账款业务不多，上述业务所作的会计分录如下：

　　　　　借：应付账款——天津大华公司　　　　　　　　　60 000
　　　　　　贷：银行存款　　　　　　　　　　　　　　　　　　　　60 000

　　在这种情况下，"应付账款"账户就变为既核算负债(应付账款)又核算债权(预付账款)了，成为所谓债权债务结算账户，又称之为混合账户或两性账户，余额的方向也就变得不确定了，可能为贷方余额，表示应付账款，也可能为借方余额，表示预付账款。其明细账的余额，可能有的在贷方，有的在借方，总账余额就是各明细账余额的代数和。

　　【例4-24】 12月23日，收到大华公司发来的丁材料300千克，单价200元，计60 000元，增值税进项税额10 200元。冲销前预付账款60 000元，差额10 200元开出转账支票补付。

　　这笔经济业务的发生，一方面使公司的材料采购成本增加60 000元，增值税进项税额增加10 200元，另一方面使公司的预付账款减少60 000元，银行存款减少10 200元。涉及"在途物资"、"应交税费——应缴增值税(进项税额)"、"预付账款"和"银行存款"四个账户，其中，材料采购成本的增加记入"在途物资"账户的借方，应支付的增值税进项税额的增加记入"应交税费——应缴增值税(进项税额)"的借方，"预付账款"属于资产类账户，其减少应记入"预付账款"账户的贷方，银行存款的减少记入"银行存款"账户的贷方。会计分录如下：

　　　　　借：在途物资——丁材料　　　　　　　　　　　　60 000
　　　　　　应交税费——应缴增值税(进项税额)　　　　　　10 200
　　　　　　贷：预付账款——天津大华公司　　　　　　　　　　60 000
　　　　　　　　银行存款　　　　　　　　　　　　　　　　　　　10 200

假设本例中企业的预付账款为 80 000 元，并在收到材料结算凭证的同时，收到开户行开出的大华公司退回多余款项的通知单，则会计分录如下：

借：在途物资——丁材料　　　　　　　　　　60 000
　　应交税费——应缴增值税(进项税额)　　　　10 200
　　银行存款　　　　　　　　　　　　　　　　9 800
　　　贷：预付账款——天津大华公司　　　　　　　　80 000

如果没有收到多余款项的收账通知单，则作如下会计分录：

借：在途物资——丁材料　　　　　　　　　　60 000
　　应交税费——应缴增值税(进项税额)　　　　10 200
　　　贷：预付账款——天津大华公司　　　　　　　　70 200

【例 4-25】 12 月 25 日，上述丁材料验收入库。

丁材料的采购成本已确定，且验收入库，说明其完成了采购手续，需要结转其采购成本。即从"在途物资"账户转入"原材料"账户。其会计分录如下：

借：原材料——丁材料　　　　　　　60 000
　　　贷：在途物资——丁材料　　　　　　60 000

第四节　产品生产业务的核算

生产过程，是指制造企业从材料投入开始，到产品完工入库为止的全部过程。生产过程的主要经济业务是产品的生产，在这个过程中既有劳动资料的耗费，又有劳动对象的耗费；既有物化劳动的耗费，又有活劳动的耗费，生产过程实际上是劳动耗费的过程与产品形成的过程的统一。

从会计核算角度来看，生产阶段所发生的经济业务数量最多，也最为复杂。生产阶段各项生产费用的发生、归集与分配，以及完工产品的入库，是生产阶段的主要业务。通过生产业务核算，会计应该能够实现以下的反映和控制功能：第一，提供有关材料、工资、制造费用等成本的组成信息；第二，提供有关提取折旧和职工福利费的信息，并考核其计算的合法性和正确性；第三，确定产品的实际单位成本，并与计划单位成本对比，分析单位成本的升降变化及其原因；第四，提供产品完工入库的信息，借以考核产品计划的完成情况；第五，提供有关在产品变化的信息，以分析企业生产的均衡性。

一、生产过程主要经济业务概述

生产过程，是人们利用劳动资料对劳动对象进行加工，将劳动对象转化为产品的过程。生产过程既是产品的产生过程，也是物化劳动和活劳动的消耗过程。以下以工业企业为例来说明生产活动过程。

1. 生产过程的主要经济业务

生产企业在生产经营过程中经常性的基本经济业务主要有：原材料的消耗，形成材料费用；生产工人、技术人员和管理人员的劳动消耗，形成人工费用；机器设备等固定资产的消耗，形成折旧费用；其他消耗，如物料的一般耗用、修理费、办公费、水电费等。

以上生产经营过程中的各种消耗，一般统称为费用，费用(消耗)过程结束产品也就形成，完工的产品交产品保管验收入库。 生产过程的核算就是核算上述内容，并计算因生产耗费而形成的产品成本。因此，生产过程的核算，是对生产费用与成本所进行的账务处理和对产品成本的计算。

产品的生产过程，是劳动者利用劳动资料，对劳动对象进行加工或改制，使其具有某种新的使用价值，能够满足人们某种需要的商品生产过程。在产品的生产过程中，一方面会发生各种生产耗费，另一方面又会创造出新的使用价值。生产过程的主要经济业务(或会计事项)包括以下方面：

(1) 将材料物资投入生产过程。

(2) 劳动资料在生产过程中逐步发生磨损。

(3) 在生产过程中发生的人工成本。

(4) 与生产经营相关的其他事项、费用的发生。

上述材料费用、折旧费用和工资费用，构成制造企业生产费用的主要内容，同时在生产过程中还会发生按规定的工资总额计提的职工福利费、无形资产摊销和其他生产费用。

2．产品生产过程的核算内容

产品生产过程的核算，主要包括以下五个方面的内容：

(1) 生产领用原料及主要材料、辅助材料和燃料等；

(2) 车间发生的职工工资费用和职工福利费；

(3) 车间发生的固定资产的折旧费用和修理费；

(4) 生产过程中发生的其他费用；

(5) 计算和结转完工产品成本。

当然，产品生产过程的核算还包括许多其他内容，尤其是产品成本的计算还包括许多较复杂的成本计算程序和方法。

二、账户设置

根据生产业务核算的要求，生产阶段一般需要设置以下账户：

1．"生产成本"账户

"生产成本"账户是成本类账户，用来归集产品生产过程中所发生的、应计入产品成本的直接材料、直接人工和制造费用，并据以确定产品的实际生产成本。其借方登记当期发生的、应计入产品成本的生产费用，贷方登记期末结转的完工产品的实际生产成本，余额在借方，表示月末尚未完工产品的生产成本。由于企业产品成本核算最终要具体到每一种产品，因此，该账户的明细核算按所生产的产品种类进行。如果产品生产需要经过多个生产环节或多个车间，"生产成本"账户明细账的设置需要先按生产环节或车间，再按具体产品种类进行。如图 4-19 所示。

借方	生产成本	贷方
产品费用的发生数 包括： 直接材料 直接人工 制造费用分配转入	期末结转的完工产品的实际生产成本	
余额：尚未完工产品的生产成本		

图 4-19　生产成本账户结构图

2.“制造费用”账户

“制造费用”账户用于归集和分配企业在车间范围内为生产产品和提供劳务而发生的、应计入产品成本的各项间接费用，包括制造部门管理人员的工资及福利费、机器设备等生产用固定资产折旧费及修理费、水电费等不能直接计入产品生产成本的费用。该账户借方登记月份内发生的各种制造费用，贷方登记月末按一定标准分配结转入各种产品负担的制造费用，月末一般无余额。该账户应按不同车间和费用项目设置明细账，以考核和控制不同车间的共同性生产费用。如图 4-20 所示。

借方	制造费用	贷方
生产过程中发生的各项费用 包括： 车间管理人员工资及福利费 车间固定资产折旧费 车间物资消耗 车间办公费 其他	分配转入“生产成本”账户的制造费用	
月末无余额		

图 4-20　制造费用账户结构图

3.“应付职工薪酬”账户

“应付职工薪酬”账户是负债类账户，用于核算企业根据有关规定应付给职工的各种薪酬，包括工资、职工福利、社会保险费等。其贷方登记企业应发给职工的薪酬总额，借方登记企业实际支付的薪酬总额，余额在贷方，表示月末应付而未付的薪酬总额。该账户如果出现借方余额，表明企业实际向职工多支付了薪酬，此时在资产负债表上应转作资产类账户。如图 4-21 所示。

借方	应付职工薪酬	贷方
实际支付给职工的薪酬	应付给职工的薪酬	
	余额：尚未支付给职工的薪酬	

图 4-21　应付职工薪酬账户结构图

4."累计折旧"账户

固定资产是企业的主要劳动资料，它在使用期内始终保持其原有的实物形态不变(如果使用、维护得当，其生产效率也不会下降)，而它的价值将逐渐损耗。根据固定资产的这一特点，不仅要设置"固定资产"账户反映固定资产原始价值，同时要设置"累计折旧"账户，来反映固定资产价值的损耗。该账户贷方登记固定资产因使用损耗而转移到产品中去的价值(折旧增加额)，借方登记报废或变卖固定资产时累计已计提的折旧额，余额在贷方，表示期末累计已计提的折旧额。在资产负债表上，该账户作为固定资产的抵减账户。如图4-22所示。

借方	累计折旧	贷方
固定资产折旧的减少数	固定资产折旧的增加数(折旧提取数)	
	余额：现有固定资产已计提的折旧数	

图 4-22　累计折旧账户结构图

5."库存商品"账户

"库存商品"账户是资产类账户，用来核算企业生产完工验收入库可供销售产成品的收入、发出、结存情况。其借方登记已完工验收入库的各种产成品的实际生产成本，贷方登记发出各种产品的实际生产成本，余额在借方，表示期末库存产成品的实际生产成本。该账户应按产成品的品种、规格或类别设置明细账，以详细反映和监督各种产成品的收、发、结存情况。如图4-23所示。

借方	库存商品	贷方
完工入库产品的生产成本	已销售产品转出的生产成本	
余额：库存产品的生产成本		

图 4-23　库存商品账户结构图

6."管理费用"账户

"管理费用"账户属于损益类账户，核算企业行政管理部门为组织和管理企业生产经营活动而发生的管理费用，包括折旧费、工会经费、行政管理人员工资和福利费、劳动保险费等。其借方登记本月发生的各项管理费用，贷方登记月末转入"本年利润"账户的管理费用，期末结转后无余额。本账户应按费用项目设置明细账，进行明细核算。如图4-24所示。

借方	管理费用	贷方
本期发生的各项管理费用	期末转入"本年利润"账户的金额	
期末无余额		

图 4-24　管理费用账户结构图

三、生产过程的主要经济业务核算

1．材料费用的核算

材料费用包括企业生产经营过程中消耗的直接材料、燃料、低值易耗品、包装物等而发生的费用。企业耗用的材料，无论是外购材料，还是自制材料，都应根据审核后的凭证，按照材料的用途进行分配，将材料费用计入产品成本或期间费用。各部门在领用材料时，必须填制领料单。仓库根据领料单发料后，其中一联交给财会部门用以记账。财会部门对领料单进行汇总计算，编制发出材料汇总表，按领料用途将材料分配到有关账户。

常用的分配方法有定额消耗量比例法、定额费用分配法、实际消耗量分配法等。这里仅对定额消耗量比例法进行介绍。

定额消耗量比例法，是指以各个材料费用受益产品的材料定额消耗量为分配标准，以单位材料定额消耗量应负担的材料费用为分配率，据以分配材料费用的方法。适用于材料消耗比较单一，单位产品消耗量比较准确的产品。此方法涉及以下公式：

受益产品定额消耗量＝受益产品产量×单位产品消耗数量

材料费用分配率＝被分配的材料费用÷各受益产品定额消耗量之和

某受益产品应负担材料费用＝该受益产品定额消耗量×材料费用分配率

【例 4-26】 三秦公司一车间生产甲、乙两种产品，2012 年 8 月共同消耗 A 材料 40 800 千克，每千克实际成本 60 元。本月甲、乙产品的产量分别为 1 800 件和 2 400 件，单位产品消耗数量分别为 60 千克和 40 千克。计算原材料费用的分配。

原材料费用的分配计算如下：

被分配 A 材料费用＝40 800×60＝2 448 000 (元)

甲产品定额消耗量＝1800×60＝108 000 (千克)

乙产品定额消耗量＝2400×40＝96 000 (千克)

A 材料费用分配率＝2 448 000÷(108 000＋96 000)＝12 (元/千克)

甲产品应负担材料费用＝108 000×12＝1 296 000 (元)

乙产品应负担材料费用＝96 000×12＝1 152 000 (元)

在实际工作中，材料费用的分配一般是通过"材料费用分配表"进行的。这种分配表应该按照材料的用途和材料类别，根据归类的领料凭证来进行编制。下面通过三秦公司的实例来进行说明。

【例 4-27】 三秦公司有一个基本生产车间，生产 A、B 两种仪器，还有两个辅助生产车间——锅炉车间和机修车间。各部门本月领用材料汇总、编制原材料费用分配表见表4-2，原材料费用是按实际成本进行核算分配的。

表 4-2　三秦公司原材料费用分配表

2012 年 12 月

应借账户			成本项目	间接计入(分配率：3)		直接计入(元)	合计(元)
总账账户	二级账户	明细账户		定额消耗量(千克)	分配金额		
生产成本	基本生产成本——A 产品		直接材料	12 000	36 000	18 000	54 000
	——B 产品		直接材料	8 000	24 000	12 000	36 000
小计				20 000	60 000	30 000	90 000
制造费用	基本生产车间					1 120	1 120
销售费用	消耗材料					1 800	1 800
管理费用	消耗材料					680	680
合计						33 600	93 600

根据"材料费用分配表"分配材料费用，并编制会计分录如下：

借：生产成本——基本生产成本——A 产品　　　　54 000
　　　　　　　　　　　　　　——B 产品　　　　36 000
　　制造费用　　　　　　　　　　　　　　　　　1 120
　　销售费用　　　　　　　　　　　　　　　　　1 800
　　管理费用　　　　　　　　　　　　　　　　　680
　　贷：原材料　　　　　　　　　　　　　　　　　　93 600

2．人工费用的核算

人工费用包括工资和福利费用。企业职工在生产经营过程中的岗位不同，其工资费用的处理方法也不一样。所以，在费用的核算时，应将不同职工的工资费用列入不同的成本项目和费用项目中。生产车间直接从事产品生产人员的工资费用计入生产成本中的"直接人工费"；生产车间发生的为生产产品和提供劳务而发生的各项间接工资费用，如"生产成本"中的管理人员的工资，应计入"制造费用"中的"工资费用"明细项目中；而企业行政管理部门人员的工资应计入"管理费用"中的"工资费用"明细项目；销售机构人员的工资，应计入"销售费用"科目中。对于计入管理费用和销售费用中的工资不计入产品成本中，而是直接计入当期损益。

人工费分配通常采用产品的生产工时(实际工时或定额工时)作为分配标准，计算工时如下：

费用分配率 = 生产工人工资总额 ÷ 各种产品实际生产工时之和
某产品应分配的工资费用 = 该种产品实际生产工时 × 费用分配率

为了按工资的用途和发生地点归集并分配工资及计提的福利费用，月末应分生产部门根据工资结算单和有关的生产工时记录编制"工资费用分配表"，然后汇编"工资及福利费用分配汇总表"。

【例4-28】 三秦公司根据2012年12月职工考勤记录和产量记录，计算确定本月应付工资441 450元，编制的"工资费用分配表" 见表4-3。

表4-3　工资费用分配表

2012 年 12 月

	项目	成本费用项目	生产工时(小时)	分配率	工资费用(元)	计提标准费(%)	应付福利(元)	合计
基本生产成本	A产品	直接人工	18 000		144 000		20 160	164 160
	B产品	直接人工	24 000	8	192 000	14	26 880	218 880
	小计		42 000		336 000		47 040	383 040
制造费用	基本生产车间	直接人工			67 000	14	9 380	76 380
销售费用	直接人工				28 400	14	3 976	32 376
管理费用	直接人工				10 050	14	1 407	11 457
合计					441 450	14	61 803	503 253

根据工资费用分配表，编制会计分录如下：

借：生产成本——基本生产成本——A产品　　144 000
　　　　　　　　　　　　　　——B产品　　192 000
　　制造费用——基本生产车间　　　　　　67 000
　　销售费用　　　　　　　　　　　　　　28 400
　　管理费用　　　　　　　　　　　　　　10 050
　　贷：应付职工薪酬——工资　　　　　　　　　441 450

按职工工资的14%提取的职工福利费：

借：生产成本——基本生产成本——A产品　　20 160
　　　　　　　　　　　　　　——B产品　　26 880
　　制造费用——基本生产车间　　　　　　9 380
　　销售费用　　　　　　　　　　　　　　3 976
　　管理费用　　　　　　　　　　　　　　1 407
　　贷：应付职工薪酬——福利费　　　　　　　　61 803

12月31日，以银行存款441 450元发放本月职工工资，编制会计分录如下：

借：应付职工薪酬——工资　　　　　　　　441 450
　　贷：银行存款　　　　　　　　　　　　　　441 450

3．固定资产折旧费的核算

固定资产，是指使用期限在一年以上，单位价值在规定标准以上，并在使用过程中保持原来物质形态的资产，包括房屋及建筑物、机器设备、运输设备、工具器具等。固定资产虽然在长期使用过程中保持实物形态不变，但其价值随着固定资产的损耗而逐渐减少，这部分由于长期使用损耗而减少的价值就是固定资产折旧，它应该以折旧费用的形式计入产品成本和费用。

基本生产车间固定资产折旧费计入基本生产车间"制造费用"明细账中的"折旧费"成本项目；辅助生产车间固定资产折旧费应计入"辅助生产成本"明细账中的"折旧费"成本项目；行政管理部门固定资产折旧费应计入"管理费用"明细账中的"折旧费"栏目；专设销售机构固定资产折旧费应计入"销售费用"明细账中的"折旧费"栏目。

【例 4-29】　三秦公司 2012 年 12 月基本生产车间固定资产折旧 28 000 元；企业管理部门固定资产折旧 19 800 元；销售部门固定资产折旧 6 200 元。

编制的会计分录如下：

```
借：制造费用——基本生产车间            28 000
    管理费用                            19 800
    销售费用                            6 200
    贷：累计折旧                                54 000
```

4．制造费用的核算

制造费用，是指企业为生产产品或提供劳务而发生的，应当计入产品成本但没有专设成本项目的各项间接生产费用。它包括：车间或分厂管理人员的工资和福利费、车间机器设备和厂房等的折旧费、修理费、办公费、水电费、机物料消耗、劳动保护费、租赁费、保险费、排污费及其他制造费用。

制造费用应当按照费用发生的地点和费用项目汇集，可按车间设置明细账，账内按照费用项目设专栏，分别反映各车间或部门各项制造费用的支出情况。该账户借方登记企业一定时期内发生的全部制造费用，贷方反映分配转出的制造费用，月末一般无余额。

在生产一种产品的车间中，制造费用可直接计入其产品成本。在生产多种产品的车间中，就要采用既合理又简便的分配方法，将制造费用分配计入各种产品成本。制造费用的分配方法一般有生产工人工时比例法、生产工人工资比例法、机器工时比例法和按年度计划分配率分配法等。这里仅介绍生产工人工时比例法，生产工人工时比例法是按照各种产品所耗用生产工人工时的比例分配制造费用的一种方法。生产工人工时数可以是本期的实际工时数，也可以是按实际产量计算的定额工时数。计算公式如下：

制造费用分配率＝应分配制造费用总额÷车间各种产品实际(或定额)生产工时之和

某种产品应分配的制造费用＝该种产品实际(或定额)生产工时×制造费用分配率

【例 4-30】　三秦公司一车间生产甲、乙、丙三种产品，甲产品实际耗用生产工人工时 7 200 小时，乙产品实际耗用生产工人工时 7 800 小时，丙产品实际耗用生产工人工时 9 000 小时，一车间本月制造费用 396 000 元。

计算分配如下：

制造费用分配率=396 000÷(7 200+7 800+9 000)=16.5 (元/工时)

甲产品制造费用=7 200×16.5=118 800 (元)

乙产品制造费用=7 800×16.5=128 700 (元)

丙产品制造费用=9 000×16.5=148 500 (元)

编制制造费用分配表，如表 4-4 所示。

表 4-4　制造费用分配表(生产工人工时比例分配法)

车间：一车间　　　　　　　　　　2012 年 8 月

产品名称	生产工时	分配率(%)	分配额(元)
甲产品	7 200		118 800
乙产品	7 800	16.5	128 700
丙产品	9 000		148 500

根据表 4-4，编制如下会计分录：

借：生产成本——基本生产成本——甲产品　　　　　118 800
　　　　　　　　　　　　　　——乙产品　　　　　128 700
　　　　　　　　　　　　　　——丙产品　　　　　148 500
　　贷：制造费用——基本生产车间　　　　　　　　　　396 000

按生产工时比例分配制造费用，可使产品负担制造费用的多少与劳动生产率的高低联系起来。若劳动生产率提高，则单位产品生产工时减少，所负担的制造费用也就降低。因此，这是一种常见的、合理的方法。

5．完工产品生产成本的计算

企业在将制造费用分配到各产品生产成本之后，生产成本账户就归集了该产品所发生的直接材料、直接人工和制造费用，这时就可以计算产品的生产成本。在本月产品全部完工即没有期末在产品的情况下，归集到某一产品上的生产费用合计数，就是该产品本月完工产品的生产成本；在期末没有完工产品及全部为在产品的情况下，归集在某一产品上的生产费用合计数，全部为本月在产品的生产成本；在期末既有完工产品又有在产品的情况下，则需要采用一定的方法将归集到某一产品上的生产费用，在完工产品与在产品之间进行分配。生产费用在完工产品和月末在产品之间进行分配的常用方法有以下几种。

1) 不计算月末在产品成本法

采用这种方法时，虽然月末有在产品，但生产成本明细账中归集的生产费用全部由完工产品负担，在产品不负担。对于在产品数量少且稳定的企业，算不算在产品成本对于完工产品成本的影响很小，为了简化核算，可以考虑采用这种方法，即每月生产费用之和就是每月完工产品的成本。

2) 月末在产品成本按年初固定数计算法

这种方法适用于月末在产品数量很小，或者在产品数量虽大但各月之间在产品数量变化不大，月初、月末在产品成本的差额对完工产品成本影响不大的情况。为简化核算工作，各月在产品成本可以按年初固定数计算。例如炼铁厂、化工厂或其他有固定容器装置的在产品，数量都较稳定，都可以采用这种方法。该方法的基本特点：年内各月的在产品成本都按年初在产品成本计算，固定不变。这样，每月发生的生产费用仍然是该月完工产品的成本。年末，根据盘点数重新确定年末在产品成本，以免在产品成本与实际出入过大，影响成本计算的正确性。

3) 月末在产品成本按其所耗用的原材料费用计算法

采用这种分配方法，月末在产品只计算其耗用的原材料费用，直接人工、制造费用等则全部计入完工产品成本。这种分配方法适用于各月末在产品数量较大，同时原材料费用在总成本中所占比重较大的产品。例如造纸、酿酒等行业的产品成本均可采用这种方法。

【例4-31】三秦公司生产甲产品，该产品的原材料费用在产品成本中所占比重比较大，月末在产品成本的计算采用按所耗原材料费用计算法。某年6月初甲产品在产品原材料费用为96 000元，本月甲产品生产成本计算单中反映的原材料费用为216 000元，工资及福利费等加工费用共计24 000元，本月完工甲产品8 400件，月末在产品2 000件。该种产品的原材料费用是在生产开始时一次投入的，原材料费用按完工产品和在产品的数量比例分配。其分配如下：

原材料费用分配率 = (96 000 + 216 000) ÷ (8 400 + 2 000) = 30

完工产品应负担的原材料费用 = 8 400 × 30 = 252 000 (元)

月末在产品应负担的原材料费用 = 2 000 × 30 = 60 000 (元)

完工产品成本 = 252 000 + 24 000 = 276 000 (元)

月末在产品成本 = 2 000 × 30 = 60 000 (元)

4) 约当产量法

约当产量，是指将在产品折算成相当于完工产品的产量。约当产量法就是先把实际结存的在产品数量，按其完工程度折算为相当于完工产品的产量，然后，把产品成本计算单上的生产费用，按照完工产品产量和在产品的约当产量的比例进行分配的方法。这种方法一般适用于月末在产品数量较多、各月末在产品的数量变化较大、产品成本中直接材料和各项加工费所占比重相差不大的情况。

约当产量比例法分配完工产品与月末在产品成本的计算公式如下：

在产品约当产量 = 在产品数量×完工程度(或投料程度)

费用分配率 = (月初在产品成本 + 本月生产费用)÷(完工产品数量 + 月末在产品约当产量)

完工产品费用分配额 = 完工产品数量 × 费用分配率

月末在产品费用分配额 = 在产品约当产量 × 费用分配率

【例4-32】三秦公司本月完工600件，在产品240件，平均完工程度为50%，原材料随着加工程度的均匀投入，本月生产费用合计为56 160元，分配结果为：

约当总产量 = 600 + 240 × 50% = 720 (件)

分配率 = 56 160 ÷ 720 = 78 (元/件)

完工产品成本 = 600 × 78 = 46 800 (元)

月末在产品成本 = 120 × 78 = 9 360 (元)

需要说明的是在很多加工生产中，原材料是在生产开始时一次性投入的。这时，在产品无论完工程度如何，都应和完工产品同样负担材料费用，因而不需计算在产品的约当产量。如果原材料是随着生产过程陆续投入的，在月末分配直接材料费用时，则应按照各个工序投入的材料费用在全部材料费用中所占的比例计算在产品的约当产量。由于月末在产品的投料程度和加工程度往往不同，因此需要分别确定在产品直接材料费用的约当产量和加工费用的约当产量。

【例4-33】　三秦公司 2012 年 12 月份生产甲产品 10 台全部完工，结转完工产品生产成本 145 960 元，乙产品本月完工 6 台，结转完工产品生产成本 48 000 元，在产品生产成本 23 400 元。甲、乙产品按实际成本结转。

完工产品入库的会计分录如下：

```
借：库存商品——甲产品                           145 960
            ——乙产品                            48 000
    贷：生产成本——基本生产成本——甲产品           145 960
                            ——乙产品            48 000
```

思 考 题

1. 简述权益性筹资与债务性筹资的区别。
2. 简述固定资产的概念。
3. 简述固定资产折旧方法及使用双倍余额递减法时应注意的问题。
4. 简述材料采购成本构成项目。
5. 简述生产费用在完工产品和月末在产品之间进行分配的常用方法。

练 习 题

1. **资料**：中海公司 2013 年 1 月发生下列经济业务：

(1) 收到国家增拨的投资 200 000 元存入银行。

(2) 从银行取得借款 50 000 元，期限 6 个月，年利率 5.8%，利息于季末结算。所得款项存入银行。

(3) 收到美联公司投入的生产线，其原始价值 600 000 元，已提折旧 50 000 元，双方协商作价为 560 000 元。

(4) 购入不需要安装的设备一台，买价 30 000 元，增值税额 5 100 元，发生包装费 500 元，运杂费 400 元，全部款项以存款支付。

(5) 购入需安装的生产线一条，买价 200 000 元，增值税额 34 000 元，发生包装费 1 000 元，运输途中的保险费及运费 1 200 元，全部款项以存款支付。在安装过程中，耗用材料 1500 元，人工费用 800 元。安装完毕，经验收合格交付使用。

要求：根据上述经济业务编制会计分录。

2. **资料**：中海公司 2013 年 3 月发生下列部分经济业务：

(1) 从长宏工厂购入 A 材料 300 公斤，单价 200 元，增值税进项税额为 10 200 元，运费 200 元。全部款项尚未支付，材料验收入库。

(2) 以存款 30 000 元向中原工厂预付购买 B 材料的货款。

(3) 从兴丰工厂购入 C 材料 30 公斤，单价 100 元，增值税额 510 元；D 材料 50 公斤，单价 200 元，增值税额 1 700 元，购入材料共发生运费 1 600 元(按材料重量比例分配)。上述款项全部用存款支付，材料验收入库。

(4) 以存款 70 400 元偿还所欠长宏工厂的货款。

(5) 从帝恒工厂购入 B 材料 50 公斤，单价 120 元，运费 200 元，增值税额为 1 020 元，企业并承兑三个月到期的商业汇票一张，材料尚未运达企业。

(6) 收到中原工厂发来的已预付货款的 B 材料 200 公斤，单价 115 元，对方代垫运费 800 元，增值税额 3 910 元，材料已验收入库。

(7) 收到中原工厂退回的货款。

(8) 收到并验收入库南江工厂发来的 A 材料 100 公斤，每公斤 205 元，代垫运费 600 元，增值税额 3 485 元。货款以上月预付款 20 000 元抵付，其余部分用存款支付。

(9) 月末计算 A、B、C、D 四种材料已入库的采购成本，并结转入库材料实际成本。

要求：根据上述经济业务编制会计分录。

3．**资料：**中海公司 2013 年 4 月份生产甲、乙两种产品，有关经济业务如下：

(1) 本月仓库发出下列材料：产品耗用材料 100 000 元。其中，甲产品 51 000 元；乙产品 49 000 元；车间一般消耗 900 元。

(2) 分配本月工资费用 64 000 元。其中，生产工人工资 54 000 元(按生产工时比例分配：甲产品生产工时 600 小时，乙产品生产工时 400 小时)；车间行政管理人员工资 10 000 元。

(3) 按上述工资总额的 14% 计提职工福利费。

(4) 开出现金支票 64 000 元，提取现金以备发放工资。

(5) 以现金 64 000 元支付本月工资。

(6) 以存款购入车间用办公用品及劳保用品 1 200 元。

(7) 租入厂房一间，租期 3 个月，以存款预付租金 4 500 元。

(8) 月末，计提本月生产车间的折旧费 1 300 元。

(9) 月末，预提本月车间负担的固定资产大修费 1 000 元。

(10) 月末，将本月发生制造费用在甲、乙产品之间按生产工时比例进行分配。

(11) 计算甲、乙产品生产成本(其中，甲产品全部完工，乙产品全部未完)；并结转完工甲产品实际生产成本。

要求：根据上述经济业务来编制会计分录，并登记上述账户。

第五章　借贷记账法的应用(下)

第一节　产品销售业务的核算

企业通过产品生产过程，生产出符合要求、可供对外销售的产品，通过销售过程，将生产出来的产品销售出去，实现它们的价值。产品销售过程也是产品价值的实现过程。在这一过程中，企业一方面将库存商品及时销售出去，另一方面按销售价格向购买单位收取货款，通常把销售货款称为销售收入。这时企业经营资金从成品资金形态转化为货币资金形态，完成了一次资金循环。

一、销售过程核算的主要内容

1. 产品销售收入的确认

在产品销售过程中，企业首先应解决产品销售收入的确认与计量问题，即解决收入的入账时间和入账金额。一般来说，产品销售收入的时间确认，因销售方式的不同而不同，此处举几例一般的情况：① 交款提货销售。在收到货款或获取收款权利并将发票账单和提货单交付买方后确认收入。② 预收货款销售。在向订货方提供产品，即产品发出时确认收入。③ 委托他人销售产品。在收到受托方的代销清单时确认收入。

企业生产经营活动所获得的收入应当以权责发生制为基础，根据收入实现原则加以确认与计量。按照《企业会计准则 14 号——收入》第四条的要求，企业销售商品收入的确认必须同时符合以下条件，才能予以确认。

(1) 企业已将商品所有权上的主要风险和报酬转移给购货方。商品所有权上的风险主要指商品所有者承担该商品价值发生损失的可能性。比如，商品由于贬值、损坏、报废等造成的损失。商品所有权上的报酬主要指商品中包含的未来经济利益，包括商品价值的增加以及商品的使用所形成的经济利益等。判断一项商品所有权上的风险和报酬是否已经转移给购货方，需要关注每项交易的实质而不是形式。通常，所有权凭证的转移或实物的交付是需要考虑的重要因素。在大多数情况下，随着商品所有权凭证转移或实物交付，商品所有权上的主要风险和报酬也随之转移，如大多数零售交易。有些情况下，商品的所有权凭证或实物交付后，商品所有权的主要风险和报酬并未随之转移。具体有以下四种情况：① 企业销售的商品在质量、品种、规格等方面不符合合同规定的要求，又未根据正常的保证条款予以弥补，因而仍负有责任；② 企业销售商品的收入是否能够取得取决于代销方式或受托方销售商品的收入是否能够取得；③ 企业尚未完成售出商品的安装或检验工作，且此项安装或者检验任务是销售合同的重要组成部分；④ 销售合同中规定了由于特定原因买方有权退货的条款，而企业又不能确定退货的可能性。

(2) 企业既没有保留通常与所有权相联系的继续管理权，也没有对已售出的商品实施控制。如果商品售出后，企业仍保留与该商品的所有权相联系的继续管理权或仍对售出的商品可以实施控制，则说明此项销售商品交易没有完成，销售不能成立，不能确认收入，比如售后回租。

(3) 收入的金额能够可靠计量。有关商品销售收入的计量，应遵循以下原则：① 金额应根据企业和购货方签订的合同或者协议金额确定；② 无合同或者协议的，应按购销双方都统一或都能接受的价格来确定；③ 合同或协议价款与其公允价值差异较大的，收入应按其已收或者应收价款的公允价值来计量；④ 不考虑各种预计可能发生的现金折扣、销售折让。现金折扣是否影响销售商品收入的计量，取决于所采用的会计处理方法是总额法还是净额法。在采用总额法的情况下，企业在确定销售商品收入金额时，不考虑各种预计可能发生的现金折扣，现金折扣在实际发生时记入财务费用；在采用净额法的情况下，企业在确定销售商品收入净额时，应将现金折扣予以扣除，净额部分确认为销售商品收入。

(4) 相关的经济利益很可能流入企业。相关的经济利益很可能流入企业，是指销售商品价款收回的可能性大于不能收回的可能性，即销售商品价款收回的可能性超过 50%。销售商品的价款收回的可能性有多大，应结合企业以前和买方交往的直接经验，或从其他方面取得的信息，或依据政府的有关政策等进行分析判断。企业销售的商品符合合同或者协议要求，已将发票账单交付买方，买方承诺付款，表明已满足本条件。如果企业判断销售商品收入满足确认条件确认一笔债权，以后由于购货方资金周转困难无法收回该债权时，不应调整原确认的收入，而应对该债权计提坏账准备并确认坏账损失。如果企业根据以前与买方交往的直接经验判断买方信誉较差，或销售时得知买方在另一项交易中发生巨额亏损，资金周转十分困难，或在出口商品时，不能肯定进口企业所在国政府是否允许将款项汇出等。在这些情况下，企业不应确认收入。

(5) 相关的已发生或将发生的成本能够可靠地计量。一般情况下，能够合理地估计销售商品相关的已发生或将要发生的成本，如库存商品的成本。如果库存商品是本企业生产的，其生产成本能够可靠计量；如果是外购的，购买成本能够可靠计量。有时，销售商品相关的已发生或者将发生的成本不能够合理估计，此时企业不应确认收入。

2. 产品销售收入的计量

按以上五个条件确认商品销售收入后，就要对其金额进行计量。收入的入账金额一般按照已收或应收的合同或协议价款的公允价值来确定销售商品收入金额。通常情况下，购货方已收或应收的合同或协议价款即为其公允价值，应当以此来确定商品销售收入金额，即按销售产品的不含税售价来确定。

企业为取得商品销售收入必然付出一定的代价。在确认和计算商品销售收入时，必须对已销售产品的制造成本进行结转，以实现费用与收入的正确配比。此外，企业取得的商品销售收入还应按税法规定计算应缴纳的各种税金及附加费。因此，销售收入的确认、货款的结算、支付销售费用、结转销售成本、计算和缴纳销售税金，共同构成了产品销售业务核算的主要内容。

3. 与购货方的款项结算

产品销售后，应及时办理款项结算并收回货款。常见的结算方式主要有现款结算和赊销结算两种方式。现款结算，即销售产品后同时收到购货方支付的现金款项、支票、商业汇票等票据结算方式；赊销结算，即销货后暂时未收到款项，或从预收款中抵扣或是抵扣先前往来业务中欠对方的款项等方式。

4. 销售成本、费用的确认

企业在销售过程中通过销售商品等方式，一方面减少了库存的存货，另一方面作为取得主营业务收入而垫支的资金，表明企业发生了费用，把这项费用称为主营业务成本。将销售发出的商品成本转为主营业务成本，应遵循配比原则，也就是说，主营业务成本的结转不仅应与主营业务收入在同一会计期间加以确认，而且应与主营业务收入在数量上保持一致。主营业务成本的计算公式如下：

$$本期应结转的主营业务成本 = 本期销售商品的数量 × 库存商品的单位成本$$

上式中库存商品单位成本的确定，应考虑期初库存的商品成本和本期入库的商品成本情况，可以分别采用先进先出法、加权平均法、个别计价法等方法来确定。企业在销售商品过程中，实现了商品的销售额，就应该向国家税务机关缴纳各种销售税金及附加，包括消费税、营业税、城市维护建设税、资源税及教育费附加等。这些税金及附加应按税法规定计算并进行相应的会计处理。

二、账户设置

为了全面正确地反映和监督企业在销售过程中有关产品销售收入的形成、销售货款的结算、销售成本和销售费用的发生及企业有关税金的核算情况，企业应设置"主营业务收入"、"主营业务成本"、"营业税金及附加"、"其他业务收入"、"其他业务成本"、"销售费用"、"应交税费"、"应收账款"、"应收票据"、"预收账款"等账户。

1. "主营业务收入"账户

该账户的性质属于损益类，用来核算企业销售产品和提供劳务等日常活动所产生的收入。该账户贷方登记实现的商品销售收入，借方登记发生销售退回和销售折让时冲减当期的商品销售收入和期末转入"本年利润"账户贷方的商品销售收入，期末结转后应无余额。该账户应按商品种类设置明细账，并进行明细分类核算。如图 5-1 所示。

借方	主营业务收入	贷方
(1) 销售退回和销售折让、折扣应冲减的主营业务收入 (2) 期末结转到"本年利润"账户	本期实现主营业务的收入	
	结转后无余额	

图 5-1　主营业务收入账户结构图

2. "主营业务成本"账户

该账户的性质属于损益类，用来核算企业因销售商品、提供劳务等日常活动而发生的实际生产成本。该账户借方登记结转已实现销售的产品实际生产成本，贷方登记期末转入

"本年利润"账户借方的已销售产品的生产成本，期末结转后应无余额。该账户应按商品种类设置明细账，并进行明细分类核算。如图 5-2 所示。

借方	主营业务成本	贷方
结转已销售库存商品的制造成本	(1) 因销售退货而退回已售库存商品的制造成本 (2) 期末结转到"本年利润"账户	
结转后无余额		

图 5-2　主营业务成本账户结构图

3．"营业税金及附加"账户

该账户的性质属于损益类，用来核算企业因销售商品、提供劳务等日常活动应负担的销售税金及附加，包括营业税、消费税、城市维护建设税、资源税和教育费附加等。该账户借方登记按规定计算出应负担的销售税金及附加，贷方登记期末从本账户余额转入"本年利润"账户借方的当期销售税金及附加，结转后本账户无余额。如图 5-3 所示。

借方	营业税金及附加	贷方
按照税法规定税率计算出的营业税金及附加	因销售退货而减少的有关税金和期末结转到"本年利润"账户	
结转后无余额		

图 5-3　营业税金及附加账户结构图

4．"其他业务收入"账户

该账户的性质属于损益类，用来核算企业除主营业务以外的其他业务收入(如销售材料、提供劳务取得的收入)的实现及其结转情况的账户。其贷方登记其他业务收入的实现即增加，借方登记期末转入"本年利润"账户的其他业务收入额，经过结转后，期末没有余额。本账户应按照其他业务的种类设置明细账户，进行明细分类核算。如图 5-4 所示。

借方	其他业务收入	贷方
期末结转到"本年利润"账户	取得的其他业务的收入	
	结转后无余额	

图 5-4　其他业务收入账户结构图

5．"其他业务成本"账户

该账户的性质属于损益类，用来核算企业除主营业务以外的其他业务支出及其转销情况的账户。其借方登记其他业务支出包括材料销售成本、提供劳务的成本费用以及相关的税金及附加等的发生及其他业务支出的增加，贷方登记期末转入"本年利润"账户的其他业务支出额，经过结转后，期末没有余额。本账户应按照其他业务的种类设置明细账户，进行明细分类核算。如图 5-5 所示。

借方	其他业务成本	贷方
发生的其他业务成本增加金额	期末结转到"本年利润"账户	
结转后无余额		

图 5-5　其他业务成本账户结构图

6."销售费用"账户

该账户的性质属于损益类，用来核算产品销售过程中发生的费用的账户。其借方登记销售费用的发生数，贷方登记销售费用在期末转入"本年利润"账户的结转数，期末无余额，"销售费用"账户应按费用科目设置明细分类账户，进行明细分类核算。如图 5-6 所示。

借方	销售费用	贷方
发生的各种销售费用增加额	期末结转到"本年利润"账户	
结转后无余额		

图 5-6 销售费用账户结构图

7."应收账款"账户

该账户的性质属于资产类，用来核算企业因销售商品、提供劳务等应向购买单位或接受劳务的单位收取的款项。该账户借方登记发生的应收账款，贷方登记已经收回的应收账款。期末余额在借方，表示尚未收回的应收账款。该账户按不同的购货单位或接受劳务的单位设置明细账，并进行明细分类核算。如图 5-7 所示。

借方	应收账款	贷方
应收账款的增加额和已转销的坏账损失本期又收回的金额	收回的应收账款和确认的坏账损失	
结转后无余额		

图 5-7 应收账款账户结构图

8."应收票据"账户

该账户的性质属于资产类，用来核算企业因销售商品而收到的商业汇票，包括商业承兑汇票和银行承兑汇票。该账户借方登记收到购买单位开出已承兑的商业汇票，贷方登记汇票到期收回购买单位的款项。期末余额在借方，表示尚未到期的票据应收款项。为了了解每张应收票据的结算情况，企业应设置"应收票据备查簿"，逐笔登记应收票据的详细情况。应收票据到期结算票据后，应在备查簿内逐笔注销。如图 5-8 所示。

借方	应收票据	贷方
已承兑未到期的商业汇票票面金额和利息	(1) 商业汇票到期收回的票面金额和利息 (2) 应收票据贴现的金额	
未到期的商业汇票票面金额和利息		

图 5-8 应收票据账户结构图

9."预收账款"账户

该账户的性质属于负债类，用来核算企业按照合同规定向购买单位预收的货款。该账户贷方登记企业实际向购货单位预收的款项或补收的款项，借方登记企业用产品或劳务抵偿的预收账款。期末余额在贷方，表示尚未用产品或劳务偿付的预收账款。该账户应按购买单位名称设置明细账，并进行明细分类核算。对于预收账款业务不多的企业，可以不单独设置"预收账款"账户，而将预收的款项业务直接记入"应收账款"账户，此时，"应收账款"账户就成为具有双重性质的账户。如图 5-9 所示。

借方	预收账款	贷方
(1) 发出库存商品实现的销售收入 (2) 退回多收购货单位的预收货款	(1) 实际预收销售库存商品的货款 (2) 收到购货单位补付的货款	
期末余额：应退未退多收购货单位的预收货款	期末余额：预收购货单位的货款	

图 5-9　预收账款账户结构图

三、产品销售业务核算举例

【例 5-1】　东方公司 2011 年 10 月份发生下列经济业务，并做分录如下。

(1) 向甲企业销售 A 产品 50 件，每件 4 500 元，共计价款 225 000 元，增值税额 38 250 元，货已发出，货款及相关税额通过银行收讫。

分析：产品销售收入已经实现，则应在其账户贷方登记，同时登记银行存款借方，则应做如下会计分录：

借：银行存款　　　　　　　　　　　　　263 250
　　贷：主营业务收入——A 产品　　　　　　 225 000
　　　　应交税费——应缴增值税(销项税额)　　 38 250

(2) 向乙企业销售 B 产品 10 件，每件 12 000 元，共计价款 120 000 元，发生增值税额 20 400 元，货已发出，但货款及税额均未收到。

分析：由于产品销售收入已经实现，故应在"主营业务收入"账户的贷方登记，同时由于货款及税金未收到，债权增加，在"应收账款"账户借方登记，则该经济业务应做如下会计分录：

借：应收账款——乙企业　　　　　　　　140 400
　　贷：主营业务收入——B 产品　　　　　　 120 000
　　　　应交税费——应缴增值税(销项税额)　　 20 400

(3) 向丙企业销售 C 产品 150 件，每件不含税售价 240 元，共计价款 36 000 元，应收取的增值税款为 6 120 元，收到丙公司签发的一张包含全部应收款项的期限为 6 个月不带息的商业承兑汇票。

分析：由于产品销售收入已经实现，故应在"主营业务收入"账户的贷方登记，同时由于货款及税金未收到，债权增加，且收到的是商业承兑汇票，应在"应收票据"账户借方记，则该经济业务应做如下会计分录：

借：应收票据——丙企业　　　　　　　　 42 120
　　贷：主营业务收入——C 产品　　　　　　 36 000
　　　　应交税费——应缴增值税(销项税额)　　 6 120

(4) 向丁企业销售 D 产品 100 件，每件 1 500 元，共计价款 150 000 元，发生增值税额 25 500 元，货已发出，该款项已于 9 月份收取。

分析：由于产品销售收入已经实现，故应在"主营业务收入"账户的贷方登记，且款项已于 9 月份收取并计入"预收账款"贷方，发货后钱货两清，故应冲减"预收账款"。则该经济业务应做如下会计分录：

借：预收账款——丁企业　　　　　　　175 500
　　贷：主营业务收入——D 产品　　　　　　150 000
　　　　应交税费——应缴增值税(销项税额)　　　25 500

(5) 以银行存款支付产品包装及运输费共计 2 000 元。

分析：产品包装及运输费计入销售费用，则该项经济业务应做如下会计分录：

借：销售费用　　　　　　2 000
　　贷：银行存款　　　　　　2 000

(6) 以银行存款支付广告公司广告费 15 000 元。

分析：广告费计入销售费用，该项经济业务应做如下会计分录：

借：销售费用　　　　　15 000
　　贷：银行存款　　　　　15 000

(7) 计算本月应缴纳的产品消费税共计 83 400 元。

分析：消费税计入营业税金及附加，则该项经济业务应做如下会计分录：

借：营业税金及附加　　　　　　83 400
　　贷：应交税费——应缴消费税　　　　83 400

(8) 计算并结转本月已售 50 件 A 产品的成本 200 000 元。

分析：产品成本的结转在销售后应从"库存商品"账户的贷方转入"主营业务成本"账户的借方，则该项经济业务应做如下会计分录：

借：主营业务成本——A 产品　　　200 000
　　贷：库存商品——A 产品　　　　　200 000

(9) 销售一批原材料，开出的增值税专用发票上注明售价为 20 000 元，增值税税额为 3 400 元，款项 23 400 元已由银行收妥。该批材料的实际成本为 12 000 元。

分析：产品销售过程包括确认收入和结转成本，销售原材料属于其他业务。

① 销售原材料取得收入

借：银行存款　　　　　　　　　23 400
　　贷：其他业务收入　　　　　　　　20 000
　　　　应交税费——应缴增值税(销项税额)　　　3 400

② 结转已销原材料的实际成本

借：其他业务成本　　　12 000
　　贷：原材料　　　　　12 000

第二节　财务成果的业务核算

财务成果是企业在一定时期内进行生产经营活动的最终经营成果，也就是企业所实现的利润或亏损的总额。利润是按照配比原则的要求，将一定时期内存在因果关系的收入与费用进行配比而产生的结果，收入与费用支出的差额部分即为利润，反之则为亏损。利润包括收入减去费用后的差额、直接计入当期利润的利得和损失等。直接计入当期利润的利得和损失，是指应当计入当期损益、会导致所有者权益发生增减变动的、与所有者投入资本或者向所有者分配利润无关的利得或者损失。利润是综合反映企业在一定时期生产经营成果的重要指标。企业各方面的情况，诸如劳动生产率的高低、产品是否适销对路、产品成本和期间费用的节约与否，都会通过利润指标得到综合反映。财务成果是一个计算的结果，而正确计算盈亏的关键在于合理地确认企业的收入和费用，并使二者正确地配比。企业实现的利润，要按照国家的有关规定进行分配。因此，利润形成和利润分配，便形成了财务成果核算的主要内容。

一、利润形成的会计处理

利润是企业在一定会计期间的经营成果，包括收入减去费用后的净额、直接计入当期利润的利得或损失等。利润是衡量企业经营状况的一项综合性指标。

1. 利润的构成

利润包括营业利润、利润总额和净利润。

(1) 营业利润是企业利润的主要来源，主要由主营业务活动、其他业务活动和投资活动三方面实现的利润共同构成。它包括营业收入、营业成本、营业税金及附加、销售费用、管理费用、财务费用、资产减值损失以及投资收益等，用公式可表示为

营业利润 = ①营业收入–②营业成本–营业税金及附加–管理费用–财务费用
–销售费用–资产减值损失 + ③投资净收益

其中，① 营业收入=主营业务收入+其他业务收入；

② 营业成本=主营业务成本+其他业务成本；

③ 投资净收益是企业对外投资取得的收益减去投资损失后的净额，其计算公式为：投资净收益 = 投资收益–投资损失。

(2) 利润总额，也称税前利润，它是在营业利润的基础上加上营业外收入，减去营业外支出后的金额。营业外收入并不是企业经营资金耗费所产生的，不需要与有关费用进行配比。用公式可表示为

利润总额=营业利润+营业外收入–营业外支出

营业外收入，是企业取得的与其日常活动无直接关系的各项利得，不是企业经营资金耗费所产生的，不需要企业付出对应的代价，是一种经济利益的净流入，包括盘盈利得(如盘盈的现金)、罚没收入及无法支付的应付款项等。

营业外支出，是企业发生的与其日常活动无直接关系的各项损失，是一种经济利益的净流出，包括盘亏损失(如盘亏固定资产所产生的净损失)、罚款支出、公益性捐赠支出、非常损失等。

(3) 企业实现了利润总额之后，首先应向国家缴纳所得税，所得税后的利润即为净利润，净利润也称税后利润或净收益。净利润，是企业取得的利润总额减去企业应缴纳的所得税后的差额。所得税是根据国家税法规定，对企业取得的利润进行有关调整后，乘以所得税税率而计算的结果。净利润的计算公式为

净利润=利润总额–所得税费用

所得税费用 = 应纳税所得额 × 所得税税率

= (利润总额 ± 调整项目) × 所得税税率

由于会计准则和税法的目的不同，对收入、费用、资产、负债等确认的时间和范围也不同，因此将会导致会计利润与应纳税所得额之间产生差异。应纳税所得额要在利润总额(即税前利润)的基础上按照国家规定进行相应调整来进行确定。假定不存在纳税调整事项，则应缴所得税即是当期所得税费用。

2．账户设置

为了核算和监督企业财务成果的形成和净利润的分配情况，企业应设置"营业外收入"、"营业外支出"、"所得税费用"、"投资收益"和"本年利润"等账户。

1)　"营业外收入"账户

该账户的性质属于损益类，用来核算企业发生的与其日常经营活动没有直接关系的各项利得。该账户贷方登记发生的各项营业外收入，借方登记期末转入"本年利润"账户贷方的各项营业外收入。该账户结转后无余额。该账户按收入项目设置明细账，并进行明细分类核算。如图 5-10 所示。

借方	营业外收入	贷方
期末结转到"本年利润"账户	本期确认各项营业外的利得	
	结转后无余额	

图 5-10　营业外收入账户结构图

2)　"营业外支出"账户

该账户的性质属于损益类，用来核算企业发生的与其日常经营活动没有直接关系的各项损失。该账户借方登记发生的各项营业外支出，贷方登记期末转入"本年利润"账户借方的各项营业外支出。该账户结转后无余额。该账户按费用项目设置明细账，并进行明细分类核算。如图 5-11 所示。

借方	营业外支出	贷方
发生的各项营业外的支出	期末结转到"本年利润"账户	
结转后无余额		

图 5-11　营业外支出账户结构图

3)　"投资收益"账户

该账户的性质属于损益类，用来核算企业对外投资所取得的收益或发生的损失。该账户贷方登记对外投资取得的收益，借方登记对外投资发生的损失。期末若为贷方余额，则从借方转入"本年利润"账户贷方的投资净收益；期末若为借方余额，则从贷方转入"本年利润"账户借方的投资净损失，结转后无余额。该账户按投资收益种类设置明细账，并进行明细分类核算。如图 5-12 所示。

借方	投资收益	贷方
各项投资损失及结转到"本年利润"账户	各项投资的收益	
	结转后无余额	

图 5-12　投资收益账户结构图

4) "所得税费用"账户

该账户的性质属于损益类,用来核算企业按规定确认的应从当期损益中扣除的所得税费用。该账户借方登记企业应计入当期损益的所得税费用,贷方登记期末转入"本年利润"账户借方的所得税费用。该账户结转后无余额。如图 5-13 所示。

借方	所得税费用	贷方
应计入本期所得税的费用	期末结转到本年利润账户	
	结转后无余额	

图 5-13　所得税费用账户结构图

5) "本年利润"账户

该账户的性质属于所有者权益类,用来核算企业本年度实现的净利润或发生的净亏损。该账户贷方登记从各损益账户转入的本期发生的各种收入与利得,借方登记从各损益账户转入的本期发生的各种费用与损失。收入和利得与费用和损失相抵后,若为贷方余额,表示本期实现的净利润;若为借方余额,则表示本期发生的净亏损。在年度中间,该账户余额保留在本账户,不进行结转,表示自年初至本期止累计实现的净利润或发生的净亏损。年终,该账户余额转入"利润分配"账户,结转后无余额。如图 5-14 所示。

借方	本年利润	贷方
费用账户转入数	收入账户转入数	
(1) 主营业务成本	(1) 主营业务收入	
(2) 营业税金及附加	(2) 其他业务收入	
(3) 其他业务成本	(3) 投资收益	
(4) 销售费用、财务费用、管理费用	(4) 公允价值变动损益	
(5) 资产减值损失	(5) 营业外收入	
(6) 营业外支出		
(7) 所得税费用		
	结转后无余额	

图 5-14　本年利润账户结构图

3. 利润形成的业务核算举例

【例 5-2】东方公司 2011 年 12 月发生下列经济业务,并做如下分录:

(1) 12 月 10 日,通过非营利组织向农村义务教育捐款 100 000 元。

　　借:营业外支出　　100 000
　　　　贷:银行存款　　　　100 000

(2) 12 月 31 日,经过测试发现存货减值 15 000 元。

分析:该项业务的发生,一方面增加资产减值损失,另一方面增加存货跌价准备。其会计处理如下:

　　借:资产减值损失　　15 000
　　　　贷:存货跌价准备　　　15 000

(3) 12 月 31 日,对 2009 年平价购入的 200 000 元 G 公司债券计提 10%的利息,该债券期限 3 年,分年付息,到期还本。该项业务的发生,一方面增加应收利息,另一方面增加投资收益。其会计处理如下：

借：应收利息　　　20 000
　　贷：投资收益　　　20 000

(4) 12 月 31 日，按有关规定转销确实无法支付的应付账款 6 000 元。

分析：该项业务的发生，一方面减少应付账款，另一方面增加营业外收入。其会计处理如下：

借：应付账款　　　6 000
　　贷：营业外收入　　　6 000

(5) 东方公司 2011 年利润总额(税前利润)为 1 800 000 元，所得税税率为 25%，假定公司不存在纳税调整差异。

分析：该项业务的发生，一方面增加所得税费用，另一方面增加应缴所得税。金额为：1 800 000 × 25% = 450 000 元。其会计处理如下：

借：所得税费用　　　　　　　　　450 000
　　贷：应交税费——应缴所得税　　　450 000

(6) 东方公司 2010 年损益类科目的年末未结转前余额如下。(该公司年末一次结转损益类科目。)

损益类科目年末未结转前余额表　　　　　　　　元

科目名称	借方	贷方
主营业务收入		10 000 000
主营业务成本	8 000 000	
其他业务收入		700 000
其他业务成本	400 000	
营业税金及附加	100 000	
销售费用	600 000	
管理费用	800 000	
财务费用	300 000	
资产减值损失	150 000	
投资收益		800 000
公允价值变动损益		600 000
营业外收入		100 000
营业外支出	50 000	
所得税费用	450 000	

① 结转各项收益至本年利润。

借：主营业务收入　　　10 000 000
　　其他业务收入　　　700 000
　　投资收益　　　800 000
　　公允价值变动损益　　　600 000
　　营业外收入　　　100 000
　　贷：本年利润　　　12 200 000

② 结转各项费用或损失至本年利润。

```
借：本年利润                  10 850 000
    贷：主营业务成本                     8 000 000
        其他业务成本                       400 000
        营业税金及附加                     100 000
        销售费用                           600 000
        管理费用                           800 000
        财务费用                           300 000
        资产减值损失                       150 000
        营业外支出                          50 000
        所得税费用                         450 000
```

③ 将"本年利润"科目转入"利润分配——未分配利润"科目。则该项经济业务应做如下会计分录：

```
借：本年利润                   1 350 000
    贷：利润分配——未分配利润              1 350 000
```

二、利润分配的会计处理

企业若在年度内实现净利润，则应按照国家的有关规定进行分配，利润的分配过程和结果，不仅关系到所有者的合法权益是否得到保障，而且还关系到企业能否长期、稳定地发展。

1．利润分配的内容和程序

企业当期实现的净利润，加上年初未分配利润(或减去年初未弥补亏损)和其他转入后的余额，即为可供分配的利润。其公式为

企业可供分配的利润 = 当年实现的净利润 + 年初未分配利润(一年初未弥补亏损) + 其他转入后的余额

企业利润分配的内容和程序如下。

(1) 提取法定盈余公积。法定盈余公积应按照净利润的一定比例来提取。公司制企业(包括国有独资公司、有限责任公司和股份有限公司，下同)按《公司法》规定以净利润的10%提取，非公司制企业法定盈余公积的提取比例可以超过 10%。企业提取的法定盈余公积累计超过其注册资本的50%时，可以不再提取。

(2) 提取任意盈余公积。公司制企业提取法定盈余公积后，经过股东大会决议，可以提取任意盈余公积；非公司制企业也可经类似权力机构批准，提取任意盈余公积。任意盈余公积的提取比例由企业视情况而定。

(3) 向投资者分配利润。可供分配利润减去提取的法定盈余公积和任意盈余公积后的部分为可供投资者分配的利润，按一定的比例和要求在投资者之间进行分配。

上述分配剩余的利润即为未分配利润(或未弥补亏损)，是以后期间可供分配利润的组成部分。

2．账户设置

为了反映和监督企业利润分配情况，企业应设置"利润分配"、"盈余公积"、"应付股利"等账户。

1)　"利润分配"账户

该账户的性质属于所有者权益类，用来核算企业利润的分配(或亏损的弥补)和历年利润分配(或亏损弥补)后的积存余额。该账户借方登记净利润的分配额和年终由"本年利润"账户转入的本年净亏损额，贷方登记弥补亏损额和年终从"本年利润"账户转入的本年净利润额。期末贷方余额，表示企业历年积存的未分配利润；期末借方余额，表示企业历年积存的未弥补亏损。该账户按净利润的分配内容如提取盈余公积、应付股利、未分配利润等设置明细账，并进行明细分类核算。如图 5-15 所示。

借方	利润分配	贷方
(1) 提取法定盈余公积 (2) 提取任意盈余公积 (3) 分配给投资者股利 (4) 年末从"本年利润"账户转入全年亏损总额		年末从"本年利润"账户转入的全年实现的净利润总额
期末余额：历年结存的未弥补亏损		期末余额：历年结存的未分配净利润

图 5-15　利润分配账户结构图

2)　"盈余公积"账户

该账户的性质属于所有者权益类，用来核算企业从净利润中提取的盈余公积金的增减变动和结余情况。该账户贷方登记提取的盈余公积金数额，借方登记弥补亏损或转增资本等而减少的盈余公积金数额。期末余额在贷方，表示盈余公积的结余数额。该账户按盈余公积的种类设置明细账，并进行明细分类核算。如图 5-16 所示。

借方	盈余公积	贷方
盈余公积的支用数		从净利润中提取盈余公积
		累计提取的盈余公积的金额

图 5-16　盈余公积账户结构图

3)　"应付股利"账户

该账户的性质属于负债类，用来核算企业经董事会或股东大会或类似机构决议确定分配的现金股利或利润。该账户贷方登记企业通过的股利或利润分配方案后，应支付的现金股利或利润，借方登记企业实际支付的现金股利或利润。期末余额在贷方，表示企业尚未支付的现金股利或利润。该账户按投资者设置明细账，并进行明细分类核算。如图 5-17 所示。

借方	应付股利	贷方
实际支付给投资者的现金股利或利润		已分配尚未支付给投资者的现金股利或利润
		期末余额：应付而未付的现金股利或利润

图 5-17　应付股利账户结构图

3．利润分配的业务核算举例

【例 5-3】　东方公司分别按净利润的 10% 和 5% 计提法定盈余公积和任意盈余公积，并宣告分派现金股利 50 000 元。

(1) 按规定提取法定盈余公积、任意盈余公积。

借：利润分配——提取法定盈余公积　　　135 000
　　　　　　——提取任意盈余公积　　　 67 500
　　贷：盈余公积——提取法定盈余公积　　　　　135 000
　　　　　　　　——提取任意盈余公积　　　　　 67 500

(2) 宣告发放现金股利。

借：利润分配——应付股利　　 50 000
　　贷：应付股利　　　　　　　　　 50 000

(3) 结转利润分配的各明细账户。该项经济业务应做如下会计分录：

借：利润分配——未分配利润　　　　 252 500
　　贷：利润分配——法定盈余公积　　　　 135 000
　　　　　　　　——任意盈余公积　　　　　 67 500
　　　　　　　　——应付股利　　　　　　　 50 000

思 考 题

1．简述产品销售业务的核算内容。
2．简述销售商品的确认条件。
3．简述产品销售业务所涉及的账户核算内容、性质、结构。
4．了解商业折扣、现金折扣和销售折让的涵义。
5．简述财务成果核算的主要内容。
6．简述营业利润、利润总额和净利润的涵义。
7．简述本年利润各项指标间的关系。
8．简述利润分配的顺序。

练 习 题

1．**材料**：广发公司假定 2012 年发生如下产品销售和财务成果业务，要求编制会计分录并画出丁字账。

(1) 销售产品 20 台，单价 2 000 元，增值税税率 17%，价税款暂未收到。
(2) 销售产品总价款 30 000 元，增值税税款 5 100 元，均收存银行。
(3) 用银行存款 2 000 元支付销售产品的广告费。
(4) 预收宏运公司订货款 30 000 元存入银行。
(5) 企业销售产品价款 8 000 元，增值税税款 1 360 元，收到一张已承兑的商业汇票 9 360 元。
(6) 用库存现金 5 000 元支付单位职工困难补助。

(7) 向宏运公司发出产品价款 24 000 元，增值税 4 080 元，代垫运杂费 120 元用库存现金，多余款项开出支票退回。

(8) 结转本期已售产品生产成本 40 000 元。

2．**材料**：某企业 2012 年 9 月发生有关交易事项如下，要求编制会计分录并画出丁字账。

(1) 销售给四环工厂 A 产品 300 件，单位售价为 1 700 元；B 产品 5 件，单位售价为 1 500 元，增值税税率 17%，共计 60 5475 元，货款存入银行。

(2) 以银行存款支付销售 A 产品、B 产品的运输费 700 元(不考虑增值税)。

(3) 销售给金北工厂 A 产品 100 件，单位售价为 1 700 元；B 产品 5 件，单位售价为 1 500 元，增值税税率 17%，共计 207 675 元，货款未收到。

(4) 以银行存款支付销售 A 产品、B 产品运费 410 元(不考虑增值税)。

(5) 结转本月已销 A 产品、B 产品的实际成本(A 产品单位成本 1 473 元，B 产品单位成本 1 200 元)。

3．**材料**：某企业 2012 年 9 月发生有关交易事项如下，要求编制会计分录并画出丁字账。

(1) 由于债权单位撤销无法支付应付账款 7 500 元，转为企业的营业外收入。

(2) 开出现金支票 8 000 元，支付违约金。

(3) 结转本月主营业务收入和营业外收入，"主营业务收入"账户期末结转前的余额为 170 000 元。

(4) 结转本月的主营业务成本、营业税金及附加、销售费用、管理费用和营业外支出，期末结转前各成本费用账户余额如下：

"主营业务成本"账户余额：100 000 元；"营业税金及附加"账户余额：17 000 元；"销售费用"账户余额：7 000 元；"管理费用"账户余额：13 000 元；"营业外支出"账户余额：8 000 元。

(5) 按规定计算并结转应缴所得税 10 000 元。

(6) 按规定计算并提取盈余公积金 8 000 元。

(7) 按规定计算并登记应付投资者利润 12 000 元。

4．**要求**：编制业务的会计分录并画出丁字账。

(1) 东方公司向益友公司销售甲产品 300 件，单价 150 元，价款 45 000 元，增值税款 7 650 元，款项已通过银行全部收回。

(2) 东方公司向外地南星公司发出甲产品 200 件，每件售价 150 元，价款共计 30 000 元，以银行存款代垫运杂费 900 元，增值税销项税 5 100 元，货款及增值税均未收到。

(3) 东方公司采用商业汇票结算方式向南通公司销售甲产品 220 件，每件售价 150 元，价款计 33 000 元，增值税 5 610 元，收到该公司签发并承兑的商业汇票，票面额 38 610 元，期限 6 个月。

(4) 东方公司按合同向沪发公司发出甲产品 110 件，每件售价 150 元，价款共计 16 500 元，应收增值税 2 805 元，以银行存款支付代垫运杂费 295 元。冲销原预收货款 20 000 元外，多余款项 400 元，企业开出支票退回。

第六章　账 户 的 分 类

第一节　账户按经济内容分类

账户的经济内容就是账户反映的会计对象的具体内容。会计要素是对会计对象具体内容的分类，按经济内容分类即按会计要素对账户进行分类。企业会计要素可分为资产、负债、所有者权益、收入、费用、利润六个要素。因此，账户按经济内容的分类也可分为资产类账户、负债类账户、所有者权益类账户、收入类账户、费用类账户、利润类账户六大类。

在实际工作中，为了便于会计核算，需要对上述账户的分类进行调整。

(1) 将利润类账户归入所有者权益账户。因为企业在一定期间实现的利润经过分配后，除分配给投资者的利润要退出企业外，提取的盈余公积金和未分配利润最终要归属于所有者权益。所以，可以将"本年利润"、"利润分配"和"盈余公积"账户并入所有者权益类账户。

(2) 将收入、费用类账户称做损益类账户。企业在一定期间所取得的收入和发生的费用，最终都体现在当期损益的计算中，因而也可以将这些内容与损益计算的直接相关的收入、费用类账户归为一类，即损益类账户。

(3) 设置成本类账户。由于许多企业，特别是制造业企业，为了进行产品成本计算，需要专门设置用来核算产品成本的账户，即成本类账户。

基于这种认识，账户按经济内容的分类，可以分为资产类账户、负债类账户、所有者权益类账户、成本类账户、损益类账户五类账户。

一、资产类账户

资产类账户，是核算和监督企业资产增减变动及其结存情况的账户。按照资产的流动性可分为以下两类：

(1) 反映流动资产的账户，主要包括"库存现金"、"银行存款"、"其他货币资金"、"交易性金融资产"、"应收账款"、"预付账款"、"应收利息"、"原材料"、"库存商品"等账户。

(2) 反映非流动资产的账户，主要包括"长期股权投资"、"可供出售金融资产"、"持有至到期投资"、"固定资产"、"无形资产"、"长期待摊费用" 等账户。

二、负债类账户

负债类账户，是核算和监督企业负债增减变动及结存情况的账户。按负债的流动性可分为以下两类：

(1) 反映流动负债的账户，主要包括"短期借款"、"应付账款"、"应付票据"、"预收账款"、"应付职工薪酬"、"应交税费"、"应付股利"、"应付利息"、"其他应付款"等账户。

(2) 反映非流动负债的账户，主要包括"长期借款"、"应付债券"、"长期应付款"等账户。

三、所有者权益类账户

所有者权益类账户，是用来核算和监督企业所有者权益增减变动及结存情况的账户。按所有者权益的来源不同，可分为以下两类：

(1) 反映所有者投入资本的账户，包括"实收资本"和"资本公积"账户。

(2) 反映所有者投资收益的账户，主要包括"盈余公积"、"利润分配"、"本年利润"等账户。

四、成本类账户

成本类账户，是用来对生产经营过程中发生的费用进行归集，并计算成本的账户。在制造业中，成本类账户包括 "生产成本"、"制造费用"、"劳务成本"账户。

成本类账户与资产类账户存在着密切的关系，从某种意义上来讲，成本类账户也是资产类账户，其期末借方余额属于企业的资产。如"生产成本"账户的借方余额为在产品的实际成本，属于企业的流动资产。而企业资产一经耗用便转化为费用、成本。

五、损益类账户

损益类账户，是用来反映与损益计算直接相关的账户，主要是指用来反映企业的收入和费用的账户。该类账户按其与损益组成内容的关系，可分为以下三类：

(1) 反映营业损益的账户，如"主营业务收入"、"主营业务成本"、"营业税金及附加"、"销售费用"、"管理费用"、"财务费用"、"其他业务收入"、"其他业务成本"、"资产减值损失"、"投资收益"等账户。

(2) 反映营业外收支的账户，如"营业外收入"、"营业外支出"账户。

(3) 反映抵减利润总额的账户，如"所得税费用"账户。

制造业主要账户按经济内容进行分类，如图 6-1 所示。

```
                                                                         ┌── 库存现金
                                                                         ├── 银行存款
                                                                         ├── 应收账款
                                                                         ├── 坏账准备
                                            ┌── 流动资产账户 ───────────┤── 应收票据
                                            │                            ├── 其他应收款
                                            │                            ├── 预付账款
                                            │                            ├── 原材料
                        ┌── 资产类账户 ─────┤                            ├── 材料采购
                        │                   │                            └── 库存商品
                        │                   │
                        │                   │                            ┌── 固定资产
                        │                   │                            ├── 累计折旧
                        │                   └── 非流动资产账户 ─────────┤── 在建工程
                        │                                                ├── 工程物资
                        │                                                ├── 无形资产
                        │                                                └── 长期待摊费用
                        │
                        │                                                ┌── 应付账款
                        │                                                ├── 应付票据
                        │                   ┌── 流动负债账户 ───────────┤── 短期借款
   账户                 │                   │                            ├── 应付职工薪酬
(按经济内容分类) ───────┤── 负债类账户 ─────┤                            ├── 应缴税费
                        │                   │                            └── 应付股利
                        │                   │
                        │                   └── 非流动负债账户 ─────────┤── 长期借款
                        │                                                └── 应付债券
                        │
                        │                                                ┌── 实收资本
                        │                                                ├── 资本公积
                        ├── 所有者权益类账户 ───────────────────────────┤── 盈余公积
                        │                                                ├── 本年利润
                        │                                                └── 利润分配
                        │
                        │                                                ┌── 生产成本
                        ├── 成本类账户 ─────────────────────────────────┤── 劳务成本
                        │                                                └── 制造费用
                        │
                        │                                                ┌── 主营业务收入
                        │                                                ├── 主营业务成本
                        │                                                ├── 销售费用
                        │                                                ├── 营业税金及附加
                        │                                                ├── 管理费用
                        │                                                ├── 财务费用
                        └── 损益类账户 ─────────────────────────────────┤── 其他业务收入
                                                                         ├── 其他业务成本
                                                                         ├── 营业外收入
                                                                         ├── 营业外支出
                                                                         ├── 投资收益
                                                                         └── 所得税费用
```

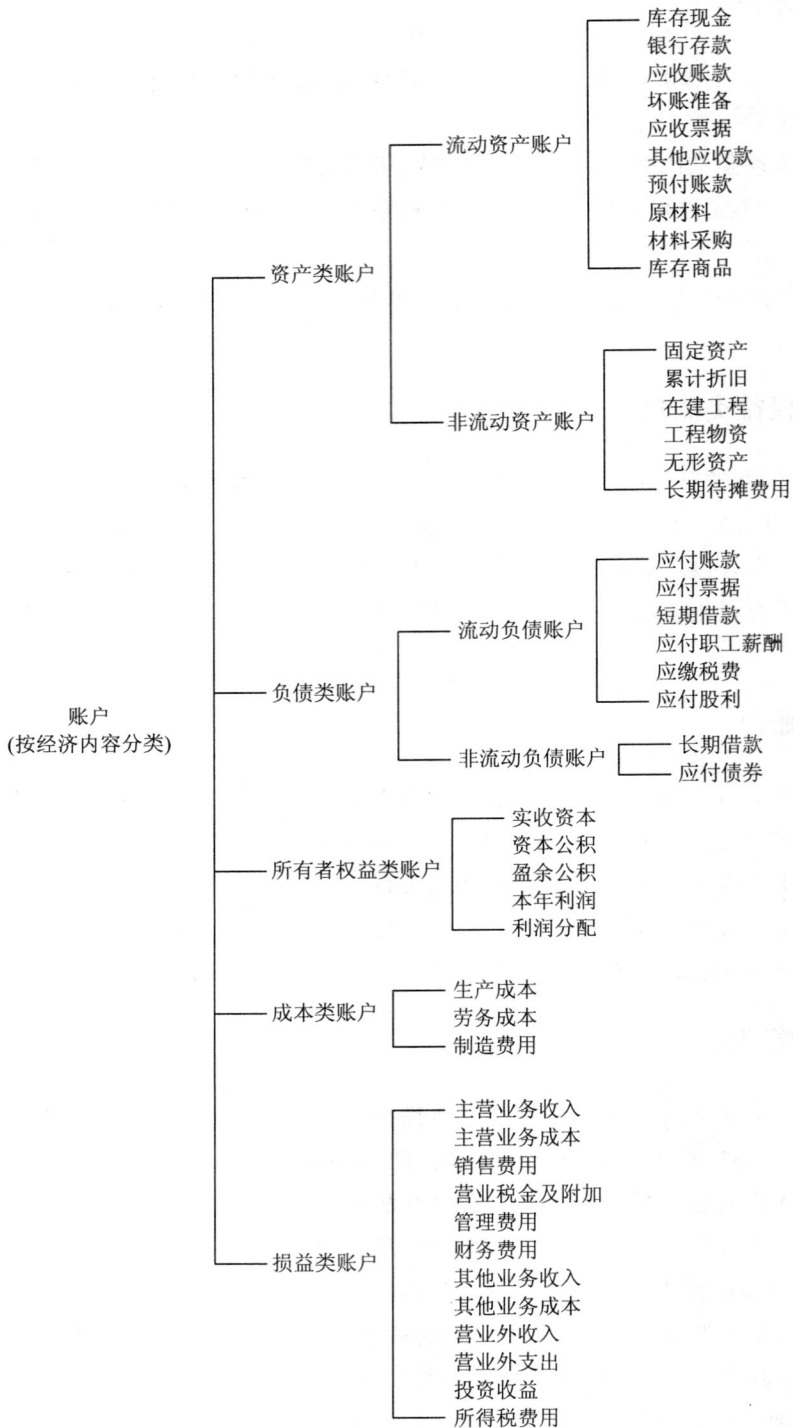

图 6-1　账户按经济内容分类

第二节　账户按用途和结构分类

账户的用途，是指设置和运用账户的目的，即通过账户记录提供什么核算资料；账户的结构，是指在账户中如何登记经济业务，以取得所需要的各种核算指标，即账户借方和贷方登记的基本内容、余额的方向及其表示的内容。

账户按经济内容的分类是基本的、主要的分类，账户按用途和结构的分类是在按经济内容分类的基础上的进一步分类，是对账户按经济内容分类的必要补充。

账户按用途和结构分类，可分为：① 盘存账户；② 资本账户；③ 结算账户；④ 集合分配账户；⑤ 跨期摊提账户；⑥ 成本计算账户；⑦ 调整账户；⑧ 集合汇转账户；⑨ 财务成果账户；⑩ 财产待处理账户等十类。

一、盘存账户

盘存账户，是用来核算和监督企业各项财产物资和货币资金的增减变动及其结存数的账户。盘存账户的结构：借方登记各项财产物资和货币资金的增加数；贷方登记各项财产物资和货币资金的减少数；期末余额在借方，反映各项财产物资和货币资金的结存数。常用的盘存账户的有"库存现金"、"银行存款"、"库存商品"、"固定资产"等账户。盘存账户的结构，如图6-2所示。

借方	盘存账户	贷方
期初余额：财产物资或货币资金的期初结存数额		
发生额：财产物资或货币资金的本期增加数额	发生额：财产物资或货币资金的本期减少数额	
期末余额：财产物资或货币资金的期末结存数额		

图 6-2　盘存账户结构图

盘存账户的特点：

(1) 盘存账户均属资产类账户，可以通过实地盘点或核对账目的方法核对货币资金和实物资产的实际结存数与账面结存数是否相符。

(2) 除货币资金外，其他盘存账户通过设置和运用明细账，可以提供实物数量和货币金额两种指标。

二、资本账户

资本账户，是指用来核算和监督企业取得资本及提取资本的增减变动及其结存情况的账户。它通常包括"实收资本"、"资本公积"、"盈余公积"等账户。资本账户的结构：贷方反映资本和公积金的增加；借方反映资本和公积金的减少；余额在贷方，表示资本和公积金的结存数。资本账户的结构如图6-3所示。

借方	资本账户	贷方
发生额：本期资本或资本积累的减少数额	期初余额：期初的资本或资本积累数额 发生额：本期资本或资本积累的增加数额	
	期末余额：期末的资本或资本积累数额	

图 6-3 资本账户结构图

资本账户的特点："实收资本"账户要按投资者分别设置明细分类账；资本账户都只提供金额指标。

三、结算账户

结算账户，是用来核算和监督企业同其他单位或个人之间产生的债权、债务结算情况的账户。由于结算业务的性质不同，结算账户具有不同的用途和结构，结算账户又可以分为"债权结算账户"、"债务结算账户"和"债权债务结算账户"三类。

1．债权结算账户

债权结算账户，是用来核算和监督企业同其他单位或个人之间的债权结算业务的账户。主要包括"应收账款"、"应收票据"、"预付账款"、"其他应收款"等账户。

该类账户的结构特点：借方登记企业债权的增加数；贷方登记债权的减少数；余额在借方，表示期末债权的实有数。债权结算账户的结构如图 6-4 所示。

借方	债权结算账户	贷方
期初余额：债权的期初实有数额 发生额：本期债权增加数额	发生额：本期债权减少数额	
期末余额：期末债权实有数额		

图 6-4 债权结算账户结构图

2．债务结算账户

债务结算账户，是用来核算和监督企业同其他单位或个人之间的债务结算业务的账户。主要包括："应付账款"、"应付票据"、"短期借款"、"应付职工薪酬"、"应交税费"、"应付股利"、"其他应付款"、"预收账款"、"长期借款"等账户。

该类账户的结构特点：贷方登记债务的增加数；借方登记债务的减少数；余额在贷方，表示债务的实有数。债务结算账户的结构如图 6-5 所示。

借方	债务结算账户	贷方
发生额：本期债务的减少数额	期初余额：期初的债务实有数额 发 生 额：本期债务的增加数额	
	期末余额：期末债务实有数额	

图 6-5 债务结算账户结构图

3．债权债务结算账户

债权债务结算账户，是用于核算和监督企业与其他单位或个人之间发生的债权和债务结算业务的账户，这类账户既反映债权结算业务，又反映债务结算业务，是双重性质的结算账户。

在实际工作中，某些与企业经常发生业务往来的单位，有时是企业的债权人，有时又是企业的债务人，为了集中反映企业与同一单位发生的债权和债务的往来结算情况，就有必要设置和运用债权债务的结算账户。

该类账户主要包括"应收账款"、"应付账款"等账户。例如，如果企业预收款项不多，可不单设"预收账款"账户，而将"预收账款"直接计入"应收账款"的贷方，这样"应收账款"账户同时反映企业应收账款和预收账款的增减变动及结存。此时，"应收账款"就是一个债权债务账户。同样，如果企业不设"预付账款"账户，而在"应付账款"账户里同时核算企业应付、预付增减变动及其结存，则"应付账款"账户为债权债务账户。

该类账户的结构特点：借方登记企业债权的增加数和债务的减少数；贷方登记债务的增加和债权的减少数；期末余额可能在借方，也可能在贷方。如在借方，表示尚未收回的债权净额，即尚未收回的债权大于尚未偿付债务的差额；如在贷方，表示尚未偿付的债务净额，即尚未偿付的债务大于尚未收回的债权的差额。该类账户所属明细账的借方与贷方的差额应同总账余额相等。债权债务结算账户的结构如图6-6所示。

借方　　　　　　债权债务结算账户　　　　　　贷方	
期初余额：期初债权大于债务的差额	期初余额：期初债务大于债权的差额
发生额：本期债权的增加数	发生额：本期债务的增加数
本期债务的减少数	本期债权的减少数
期末余额：期末债权大于债务的差额	期末余额：期末债务大于债权的差额

图 6-6　债权债务结算账户结构图

设置该类账户时应注意：债权债务结算账户的借方余额或贷方余额只是表示企业债权和债务增减变动后的差额，并不一定表示企业债权、债务的实际余额。在编制资产负债表时，这类账户应根据其所属各明细账户的余额方向来分析判断其性质，分别列作资产项目或负债项目，从而真实地反映债权或债务的实际结余数额。

四、集合分配账户

集合分配账户，是用来归集和分配企业在生产过程中所发生的费用。企业在生产经营过程中发生的应由各个成本计算对象共同负担的间接费用，应首先通过集合分配账户进行归集，然后再按一定标准分配计入各个成本计算对象。属于这类账户的有"制造费用"账户。通常，集合分配账户的借方登记各种费用的发生数，贷方登记按照一定标准分配计入各个成本计算对象的费用分配数，除季节性生产的企业外，归集在这类账户的费用一般在当期都全部分配出去，所以这类账户期末无余额。因此，集合分配账户是一种过渡账户。集合分配账户的结构如图6-7所示。

借方　　　　　　　集合分配账户　　　　　　贷方	
发生额：本期费用的发生额	发生额：本期费用的分配转出额

图 6-7　集合分配账户结构图

五、 跨期摊提账户

　　跨期摊提账户，是用来核算和监督应由几个会计期间共同负担的费用，并将这些费用在各个会计期间进行分摊的账户。跨期摊提账户是按照权责发生制会计处理基础的要求设置的，严格划分费用的归属期，把应由各个会计期间共同负担的费用合理地分摊到各个受益期。

　　常用的跨期摊提账户是"长期待摊费用"账户。"长期待摊费用"是用来核算本期已支付，但应记入本期和以后各期成本、分摊期在一年以上的费用账户。其结构如图 6-8 所示。

借方　　　　　　　　　　长期待摊费用账户　　　　　　　　　　贷方	
期初余额：期初已支付而尚未摊销的数额 发生额：本期支付的数额	发生额：本期分摊的数额
期末余额：尚未分摊的数额	

图 6-8　长期待摊费用账户结构图

六、 成本计算账户

　　成本计算账户，是用来核算和监督企业生产经营过程中某一阶段所发生的应计入成本的全部费用，并确定各个成本计算对象的实际成本的账户。"生产成本"、"材料采购"、"在建工程"等账户都属于成本计算账户。

　　这类账户的结构：借方登记应计入成本计算对象的全部费用，包括直接计入各个成本计算对象的费用和按一定标准分配计入各个成本计算对象的费用；贷方登记转出的已完成某一过程的成本计算对象的实际成本；期末余额在借方，表示尚未完成某一过程的成本计算对象的实际成本。成本计算账户的结构如图6-9所示。

借方　　　　　　　　　　成本计算账户　　　　　　　　　　贷方	
期初余额：期初尚未完成的成本计算对象的实际成本 发生额：成本计算对象发生的全部费用	发生额：结转已完成的成本计算对象的实际成本
期末余额：期末尚未完成的成本计算对象的实际成本	

图 6-9　成本计算账户结构图

七、 调整账户

　　调整账户，是用来调整被调整账户的余额，以求得被调整账户实际余额的账户。在会计核算中，由于经营管理或其他方面的原因，对于一些会计要素的具体内容，需要用两种数字从不同方面进行反映。在这种情况下，需要设置两个账户，一个账户反映其原始数字，另一个账户反映对原始数字的调整数字，将原始数字和调整数字相加或相减，即可求得调整后的实际数字。

调整账户按其调整方式不同，可以分为备抵调整账户、附加调整账户和备抵附加调整账户三类。

1．备抵调整账户

备抵调整账户又称抵减调整账户，是用来抵减被调整账户的余额，以求得被调整账户实际余额的账户。其调整方式，可用下列计算公式表示：

被调整账户余额－备抵调整账户余额 ＝ 被调整账户的实际余额

所以，备抵调整账户的余额与被调整账户的余额方向一定相反，如果被调整账户的余额在借方，则备抵调整账户的余额一定在贷方，反之亦然。

按照被调整账户的性质，备抵调整账户又可分为资产备抵账户和权益备抵账户两类。

(1) 资产备抵账户。资产备抵账户是用来抵减某一资产账户(被调整账户)的余额，以求得该资产账户实际余额的账户。"累计折旧"账户就是一个典型的资产备抵账户，它对应的被调整账户是"固定资产"账户。这两个账户之间的关系如图 6-10 所示。

借方	固定资产　(被调整账户)	贷方
期末余额：固定资产的原始价值		

借方	累计折旧　(资产备抵账户)	贷方
		期末余额：固定资产的累计折旧

图 6-10　资产备抵账户结构图

固定资产原值(借方余额)－累计折旧金额(贷方余额) ＝ 固定资产净值

"固定资产"账户的借方余额表示固定资产的原始价值，"累计折旧"账户贷方反映企业提取的固定资产的累计折旧，即固定资产由于损耗而不断减少的价值，"固定资产"账户的借方余额减去"累计折旧"账户的贷方余额所得的差额就是现有固定资产的净值。

属于资产类备抵账户包括"坏账准备"、"资产减值准备"、"存货跌价准备"等。如"坏账准备"是"应收账款"的备抵调整账户。

(2) 权益备抵账户。权益备抵账户是用来抵减某一权益账户(被调整账户)的余额，以求得该权益账户实际余额的账户。例如，"利润分配"账户就是"本年利润"账户的备抵调整账户。两个账户之间的关系如图 6-11 所示。

借方	本年利润　(被调整账户)	贷方
		期末余额：本年累计利润(原始数据)

借方	利润分配　(权益备抵账户)	贷方
期末余额：累计已分配的利润		

图 6-11　权益备抵账户结构图

本年累计实现的利润数–本年累计已分配利润数=本年尚未分配的利润数

"本年利润"账户的期末贷方余额，反映本期累计实现的利润数；"利润分配"账户的借方余额，反映本期已累计分配的利润数；用"本年利润"账户的贷方余额减去"利润分配"账户的借方余额，得到的是本期尚未分配的利润数。

2．附加调整账户

附加调整账户，是用来增加被调整账户的余额，以求得被调整账户的实际余额的账户。调整方式可用下列计算公式表示：

被调整账户的余额+附加调整账户的余额=被调整账户的实际余额

所以调整账户的余额与附加账户的余额一定在同一方向。在实际工作中，纯粹的附加账户很少使用。

3．备抵附加调整账户

备抵附加调整账户，是可以用来抵减，也可以用来增加被调整账户的余额，以求得被调整账户实际余额的账户。这是一种兼具备抵账户和附加账户功能的双重性质账户。在实际运用中，备抵附加调整账户具备何种功能要取决于该账户余额与被调整账户的余额方向是一致还是相反，当二者方向相同时，该账户所起的是附加调整账户的作用；当二者方向相反时，它起的是备抵调整账户的作用。它的调整方式可以用下列公式表示：

被调整账户余额±备抵附加调整账户余额=被调整账户的实际余额

例如，采用计划成本核算材料的企业所使用的"材料成本差异"账户，就是"原材料"账户的备抵附加账户。这两个账户之间的关系如图6-12所示。

借方　　　　原材料　（被调整账户）　　　　贷方
余额：结存材料的计划成本

借方　　　材料成本差异　（附加账户）　　　贷方
余额：结存材料的超支差异

结存材料的计划成本 + 结存材料的超支差异 = 结存材料的实际成本

借方　　　　原材料　（被调整账户）　　　　贷方
余额：结存材料的计划成本

借方　　　材料成本差异　（备抵账户）　　　贷方
余额：结存材料的节约差异

图 6-12　备抵附加调整账户结构图

结存材料的计划成本-结存材料的节约差异=结存材料的实际成本

当"材料成本差异"账户余额在借方时，它就是"原材料"账户的附加账户，以附加的方式，将"原材料"账户的计划成本调整为实际成本；当"材料成本差异"账户余额在贷方时，它就是"原材料"账户的备抵账户，则以抵减的方式，将"原材料"账户的计划成本调整为实际成本。

八、集合汇转账户

集合汇转账户，是用来汇集企业生产经营过程中所取得的收入和发生的成本、费用和营业外收支等，在期末进行集合比较，并据以计算经营期内的财务成果的账户。集合汇转账户可分为期间收入汇转账户和期间费用汇转账户。

1．期间收入汇转账户

期间收入汇转账户，是用来核算和监督企业在一定时期内实现的收入、收益的账户，这种账户的结构特点：贷方登记收入、收益的增加额；借方登记本期收入的冲减额和期末结转至"本年利润"账户贷方的数额，期末结转后应无余额。期间收入汇转账户的结构如图 6-13 所示。

借方	期间收入汇转账户	贷方
发生额：收入、收益减少数和转入"本年利润"的数额		发生额：收入、收益的增加数额

图 6-13　期间收入汇转账户结构图

常用的收入汇转账户有"主营业务收入"、"其他业务收入"、"营业外收入"等账户。

2．期间费用汇转账户

期间费用汇转账户，是用来核算和监督企业在一定时期内发生费用的账户。这种账户的结构特点：借方登记费用的发生额；贷方登记费用的冲销额和期末结转至"本年利润"账户借方的数额，期末结转后应无余额。期间费用汇转账户的结构如图 6-14 所示。

借方	期间费用汇转账户	贷方
发生额：费用的发生额		发生额：费用冲销额和转入"本年利润"的数额

图 6-14　期间费用汇转账户结构图

常用的费用汇转账户有"主营业务成本"、"其他业务成本"、"营业外支出"、"营业税金及附加"等账户。

九、财务成果账户

财务成果账户，是用来核算和监督企业在一定会计期间内全部生产经营活动的最终成果，并确定企业利润或亏损数额的账户。属于这类账户的有"本年利润"账户。

这类账户的结构特点：贷方登记转入的各项收入和收益；借方登记转入的各项费用；期末如为贷方余额，表示企业本期实现的累计净利润。若出现借方余额，则表示本期发生的亏损额，年终结算时，将"本年利润"账户转入"利润分配"账户，结转后应无余额。财务成果账户的结构如图 6-15 所示。

借方　　　　　　　　　　　　　　　财务成果账户	贷方
发生额：从各费用汇转账户转入本期费用	发生额：从各收入汇转账户转入本期收入、收益数
期末余额：本年累计亏损总额	期末余额：本年累计净利润

图 6-15　财务成果账户结构图

十、财产待处理账户

待处理账户也叫暂记账户，是用来核算和监督企业尚未批准核销的盘盈、盘亏和毁损财产物资的过渡性账户。借方登记实物资产的待处理财产盘亏和毁损数和经批准处理的财产盘盈数；贷方登记实物资产的待处理财产盘盈数和已批准处理的财产盘亏和毁损数，期末，查明原因处理后本账户应无余额。

待处理账户的结构如图 6-16 所示。

借方　　　　　　　　　　　　　　　待处理账户	贷方
发生额：发生的待处理财产盘亏和毁损数 　　　　结转已批准处理的财产盘盈数	发生额：发生的待处理财产盘盈数 　　　　转销已批准处理的财产盘亏和毁损数

图 6-16　待处理账户结构图

在会计核算中，常用的暂记账户主要是"待处理财产损溢"账户。

第三节　账户的其他分类

账户除了按经济内容、按用途和结构分类外，还可以按其他标准来进行分类。

一、账户按会计主体分类

账户按照其与会计主体的关系，可分为表内账户与表外账户。用来核算一个会计主体的资产、负债和所有者权益，以及用来核算会计主体的收入、费用和财务成果的账户，统称为表内账户。因为它们本身如有余额，都应当直接进入各该会计主体的资产负债表；它们本身如没有余额，其发生额经过转账，最后形成财务成果账户的余额，也会进入各该会计主体的资产负债表。用来核算不属于会计主体的资产和权益的账户，如为其他企业加工的原材料、租入固定资产、代管物资、代安装设备等账户则称为表外账户，因为按照会计主体假设，它们所反映的内容只是暂时留存本企业的资产或作为参考资料的权益等，其余额不应列入各该会计主体资产负债表之内。

二、账户按与会计报表的关系分类

账户按其与会计报表的关系可分为资产负债表账户和利润表账户两类。这种分类方法是以按会计要素分类为基础，把资产账户、负债账户和所有者权益账户这三类账户构成一组，成为资产负债表账户或实账户，用来反映企业在某一时点的财务状况；而把收入账户、费用账户和利润账户这三类账户构成一组，称为利润表账户或虚账户，用来反映企业在一定期间的经营成果。

资产负债表账户的特点：期末一般有余额，期末余额是编制资产负债表的资料来源，同时期末余额还需结转到下一个会计期间。

利润表账户的特点：发生额反映企业已经实现的收入或已经发生的成本、费用或支出，在每一会计期末了，都要转至"本年利润"账户。因此，利润表账户一般期末无余额。

三、账户按有无期末余额分类

账户按期末有无余额可分为实账户和虚账户。实账户，是反映企业的资产、负债和所有者权益的账户，这些账户在期末结账后通常都有余额，表示企业实际拥有或者控制的经济资源和对这些资源的要求权，以后各期都要连续登记，所以又称为永久性账户。同时，由于这些账户是编制资产负债表的依据，所以又称为资产负债表账户。虚账户，是反映企业经营过程中发生的收入、费用的账户，这些账户在期末结转后一般情况下无余额，下期期初需另行开设，所以又称为临时性账户。同时，这些账户是编制利润表的依据，所以又称为利润表账户。实账户和虚账户的实质差别表现在期末是否有余额上。将账户分为实账户和虚账户，可以进一步了解账户的经济内容、用途和结构，以便更正确地运用各种账户，为期末进行结账、编制会计报表提供可靠的资料来源。

四、账户按记账形式分类

在借贷记账法则下，记账的一个明显特征是从账户的两方面来处理经济业务，把每项经济业务的记录分为借、贷记录。因此，账户也可按其记账形式分为借方账户和贷方账户。借方账户，是指经济业务发生或增加时将其金额计入借方的账户，属于该类账户的有资产账户、费用账户等；贷方账户，是指经济业务发生或增加时将其金额计入贷方的账户，属于该类账户的有负债账户、所有者权益账户和收入账户等。

思 考 题

1. 账户按经济内容可分为哪几类？
2. 什么是账户的用途和结构？账户按用途和结构分类可分为哪几类？
3. 什么是调整账户？举例分析说明调整账户的特点。
4. 什么是集合汇转账户、结算账户、集合分配账户？各自有何特点？

练 习 题

1. 选择题。

(1) 资产类账户的期末余额与负债类账户的期末余额 ( )。

    A. 一般在相反方向   B. 一般在同一方向

    C. 同在账户的借方   D. 同在账户的贷方

(2) 生产成本账户的期初、期末余额表示在产品成本,按其用途结构分类,它具有( )账户的性质。

    A. 成本类   B. 盘存类   C. 集合分配类   D. 集合汇转类

(3) 备抵账户余额与被调整账户余额的方向( )。

    A. 相同   B. 相反

    C. 无联系   D. 可能相同也可能相反

(4) 按用途和结构分类,制造费用属于( )。

    A. 成本计算   B. 集合分配   C. 调整   D. 集合汇转

(5) 下列账户中,属于备抵附加账户的是( )。

    A. 制造费用   B. 材料成本差异

    C. 物资采购   D. 本年利润

2. 将下述账户按经济内容分类。

目的：练习账户按经济内容的分类。

资料：

交易性金融资产	其他应付款	利润分配	营业外收入	材料采购
长期待摊费用	材料成本差异	原材料	累计折旧	所得税费用
应付账款	银行存款	生产成本	应交税费	应收票据
管理费用	实收资本	财务费用	制造费用	应收账款
本年利润	主营业务收入			

3. 将下述账户按用途、结构进行分类。

目的：练习账户按用途、结构的分类。

资料：

交易性金融资产	其他应付款	利润分配	营业外收入	材料采购
长期待摊费用	材料成本差异	原材料	累计折旧	所得税费用
应付账款	银行存款	生产成本	应交税费	应收票据
管理费用	实收资本	财务费用	制造费用	应收账款
本年利润	主营业务收入			

4. **目的**：练习资产备抵账户与被调整账户的调整关系。

资料：企业"固定资产"账户的期末余额为 520 000 元, "累计折旧"账户期末余额为 140 000 元。

要求：

(1) 计算固定资产净值。

(2) 说明"固定资产"账户与"累计折旧"账户之间的关系。

5．**目的：**练习权益备抵账户与被调整账户的调整关系。

资料：企业"本年利润"账户的期末余额为 58 700 元，"利润分配"账户期末余额为 47 000 元。

要求：

(1) 计算未分配利润。

(2) 说明"本年利润"账户与"利润分配"账户之间的关系。

6．**要求：**分别根据下述两种情况计算该企业期末材料的实际成本，并分析说明两账户之间的关系。

目的：练习备抵附加账户与被调整账户的调整关系。

资料：企业原材料按照计划成本计算，"原材料"账户期末余额为 530 000 元，如果：

(1) "材料成本差异"账户期末余额为借方 3 000 元。

(2) "材料成本差异"账户期末余额为贷方 2 000 元。

第七章　会计核算程序

第一节　会计核算程序的意义和要求

一、合理组织会计账务处理程序的意义

　　会计账务处理程序，是指从填制、审核原始凭证，编制记账凭证，登记账簿，直到编制会计报表的步骤和方法。主要包括填制会计凭证、登记账簿和编制会计报表三个步骤。填制会计凭证步骤中涉及原始凭证和记账凭证的种类、格式、填制方法及凭证间的关系；登记账簿步骤中涉及账簿的种类、格式、账簿登记方法及不同账簿间关系；编制会计报表步骤中涉及会计报表编制的依据和方法。

　　会计账务处理程序的三个步骤并不是相互独立的，三者之间相互联系、互为制约、互为依据，形成一个有机联系的整体。登记账簿的依据是会计凭证，账簿的种类、格式和内容又制约着会计凭证的种类、格式和内容；编制会计报表的依据是账簿，会计报表又制约着账簿的种类、格式和内容。

　　会计账务处理程序要明确会计凭证的种类、格式及填制方法，账簿的种类、格式及账簿登记方法，会计报表编制的依据和方法。不同会计凭证的种类、格式及填制方法，与不同账簿的种类、格式及账簿登记方法相结合，构成了不同的会计账务处理程序。合理组织会计账务处理程序具有重要意义，主要体现为：

　　(1) 有利于提高会计核算工作质量。采用合理的账务处理程序，有利于保证会计信息的完整、及时和准确，提高会计核算工作质量。

　　(2) 有利于提高会计核算工作效率。对账务处理程序各个步骤进行合理分工，采用科学的方法，有助于减少不必要的核算环节，简化手续，节约人力、物力和财力，提高会计核算工作效率。

　　(3) 有利于加强会计监督和内部控制。采用合适的账务处理程序，可使各项会计工作在核算中受到严密的控制和监督，加强了会计监督和内部控制。

二、合理组织会计账务处理程序的要求

　　实际工作中，不同单位具有不同的特点，各单位应根据自身特点，设计出适合本单位经济业务的账务处理程序。账务处理程序的设计一般应符合下列要求：

(1) 应与本单位的业务性质、规模大小、业务繁简程度、经营管理的要求和特点相适应，有利于会计分工和岗位责任制的贯彻执行。

(2) 能够正确、及时、完整地提供本单位经营管理和国民经济宏观调控所需要的会计信息。

(3) 应贯彻效益原则，在保证会计核算质量的前提下，提高会计核算工作效率。

三、会计账务处理程序的种类

目前我国企业、机关、事业单位采用的会计账务处理程序包括：

(1) 记账凭证账务处理程序；

(2) 科目汇总表账务处理程序；

(3) 汇总记账凭证账务处理程序。

第二节　记账凭证账务处理程序

记账凭证账务处理程序是一种直接根据记账凭证登记总分类账的账务处理程序，是最基本的账务处理程序，其他账务处理程序都是在此基础上根据不同性质企业的需要发展而来的。

一、记账凭证账务处理程序下凭证及账簿的设置

在记账凭证账务处理程序下，记账凭证既可以采用通用记账凭证，也可以采用包括收款凭证、付款凭证和转账凭证在内的专业记账凭证；需要设置库存现金及银行存款日记账、总分类账及各类明细分类账。库存现金及银行存款日记账采用三栏式；总分类账采用三栏式，将不同账户分设在不同账页上，以反映总账科目金额的增减变动；各明细分类账根据科目性质可以采用三栏式、多栏式或数量金额式。

二、记账凭证账务处理程序的步骤

(1) 根据原始凭证、汇总原始凭证编制通用凭证或收款凭证、付款凭证和转账凭证。

(2) 根据收款凭证、付款凭证结合相关原始凭证逐笔登记库存现金和银行存款日记账。

(3) 根据记账凭证结合相关原始凭证、汇总原始凭证逐笔登记各类明细分类账。

(4) 根据记账凭证逐笔登记总分类账。

(5) 月末，核对库存现金、银行存款日记账与对应总分类账期末余额，核对各类明细分类账与对应总分类账期末余额。

(6) 月末，根据总分类账、各明细分类账编制财务报表。

记账凭证账务处理程序的步骤如图 7-1 所示。

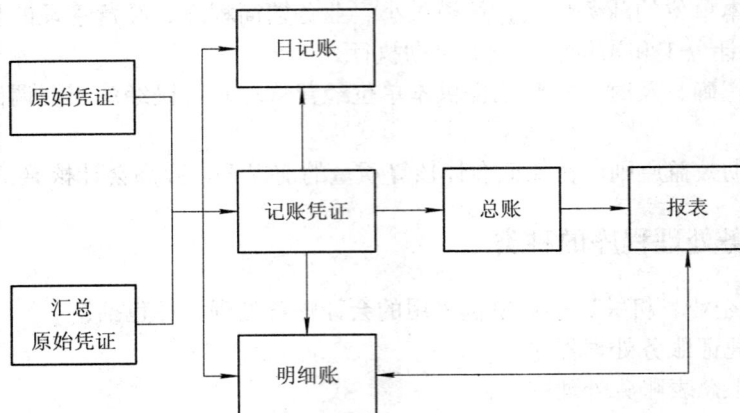

图 7-1　记账凭证账务处理程序

三、记账凭证账务处理程序的评价及适用范围

记账凭证账务处理程序的优点是核算程序简单，易于掌握和理解；根据记账凭证逐笔登记总分类账可以比较详细地反映经济业务发生情况；账户间对应关系清晰，有利于查账。

记账凭证账务处理程序的缺点是经济业务繁多时，记账工作量较大。

因此，记账凭证账务处理程序适用于规模小、业务量少、凭证不多的单位。

第三节　科目汇总表账务处理程序

科目汇总表账务处理程序是根据记账凭证定期编制科目汇总表，根据编制的科目汇总表登记总分类账的一种账务处理程序，是由记账凭证账务处理程序发展而来的。

一、科目汇总表账务处理程序下凭证及账簿的设置

科目汇总表账务处理程序的记账凭证和账簿设置与记账凭证账务处理程序基本相同，不同之处在于需要增设科目汇总表，以此作为登记总分类账的依据。

二、科目汇总表的编制

科目汇总表是根据全部记账凭证，在一定时期内按照每一总分类账科目的借方和贷方分别进行分类汇总，计算出每一总分类账科目的借方和贷方本期发生额。然后分别计算出科目汇总表的借方发生额合计数和贷方发生额合计数进行试算平衡，全部总分类账科目的借方发生额合计数和贷方发生额合计数应相等。科目汇总表的汇总时间应根据各类单位的业务多少而定，业务较少的单位可以半个月或一个月汇总，业务较多的单位可以每日、5日、10日汇总。

科目汇总表主要有两种格式，见表 7-1、表 7-2。

表 7-1　科目汇总表(格式一)

2009 年 7 月 1 日至 10 日　　　科汇字第 701 号　　　　　　　元

会计科目	账页	本期发生额		记账凭证起讫号
		借方	贷方	
库存现金		4 000	4 300	自记账凭证第 1 号至第 12 号
银行存款		120 000	114 000	
应收账款		20 000	50 000	
原材料		50 000	25 000	
生产成本		18 000		
应付职工薪酬		60 000		
制造费用		5 000		
管理费用		2 000		
销售费用		4 300		
主营业务收入			90 000	
合计		283 300	283 300	

表 7-2　科目汇总表(格式二)

年　　月　　　　　　　　　　　　　科汇字第　　号

会计科目	账页	1 日至 10 日		11 日至 20 日		21 日至月末		本月合计	
		借方	贷方	借方	贷方	借方	贷方	借方	贷方
合计									

格式二适合于按旬编制科目汇总表的单位。

三、科目汇总表账务处理程序的步骤

(1) 根据原始凭证、汇总原始凭证编制记账凭证。

(2) 根据记账凭证结合相关原始凭证逐笔登记库存现金和银行存款日记账。

(3) 根据记账凭证结合相关原始凭证、汇总原始凭证逐笔登记各类明细分类账。

(4) 根据记账凭证定期编制科目汇总表。

(5) 根据科目汇总表登记总分类账。

(6) 月末，核对库存现金、银行存款日记账与对应总分类账期末余额，核对各类明细分类账与对应总分类账期末余额。

(7) 月末，根据总分类账、各明细分类账编制财务报表。

科目汇总表账务处理程序的步骤如图 7-2 所示。

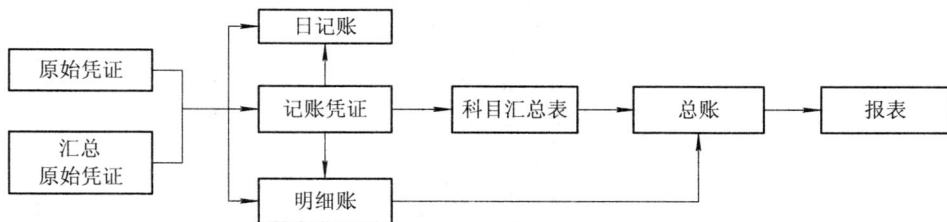

图 7-2　科目汇总表账务处理程序

四、科目汇总表账务处理程序的评价及适用范围

科目汇总表账务处理程序的优点是根据科目汇总表登记总账，减少了登记总账的工作量；科目汇总表可以进行试算平衡，保证了总账登记的正确性。

科目汇总表账务处理程序的缺点是科目汇总表采用相同科目归类汇总，不反映科目间对应关系，不便于检查和分析。

因此，科目汇总表账务处理程序适用于生产经营规模较大、业务量较多、记账凭证较多的单位。

第四节　汇总记账凭证账务处理程序

汇总记账凭证账务处理程序是根据记账凭证编制汇总记账凭证，根据汇总记账凭证登记总分类账的一种账务处理程序。

一、汇总记账凭证账务处理程序下凭证及账簿的设置

汇总记账凭证账务处理程序下记账凭证应采用专用记账凭证，设置收款凭证、付款凭证和转账凭证，同时需设置汇总收款凭证、汇总付款凭证和汇总转账凭证作为登记总分类账的依据。账簿设置与记账凭证账务处理程序基本相同，总分类账可以采用在借、贷两栏内增设"对方科目"专栏，以清晰反映账户对应关系。

二、汇总记账凭证的编制

1. 汇总收款凭证

汇总收款凭证按照库存现金、银行存款科目的借方分别设置，全月共有两张汇总收款凭证。在一定时期内(如 5 天或 10 天)，根据全部库存现金、银行存款收款凭证，按其会计分录中对应的贷方科目加以归类汇总一次，按月分别编制一张库存现金和一张银行存款汇总记账凭证，见表 7-3。月末结算出汇总记账凭证的合计数，据此登记库存现金和银行存款总分类账的借方和对应科目总分类账的贷方。

表 7-3　汇总收款凭证

借方科目：银行存款　　　　　　　　　2009 年 6 月　　　　　　　　　汇收 1 号

贷方科目	金额(元)				总账页数	
	1~10 日	11~20 日	21~30 日	合计	借方	贷方
主营业务收入		18 000	21 000	69 000		
短期借款	30 000	20 000		20 000		
应收账款		5 000	25 000	30 000		
实收资本		40 000		40 000		
合计	30 000	83 000	46 000	159 000		

2．汇总付款凭证

汇总付款凭证按照库存现金、银行存款科目的贷方分别设置，全月共有两张汇总付款凭证。在一定时期内(如 5 天或 10 天)，根据全部库存现金、银行存款付款凭证，按其会计分录中对应的借方科目加以归类汇总一次，按月分别编制一张库存现金和一张银行存款汇总付款凭证，见表 7-4。月末结算出汇总付款凭证的合计数，据以登记库存现金和银行存款总分类账的贷方和对应科目总分类账的借方。

表 7-4　汇总付款凭证

贷方科目：银行存款　　　　　　　　　　　2009 年 6 月　　　　　　　　　　　汇付 1 号

借方科目	金额(元)				总账页数	
	1～10 日	11～20 日	21～30 日	合计	借方	贷方
应收账款	3 000	5 000	10 000	18 000		
原材料	5 000	2 500	3 100	10 600		
库存现金	2 000	1 000	3 000	6 000		
管理费用		500	1 000	1 500		
销售费用	2 000	500		2 000		
合计	12 000	9 000	17 100	381 000		

3．汇总转账凭证

汇总转账凭证按照转账凭证中每一贷方科目分别设置，全月有若干张汇总转账凭证。在一定时期内(如 5 天或 10 天)，根据全部汇总转账凭证，按其会计分录中对应的借方科目加以归类汇总一次，按月分别编制若干张汇总转账凭证，见表 7-5。月末结算出汇总转账凭证的合计数，据以登记相关总分类账的贷方和对应科目总分类账的借方。

表 7-5　汇总转账凭证

贷方科目：累计折旧　　　　　　　　　　　2009 年 6 月　　　　　　　　　　　汇转 1 号

借方科目	金额(元)				总账页数	
	1～10 日	11～20 日	21～30 日	合计	借方	贷方
生产成本			70 000	70 000		
制造费用			15 000	15 000		
管理费用			25 000	25 000		
合计			110 000	110 000		

三、汇总记账凭证账务处理程序的步骤

(1) 根据原始凭证、汇总原始凭证编制收款凭证、付款凭证和转账凭证。

(2) 根据收款凭证、付款凭证结合相关原始凭证逐笔登记库存现金和银行存款日记账。

(3) 根据记账凭证结合相关原始凭证、汇总原始凭证逐笔登记各类明细分类账。

(4) 根据收款凭证、付款凭证和转账凭证定期编制汇总收款凭证、汇总付款凭证和汇总转账凭证。

(5) 根据汇总收款凭证、汇总付款凭证和汇总转账凭证登记总分类账。

(6) 月末，核对库存现金、银行存款日记账与对应总分类账期末余额，核对各类明细分类账与对应总分类账期末余额。

(7) 月末，根据总分类账、各明细分类账编制财务报表。

汇总记账凭证账务处理程序的步骤如图 7-3 所示。

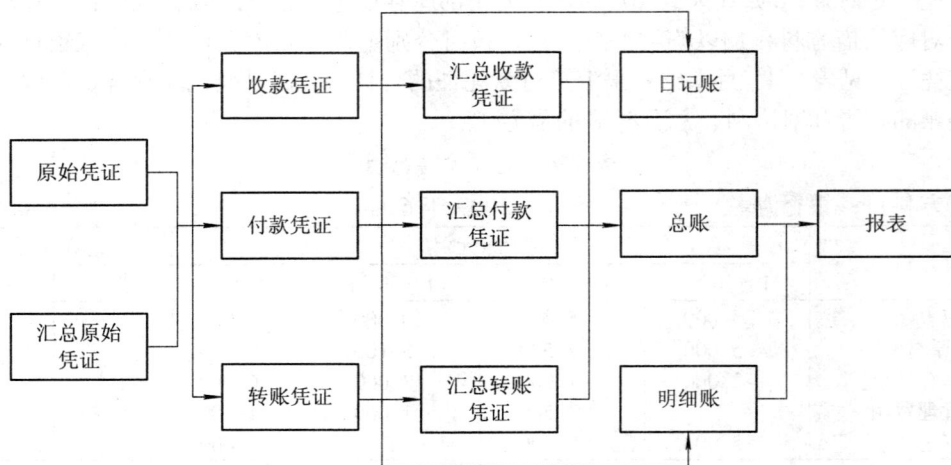

图 7-3　汇总记账凭证账务处理程序

四、汇总记账凭证账务处理程序的评价及适用范围

汇总记账凭证账务处理程序的优点是采用汇总记账凭证登记总分类账，简化了总分类账登记工作；汇总记账凭证按照科目对应关系编制，能使科目之间关系得到清晰反映，便于理解经济业务的性质，便于检查分析。

汇总记账凭证账务处理程序的缺点是汇总转账凭证不是按经济业务的性质归类汇总，不利于日常会计工作合理分工；编制汇总记账凭证工作量较大。

汇总记账凭证账务处理程序适用于生产经营规模较大、业务量较多、记账凭证较多的单位。

第五节　日记总账账务处理程序

一、日记总账核算程序的特点

日记总账核算程序，是指设置日记总账，根据经济业务发生以后所填制的各种记账凭证直接逐笔登记日记总账，并定期编制财务报表的一种核算程序。其特点是根据记账凭证直接逐笔登记日记总账。

在日记总账核算程序下，除需特别设置日记总账外，会计凭证和会计账簿与记账凭证核算程序相同。日记总账是将日记账和总分类账结合在一起的联合账簿，它将全部账户都集中设置在一张账页上，以记账凭证为依据，对发生的全部经济业务既进行序时核算，又进行总分类核算。月末，将每个账户借方、贷方的发生额分别合计，计算出每个账户的月末余额。

二、日记总账的编制方法

对于发生的每一笔经济业务，都分别根据收款凭证、付款凭证或转账凭证逐日、逐笔登记。将业务所涉及的各个账户的借方发生额和贷方发生额，分别登记在同一行的不同账户的借方栏和贷方栏内，并将借贷发生额合计数额登记在"发生额"栏内。月终，分别结出各栏次的合计数，计算各账户的月末借方或贷方余额，并进行账簿的核对工作。

三、日记总账核算程序的账务处理程序

日记总账核算程序的账务处理程序可概括为：

(1) 根据原始凭证或原始凭证汇总表编制记账凭证；

(2) 根据收款凭证和付款凭证序时逐笔登记库存现金日记账和银行存款日记账；

(3) 根据记账凭证及其所附的原始凭证或原始凭证汇总表登记明细分类账；

(4) 根据记账凭证逐日、逐笔登记日记总账；

(5) 月末，根据日记总账记录与现金日记账、银行存款日记账和有关明细分类账进行核对；

(6) 月末，根据核对无误的总分类账和明细分类账的记录编制财务报表。

四、日记总账账务处理程序的评价及适用范围

日记总账核算程序将日记账和总账结合在一起，直接根据记账凭证登记总分类账，可以简化记账手续。因为日记总账将所有会计科目都集中在一张账页上，而不是分设在各个账簿中，所以在日记总账上能清晰地反映账户之间的对应关系，便于了解经济业务的来龙去脉，也便于对会计核算信息进行分析。日记总账核算程序的不足之处是如果企业业务量大，运用的科目较多，势必造成日记总账账页过宽过长，既不便于进行记账和查阅，也容易发生串行与串栏等错误现象。会计人员较多时，也不便于记账业务的分工。因此，该程序适用于规模较小、经济业务量简单、使用科目较少和实行会计电算化的单位。

第六节　多栏式日记账核算程序

一、多栏式日记账核算程序的特点

多栏式日记账核算程序，是指设置多栏式库存现金和银行存款日记账，并据以登记总分类账的一种会计核算程序。其特点是各种收付款业务均通过设置多栏式日记账进行汇总，并据以登记总分类账。对于转账业务，可以根据转账凭证逐笔登记，也可以根据转账凭证定期编制转账凭证汇总表，再根据转账凭证汇总表登记总分类账。

采用多栏式日记账核算程序时，不能设置通用格式的记账凭证，仍应分别设置收款凭证、付款凭证和转账凭证三种专用凭证，并按库存现金和银行存款收入和支出的对应科目分设专栏的多栏式库存现金和银行存款两种日记账，以反映收付款经济业务账户的对应关

系。除此之外，这种核算程序对会计凭证和会计账簿的要求与记账凭证核算程序的要求基本相同。

二、多栏式日记账核算程序的账务处理程序

多栏式日记账核算程序的账务处理程序可概括为：

(1) 根据原始凭证或原始凭证汇总表编制记账凭证(收款凭证、付款凭证和转账凭证)；

(2) 根据收款凭证和付款凭证逐笔登记多栏式库存现金日记账和银行存款日记账；

(3) 根据记账凭证及其所附的原始凭证或原始凭证汇总表登记明细分类账；

(4) 根据转账凭证定期编制转账凭证汇总表；

(5) 月末，根据多栏式库存现金、银行存款日记账和转账凭证汇总表登记总分类账；

(6) 月末，根据总分类账记录与有关明细分类账进行核对；

(7) 月末，根据核对无误的总分类账和明细分类账的记录编制财务报表。

三、多栏式日记账账务处理程序的评价及适用范围

多栏式日记账核算程序对于各种收付款业务均通过设置多栏式日记账汇总后再登记总分类账，大大简化了凭证归类汇总和登记总分类账的工作量，提高了工作效率。由于多栏式日记账按收付款业务的对应科目分设专栏进行登记，因而能够明确反映收付款经济业务账户的对应关系，便于了解单位收付业务的来龙去脉。多栏式日记账核算程序的不足之处是在经济业务较多，涉及会计科目较多的单位，多栏式日记账会栏次较多，账页较长，不便于记账。因此，该程序适用于货币收付业务较多而转账业务较少的单位。

思 考 题

1. 什么是会计账务处理程序？会计账务处理程序有什么意义？
2. 会计账务处理程序分为哪些种类？
3. 记账凭证账务处理程序的步骤有哪些？
4. 科目汇总表账务处理程序的步骤有哪些？
5. 汇总记账凭证账务处理程序的步骤有哪些？

练 习 题

1. 选择题。

(1) 各种账务处理程序中，(　　)账务处理程序是最基本的账务处理程序。

　　A. 记账凭证　　　B. 科目汇总表　　　C. 汇总记账凭证　　　D. 日记总账

(2) 记账凭证账务处理程序不适用于以下哪类单位?(　　)

　　A. 小型企业　　　　　　　B. 大型批零兼营商业企业

　　C. 机关　　　　　　　　　D. 事业单位

(3) 汇总记账凭证账务处理程序的主要缺点在于(　　)。

A. 不利于会计分工

B. 不能反映经济业务

C. 不适用于规模大、业务较多的单位

D. 不适用于规模小、业务较少的单位

(4) 各种账务处理程序的主要区别在于( )。

    A. 汇总的记账凭证不同   B. 登记总账的依据不同

    C. 汇总的凭证格式不同   D. 节省的工作时间不同

(5) 科目汇总表账务处理程序的优点是( )。

A. 详细反映经济业务的发生情况

B. 可以做到试算平衡

C. 便于了解账户之间的对应关系

D. 处理程序简便

2. 案例分析题。

【案例一】 王飞是一名大学生，他决定利用暑假期间勤工俭学，开办一家经营商品推销、少儿暑假寄托、教育等业务的服务公司。7 月 1 日，王飞成立了暑期服务公司，利用自己的积蓄租入一套租赁期为两个月的房间，每月租金 400 元，先预付 600 元，同时，借来现金 5 000 元。

该服务公司 7 月份发生以下业务：

(1) 支付广告费 200 元；

(2) 租用办公桌 1 张，月租金 60 元，预付 30 元，余款到 8 月 31 日租赁期满与 8 月份租金一并付清；

(3) 现款购入各种少儿读物 1 130 套，共计 2 300 元；

(4) 现款购入数把儿童椅子，总成本 1 000 元；

(5) 在王飞外出联系业务时，请了 1 名临时工来帮忙，月薪为 300 元；

(6) 支付各种杂费 50 元；

(7) 推销商品佣金收入 1 640 元；

(8) 入托少儿的学杂费收入 1 500 元；

(9) 7 月份，王飞个人支用服务公司现金 300 元；

(10) 8 月份该服务公司取得 4 300 元的现金收入，均收到现金，其中托费收入 1 700 元，其余均为佣金收入，费用开支保持不变，王飞个人支用服务公司现金 300 元。

(11) 8 月 31 日暑假结束，王飞将少儿读物全部送给孩子们，并将数把椅子出售得款 700 元。同时，归还借款。

问题：请你帮助王飞设计一套合理的账务处理，完整地记录暑期服务公司的全部经济业务，并计算确定王飞的经营是否成功，简要评述暑期服务公司 7、8 月份月初与月末的现金变动状况。

【案例二】 孔华于今年 6 月，以每月 3 000 元租用一间店面，投资创办了天山公司，主要经营各种服装的批发兼零售。6 月 1 日，孔华以公司名义在银行开立账户，存入 140 000 元作为资本，用于经营，由于孙林不懂会计，他除了将所有的发票等单据都收集保存起来以外，没有作任何其他记录。到月底，孔华发现公司的存款反而减少，只剩下 58 987 元外加 643 元现金。另外，尽管客户赊欠的 13 300 元尚未收现，但公司也有 10 560 元货款尚未支付。除此以外，实地盘点库存服装，价值 25 800 元，孔华开始怀疑自己的经营，前来向你请教。

对孔华保存的所有单据进行检查分析，汇总一个月情况显示：

(1) 投资银行存款 100 000 元；

(2) 内部装修及必要的设施花费 20 000 元，均已用支票支付；

(3) 购入服装两批，每批价值 35 200 元，其中第一批现金购入，第二批赊购全部款的 30%；

(4) 1～31 日零售服装收入共计 38 800 元，全部收现，存入开户银行；

(5) 1～31 日批发服装收入共计 25 870 元，其中赊销 13 300 元，其余货款收入均存入开户银行；

(6) 支票支付店面租金 2 000 元；

(7) 本月从存款户提取现金五次共计 10 000 元，其中 4 000 元支付雇员工资，5 000 元用做个人生活费，其余备日常零星开支；

(8) 本月水电费 543 元，支票支付；

(9) 电话费 220 元，用现金支付；

(10) 其他各种杂费 137 元，用现金支付。

问题：试根据你所掌握的会计知识，结合天山公司的具体业务，替孔华设计一套合理的账务处理程序，并帮他记账。

第八章 会 计 凭 证

第一节 会计凭证的意义和种类

一、会计凭证的意义

会计凭证简称凭证，它是用来记录经济业务，明确经济责任的书面证明，也是登记账簿的重要依据。在手工会计条件下，会计凭证一般以书面形式表现出来，在网络会计条件下，会计凭证将主要以电子证据方式出现。由于网络会计尚未普及，本教材将主要介绍手工会计条件下的会计凭证。

会计凭证的填制和审核是会计核算工作的起点，也是会计核算工作的基础环节，对会计信息的质量和整个会计管理工作有着至关重要的作用。任何单位的记账工作，都是从会计凭证的填制开始的。为了保证会计信息的真实、可靠，任何单位所发生的每一项经济业务，都必须由经办人取得或填制凭证，用以记录经济业务的内容。有些重要凭证还具有法律证明效力。一切会计凭证都必须进行认真的审核，只有经过审核无误的会计凭证，才能据以登账。

加强会计凭证的填制和审核对会计工作具有重要的意义，其意义概括起来主要有以下三点：

(1) 记录经济业务，提供记账依据。通过会计凭证的填制，可以将日常发生的大量经济业务加以全面记录，用以反映经济业务的发生和完成情况。凭证经过汇总后，为登记账簿提供了真实可靠的依据；会计凭证作为原始的会计资料，也为日后检查经济业务提供了重要的基础资料。

(2) 监督和控制经济活动的合法性和合理性。通过对会计凭证的严格审核，可以查明每笔经济业务是否符合有关政策、法令、制度，是否符合企业的业务经营、财务收支计划、预算的规定；可以及时发现经济管理是否合理、是否存在问题，从而防止铺张浪费、违法乱纪等行为的发生，确保经济业务的合法性、合理性和有效性。

(3) 加强经营管理工作的岗位责任制。由于每笔经济业务都要经由有关部门和有关人员办理，就使这些部门和人员对所发生的经济业务的合法性、合理性与真实性负有责任。这样有助于加强有关部门和相关人员的责任感，促使他们严格按照政策、法令、制度、计划和预算办事。一旦出现问题，也易于查明责任，从而采取相应措施，改进工作，加强管理。

二、会计凭证的种类

会计凭证按其填制程序和用途可分为原始凭证和记账凭证两大类。

(一) 原始凭证

原始凭证是在经济业务发生时取得或填制的会计凭证，它是办理经济业务时编制的凭证，是记账的原始依据。如购货时取得的发票、出差时乘坐的车船票、付款时取得的收据、材料验收入库的收料单、材料发出时的领料单、产品交库单等都是原始凭证。

1. 原始凭证按其来源不同分类

原始凭证按其来源不同可分为自制原始凭证和外来原始凭证两类。

(1) 自制原始凭证，是由本单位内部有关职能部门或有关人员在执行和完成某项经济业务时编制的凭证，如仓库保管员在原材料验收入库时填制的收料单，见表 8-1；车间从材料仓库领用材料时填制的领料单，见表 8-2。

表 8-1　一次凭证(一)

			(企业名称)						
供货单位：汉钢集团			收　料　单				凭证编号：218		
发票编号：062716			× 年 × 月 × 日				收料仓库：1 号库		

材料类别	材料编号	材料名称及规格	计量单位	数　量		金额(元)			
				应收	实收	单价	买价	运杂费	合计金额
圆钢	06417	φ 20mm	千克	4000	4000	1.9	7600.00	100.00	7700.00
备注						合　计			7700.00
仓库管理员(签章)		记账(签章)				收料(签章)			

表 8-2　一次凭证 (二)

			(企业名称)				
领料单位：第一车间			领　料　单			凭证编号：418	
用　　途：制造 A 产品			× 年 × 月 × 日			收料仓库：1 号库	

材料类别	材料编号	材料名称及规格	计量单位	数　量		单位成本(元)	金额(元)
				请领	实发		
圆钢	06417	φ 20mm	千克	2000	2000	2.1	4200.00
备注						合　计	4200.00
仓库管理员(签章)		发料(签章)		记账(签章)			
领料主管(签章)		领料(签章)					

(2) 外来原始凭证，是在同外单位发生经济业务时，从外单位取得的凭证，如由供货单位开给购货单位的发票(见表 8-3)，由收款单位开给付款单位的现金收据等。

表 8-3 一次凭证 (三)

6200021140 　　　　　　　　　　××省增值税专用发票　　　　　　　　　No 00066385

开票日期：2010 年 09 月 25 日

购货单位	名称：××市机电设备公司		密码区	/ 21 _47 < 6 / 32 > 51 < 2017 / *4 > 969 > 81*4 > 3102 < 9+267142*898+2532*7298392+7 _/ 29 > > 2+4367 > < > > / 9		加密版本
	纳税人识别号：510107709261866					6200021140 00078385
	地址、电话：××市二环路85 号　　0357-4661065					
	开户行及账号：××市建行西安路分理处4402620090 24508895					
货物或应税劳务名称	规格型号	单位	数量	单价	金额	税率	税额
电源柜	6#	台	2	25000	50 000	17%	8500
合计					￥50 000		￥8500
价税合计	伍万捌仟伍佰元整					(小写) ￥58 500	
销货单位	名称：××省科学技术协会		备注	销售明细见销货清单		
	纳税人识别号：620103742758926					
	地址、电话：××市七里河区 68 号					
	开户行及账号：工行××市支行					

收款人：张×× 　　　　复核：王×× 　　　　　　开票人：李×× 　　　　销货单位(章)

2. 原始凭证按其填制的手续不同分类

原始凭证按其填制的手续不同可分为一次凭证、累计凭证和汇总凭证三类。

(1) 一次凭证，是指只记载一笔经济业务或者同时记载若干笔同类性质的经济业务的凭证，它们的填制手续是一次完成的，所以叫做一次凭证。外来凭证都属于一次凭证。自制凭证中绝大多数也是一次凭证，如收料单、领料单等。

(2) 累计凭证，是指一定时期内连续记录若干笔同类经济业务的自制原始凭证，它们的填制手续不是一次完成的，而是在规定的时期内在一张凭证中多次连续地记载，直至期末求出总额以后才完成填制手续，例如限额领料单，见表 8-4。

(3) 汇总凭证，是指一定时期内将若干张同类经济业务的原始凭证定期加以汇总而重新编制的原始凭证汇总表，例如，根据领料单汇总编制的耗用材料汇总表(见表 8-5)。通过汇总原始凭证的编制，可以减少记账凭证的数量，从而进一步简化会计核算工作。汇总原始凭证在大、中型企业中使用比较广泛。

表 8-4　累计凭证

(企业名称)

限额领料单

领料单位：_____　　　　　　　　　　　　　　凭证编号：_____
用　　途：_____　　　　　　　　　　　　　　收料仓库：_____

× 年 × 月

材料类别	材料编号	材料名称及规格	计量单位	单价	全月领用限额	全月实领	
						数量	金额

供应部门主管(签章)　　　　　　　　　　生产计划部门主管(签章)

日期	请领		实发			限额结余	退库	
	数量	领料单位负责人	数量	发料人	领料人		数量	退料单号码

生产计划部门负责人(签章)　　　　　　　　　　仓库负责人(签章)

表 8-5　汇总原始凭证

(企业名称)

耗用材料汇总表

× 年 × 月

单位：元

领料部门	用途	甲材料	乙材料	合计
一车间	生产 A 产品	6 200.00	4 000.00	10 200.00
二车间	生产 A 产品	3 800.00	6 700.00	10 500.00
三车间	生产 A 产品	5 400.00	2 500.00	7 900.00
总厂行政科	修理费		3 00.00	300.00
合计		15 400.00	13 500.00	28 900.00

会计主管(签章)　　　　　复核(签章)　　　　　制表(签章)

3. 原始凭证按其用途不同分类

原始凭证按其用途的不同可分为通知凭证、执行凭证和计算凭证三类。

(1) 通知凭证，是指要求、指示或命令企业进行某项经济业务的原始凭证，如罚款通知单、订货单等。对这类凭证的处理，不能完全等同于其他原始凭证，因为其不能证明经济业务已经完成。

(2) 执行凭证，是指证明某项经济业务正在进行或已经完成的原始凭证，如收料单、领料单等。

(3) 计算凭证，是指对已经完成的经济业务进行计算而编制的原始凭证，例如产品成本计算单、制造费用分配表(见表 8-6)、工资结算单等。

表 8-6 制造费用分配表

产品名称	分配率	分配标准(生产工人工资)(元)	分配金额(元)
A	1.2	3 500	4 200
B	1.2	1 500	1 800
合计		5 000	6 000

审核(签章)   制表(签章)

(二) 记账凭证

记账凭证，是会计人员根据审核无误的原始凭证或汇总原始凭证，用来确定经济业务应借、应贷的会计科目和金额而填制的，作为登记账簿直接依据的会计凭证。在前面的章节中曾指出，在登记账簿之前，应按实际发生经济业务的内容编制会计分录，然后据以登记账簿，在实际工作中，会计分录是通过填制记账凭证来完成的。所以，记账凭证又称为会计分录凭证。

由于原始凭证来自不同的单位，种类繁多，数量庞大，格式不一，不能清楚地表明应记入的会计科目的名称和方向。为了便于登记账簿，需要根据原始凭证反映的不同经济业务，加以归类和整理，填制具有统一格式的记账凭证，确定会计分录，并将相关的原始凭证附在后面。这样不仅可以简化记账工作、减少差错，而且有利于原始凭证的保管，便于对账和查账，提高会计工作质量。

1. 记账凭证按其适用的经济业务分类

记账凭证按其适用的经济业务分类，可分为专用记账凭证和通用记账凭证。

(1) 专用记账凭证，是用来专门记录某一类经济业务的记账凭证。专用凭证按其所记录的经济业务是否与现金和银行存款的收付有无关系，可分为收款凭证、付款凭证和转账凭证三种。

① 收款凭证，是用来记录现金和银行存款等货币资金收款业务的凭证，它是根据现金和银行存款、收款业务的原始凭证来进行填制的，见表 8-7。

表 8-7 收款凭证

借方科目：库存现金　　　　　×年×月×日　　　　　现收字第 1 号

摘 要	贷方科目		记账 (√)	金 额(元)	
	总账科目	明细科目		一级科目	二级或明细科目
归还欠款	应收账款	A商店	√	100.00	100.00
合计				￥100.00	￥100.00

会计主管　　　记账　　　出纳　　　复核　　　制证　　　附件

② 付款凭证，是用来记录现金和银行存款等货币资金付款业务的凭证，它是根据现金和银行存款、付款业务的原始凭证来进行填制的，见表 8-8。

表 8-8　付款凭证

贷方科目：库存现金　　　　　　×年×月× 日　　　　　　<u>现付字第 1 号</u>

摘　要	借方科目		记账	金　　额(元)	
	总账科目	明细科目	(√)	一级科目	二级或明细科目
借支差旅费	其他应收款	李辉	√	1 000.00	1 000.00
合计				￥1 000.00	￥1 000.00

会计主管　　　　　记账　　　　　出纳　　　　　复核　　　　　制证　　　　　附件

收款凭证和付款凭证是用来记录货币收付业务的凭证，既是登记现金日记账、银行存款日记账、明细分类账及总分类账等账簿的依据，也是出纳人员收、付款项的依据。出纳人员不能依据现金、银行存款收付业务的原始凭证收付款项，必须根据会计主管人员或指定人员审核批准的收款凭证和付款凭证收付款项，以加强对货币资金的管理，有效地监督货币资金的使用。

③ 转账凭证，是用来记录与现金、银行存款等货币资金收付款业务无关的转账业务(即在经济业务发生时不需要收付现金和银行存款的各项业务)的凭证，它是根据有关转账业务的原始凭证填制的，见表 8-9。转账凭证是登记总分类账及有关明细分类账的依据。

表 8-9　转账凭证

×年×月× 日　　　　　　　　　　　　　转字第 1 号

摘要	会计科目	记账(√)	借方金额(元)		贷方金额(元)	
			一级科目	二级或明细科目	一级科目	二级或明细科目
生产领用材料，其中：A材料 1000 千克，B 材料 1000 千克	生产成本	√	3 000.00			
	丙产品	√		3 000.00		
	原材料				3 000.00	
	A 材料	√				1 000.00
	B 材料	√				2 000.00
合计			￥3 000.00	￥3 000.00	￥3 000.00	￥3 000.00

会计主管　　　　　记账　　　　　复核　　　　　制证　　　　　附件

(2) 通用记账凭证，其格式不再分为收款凭证、付款凭证和转账凭证，而是以一种格式记录全部经济业务。在经济业务比较简单的经济单位，为了简化凭证可以使用通用记账凭证，记录所发生的各种经济业务。通用记账凭证的格式与转账凭证的格式相同，只是名称统一为记账凭证，见表 8-10。

表 8-10 记账凭证

(企业名称)

×年×月× 日　　　　　第 1 号　　　　元

摘要	一级科目	明细科目	借方金额	贷方金额	记账(√)
销售甲产品 10 件 单价 500 元	银行存款		5 850.00		
	主营业务收入	甲产品		5 000.00	
	应交税费	应交增值税		850.00	
			¥5 850.00	¥5 850.00	

会计　　　　记账　　　　出纳　　　　制证　　　　附件

2. 记账凭证按其包括的会计科目是否单一分类

记账凭证按其包括的会计科目是否单一,可分为复式记账凭证和单式记账凭证两类。

(1) 复式记账凭证。 复式记账凭证又叫做多科目记账凭证,要求将某项经济业务所涉及的全部会计科目集中填列在一张记账凭证上。复式记账凭证可以集中反映账户的对应关系,因而便于了解经济业务的全貌,以及资金的来龙去脉;便于查账,同时可以减少填制记账凭证的工作量,减少记账凭证的数量;但是不便于汇总计算每一会计科目的发生额,不便于分工记账。

上述收款凭证、付款凭证、转账凭证和通用记账凭证的格式都是复式记账凭证的格式。

(2) 单式记账凭证。 单式记账凭证又叫做单科目记账凭证,要求将某项经济业务所涉及的每个会计科目,分别填制记账凭证,每张记账凭证只填列一个会计科目,其对方科目只供参考,不据以记账。也就是把某一项经济业务的会计分录,按其所涉及的会计科目,分散填制两张或两张以上的记账凭证。

3. 记账凭证按其是否经过汇总分类

记账凭证按其是否经过汇总,可分为汇总记账凭证和非汇总记账凭证两类。

(1) 汇总记账凭证,是根据非汇总记账凭证按一定的方法汇总填制的记账凭证。汇总记账凭证按汇总方法不同,可分为分类汇总和全部汇总两种。

① 分类汇总凭证,是根据一定期间的记账凭证按其种类分别汇总填制的,如根据收款凭证汇总填制的“现金汇总收款凭证”和“银行存款汇总收款凭证”,根据付款凭证汇总表填制的“现金汇总付款凭证”和“银行存款汇总付款凭证”,以及根据转账凭证汇总填制的“汇总转账凭证”都是分类汇总凭证。

② 全部汇总凭证,是根据一定期间的记账凭证全部汇总填制的,如“科目汇总图表”就是全部汇总凭证。

(2) 非汇总记账凭证,是没有经过汇总的记账凭证,前面介绍的收款凭证、付款凭证和转账凭证以及通用记账凭证都是非汇总记账凭证。

原始凭证与记账凭证之间存在着密切的联系。原始凭证是记账凭证的基础,记账凭证是根据原始凭证编制的。在实际工作中,原始凭证附在记账凭证后面,作为记账凭证的附件;记账凭证是对原始凭证内容的概括和说明;原始凭证有时是登记明细账户的依据。

第二节　原始凭证的填制和审核

为了确保会计资料的真实性、可靠性和正确性，必须按照有关的规定填制和审核原始凭证。

一、原始凭证的基本内容

各单位所发生的经济业务的不同，决定了各单位所使用的原始凭证的名称、格式和内容也不尽相同。但是，所有的原始凭证都必须详细记载有关经济业务的发生或完成情况，明确经办单位或人员的经济责任。因此，各种原始凭证具有一些共同的基本内容，这些内容称为原始凭证的基本要素。具体内容如下：

(1) 原始凭证名称。表明原始凭证所记录经济业务的种类，反映原始凭证的用途，如发货票、入库单等。

(2) 填制名称的日期和编号。

(3) 填制凭证单位名称或者填制人姓名。

(4) 对外凭证要有接收凭证单位的名称。

(5) 经济业务的内容摘要。

(6) 经济业务所涉及的数量、计量单位、单价和金额。

(7) 经办业务部门或人员的签章。

除以上基本内容外，有些单位还可以根据自身经营管理或会计核算的需要，在自行设计印制的凭证中，增添某些内容。例如，为了掌握预算或合同的执行情况，可以在有关凭证上注明计划定额或合同编号等。对于单位经常发生的经济业务，可由各单位主管部门制定统一的特种格式凭证，例如，铁道部统一制订的铁路运单，人民银行统一制订的各种结算凭证等。

二、原始凭证填制的基本要求

原始凭证是会计核算的重要依据，原始凭证的质量决定了会计核算和财务报表的质量。因此，要想保证会计核算的质量，就必须正确填制原始凭证，如实反映经济业务。具体填制要求如下：

1. 记录要真实

原始凭证所填列的经济业务的内容和数字，必须真实可靠，符合实际情况。

2. 内容要完整

原始凭证所要求填列的项目必须逐项填列齐全，不得遗漏和省略。特别应注意：年、月、日要按照填制原始凭证的实际日期填写；名称要写全，不能简化；品名或用途要填写明确，不能含糊不清。该填写一式几联的，联次不能短少，各联内容必须一致，有关人员签章必须齐全。

3．手续要完备

手续完备指签名、盖章：谁出票谁盖章，谁经手谁签字。

① 单位自制的原始凭证必须有经办单位领导人或者其他指定人员的签名、盖章；

② 对外开出的原始凭证必须加盖本单位公章；

③ 从外部取得的原始凭证，必须盖有填制单位的公章；

④ 从个人取得的原始凭证，必须有填制人员的签名、盖章。

4．书写要清楚、规范

(1) 不得使用未经国务院公布的简化汉字。

(2) 大小写金额必须相符且填写规范。

① 小写金额用阿拉伯数字逐个书写，不得写连笔字。

a. 在金额前要填写人民币符号"￥"，人民币符号"￥"与阿拉伯数字之间不得留有空白；

b. 金额数字一律填写到角、分，无角、分的，写"00"或符号"—"；有角无分的，分位写"0"，不得用符号"—"；

② 大写金额用汉字壹、贰、叁、肆、伍、陆、柒、捌、玖、拾、佰、仟、万、亿、元、角、分、零、整等，一律用正楷或行书书写；

a. 大写金额前未印有货币名称的，应加写货币名称，货币名称和大写金额数字之间不得留有空白；

b. 大写金额到元为止的，后面要写"整"或"正"字；到角为止的，可以写"整"或"正"字；有分的，不写"整"或"正"字。如小写金额为￥1008.00，大写金额应写成"人民币壹仟零捌元整"；如小写金额为￥1008.32，大写金额应写成"人民币壹仟零捌元叁角贰分"。

5．编号要连续

如果原始凭证已预先印定编号，在写坏作废时，应加盖"作废"戳记，并要妥善保管，不得撕毁。

6．不得涂改、刮擦、挖补

原始凭证有错误的，应当由出具单位重开或更正，更正处应当加盖出具单位的印章；原始凭证金额有错误的，应当由出具单位重开，不得在原始凭证上更正。

7．填制要及时

各种原始凭证都应该在办理业务时及时填制，并按时间的先后顺序整理，然后按规定的程序递交有关部门先行审查、签章，再送交财会部门审核、签章，完成规定的手续，防止日后出现差错时难以清查。

三、原始凭证的审核

大多数的原始凭证都是由有关单位或本单位有关业务人员填制的，但是全部原始凭证都必须经会计人员审核。只有经过会计人员审核无误的原始凭证才是合格的原始凭证，才能作为办理核算手续的依据。原始凭证的审核主要包括以下两个方面。

1．实质性审核

实质性审核主要是对原始凭证内容的合法性、真实性和合理性等进行审核。

(1) 合法性审核，即审核原始凭证上记载的经济业务是否符合国家的政策、法令、制度、办法等规定要求，是否有冒领、贪污、预算超支、挥霍浪费、化公为私等违法乱纪行为，若有应予以揭露和制止。

(2) 真实性审核，即审核原始凭证上记载的经济业务是否真实，有无伪造现象。经济业务的发生时间与地点、经办单位与个人、填制的日期和内容、业务引起的实物与价值量等各方面都必须是真实的。

(3) 合理性审核，即审核原始凭证上经济业务的发生是否符合事先制定的计划、预算等的要求，是否符合费用开支标准，有无不讲经济效益、铺张浪费的行为。

2．技术性审核

技术性审核主要是对原始凭证内容的正确性和完整性进行的审核。

(1) 正确性审核，即逐项审核原始凭证的摘要是否填写清楚，数字计算是否正确，大小写金额是否一致，有无刮、擦、挖、补或涂改、伪造等现象。

(2) 完整性审核，即审核原始凭证是否具备作为合法凭证所必需的基本内容，这些内容是否填写齐全，原始凭证的手续是否完备，有关人员签章是否完备等。

原始凭证经过审核后，对于合理合法、手续完备的凭证，应及时办理有关手续，并迅速完成有关经济业务。如发现问题，应按不同情况进行处理。凡出现手续不完备、数字计算不正确、文字写错、项目填写不齐全等一般差错的原始凭证，应退还给经办人员，并限期补办手续，进行更正。凡不合理、不合法的凭证，会计人员有权拒绝支付或报销。对于违法乱纪、伪造冒领等非法行为，应扣留凭证，根据《会计法》的规定，向本单位领导或上级主管部门提出书面报告，请求严肃处理。

原始凭证的填制和审核无误后，才能作为编制记账凭证的依据。

通过对原始凭证填制的审核，可以及时准确地反映经济业务的执行与完成情况，同时在严格进行审核的过程中，可以及时地发现问题，揭露矛盾，堵塞漏洞，纠正不正之风。

第三节　记账凭证的填制和审核

记账凭证是会计人员根据审核后的原始凭证编制的，是登记账簿的直接依据。为了保证账簿记录的真实性和准确性，必须做好记账凭证的填制和审核工作。

一．记账凭证的基本内容

记账凭证一般包含以下几项内容：

(1) 记账凭证的名称。

(2) 记账凭证的日期。

(3) 记账凭证的编号。

(4) 经济业务的内容摘要。

(5) 会计分录，经济业务应借应贷会计科目的名称和金额。

(6) 会计主管人员、审核人员、制单人员及记账人员的签名或盖章。收款凭证和付款凭证，还要有出纳人员的签章。

(7) 所付原始凭证的张数。

以上七项是记账凭证的基本内容，各单位使用的记账凭证应根据本单位业务的特点自行制定。

二、记账凭证填制的基本要求和方法

(一) 记账凭证填制的基本要求

填制记账凭证是会计核算的重要环节，是对原始凭证的整理和分类，按照复式记账要求，运用会计科目，进行会计核算，确定会计分录，为登记账簿作准备。

填制记账凭证的基本要求与填制原始凭证的基本要求相同，必须做到记录真实，内容完整，填制及时，书写规范。具体有以下几点要求：

(1) 填制记账凭证时，可以根据一张原始凭证或同一业务的几份原始凭证填制，还可以根据原始凭证汇总表填制。有些单位为简化手续，在原始凭证汇总表上加列会计分录，也可以代替记账凭证使用。不同业务内容的原始凭证，不能混同编制一份记账凭证。

(2) 填制记账凭证时，应按照会计制度统一规定的会计科目名称，根据经济业务的性质，确定会计分录，绝对不能改变会计科目的名称和核算内容，不能简写，也不能用省略号代替会计科目；不同名称的明细科目要确切，无遗漏；应借、应贷的科目的对应关系必须清楚。

(3) 各种记账凭证应该按顺序连续编号。记账凭证的编号方法受所使用的记账凭证的类别影响。采用通用记账凭证时，可以按照经济业务发生的先后顺序统一编号；采用收、付、转专用记账凭证时，可以采用"字号编号法"进行分类编号，即按收字第×号、付字第×号、转字第×号三类编号；或按照现收字第×号、银收字第×号、现付字第×号、银付字第×号、转字第×号五类编号。无论使用哪种编号方法，都应该按月进行连续编号。若一笔经济业务需要填制多张记账凭证，也可采用"分数编号法"。比如，一笔经济业务需填制 4 张转账凭证时，假定记账凭证的顺序号为 9，则可编为转字第 $9\frac{1}{4}$ 号，转字第 $9\frac{2}{4}$ 号，转字第 $9\frac{3}{4}$ 号，转字第 $9\frac{4}{4}$ 号四张凭证，每月末最后一张记账凭证的编号旁边加注"全"字。

(4) 记账凭证的日期。从记账凭证的内容来看，记账凭证的日期应当是填制当天的日期，但在实际工作中，也可根据需要，填写业务事项发生的日期或月末日期。如报销差旅费的记账凭证，一般填写报销当天的日期；现金收付款记账凭证填写记账实际办理或承付的日期填写；计提或分配费用等事项的记账凭证，应当按当月最后的日期填写等。

(5) 除结账和更正错误的记账凭证可以不附原始凭证外，其他记账凭证必须附有原始凭证，记账凭证上应注明所附原始凭证的张数，以便核查。如果根据同一原始凭证填制多张记账凭证时，则应在未附原始凭证的记账凭证上注明"附件×张，详见××号记账凭证"。对于原始凭证需要另行保管的，则应在附件栏内加以说明。

(6) 为避免重复记账，如果涉及现金和银行存款的相互转化业务，按照规定只填制付款凭证。例如，将现金送存银行，应填制"库存现金"科目的付款凭证。在一笔经济业务中涉及既有现金(或银行存款)收付，又有转账收付业务时，应分别填制一份收款(或付款)凭证，再填制一份转账凭证。

(二) 记账凭证填制的一般方法

1. 收款凭证

【例 8-1】 红星商店归还前欠货款 1 000 元。

该笔经济业务收到现金 1 000 元，应填收款凭证，见表 8-11。同时，应填制收款收据一式三联，一联交红星商店，一联作为收款凭证附件，一联留底。

表 8-11　收款凭证

借方科目：库存现金　　　　　　　×年×月× 日　　　　　　　　　　现收字第 1 号

摘　要	贷方科目		记账 (√)	金　额(元)	
	总账科目	明细科目		一级科目	二级或明细科目
归还欠款	应收账款	红星商店	√	1 000.00	1 000.00
合计				￥1 000.00	￥1 000.00

会计主管　　　　记账　　　　出纳　　　　复核　　　　制证　　　　附件

2. 付款凭证

【例 8-2】 王刚同志因公出差，经批准借支差旅费现金 3 000 元。

该笔经济业务是付出现金，应填制付款凭证，见表 8-12，以借条作为附件。

表 8-12　付款凭证

贷方科目：库存现金　　　　　　　×年×月× 日　　　　　　　　　　现付字第 1 号

摘　要	借方科目		记账 (√)	金　额(元)	
	总账科目	明细科目		一级科目	二级或明细科目
借支差旅费	其他应收款	王刚	√	3 000.00	3 000.00
合计				￥3 000.00	￥3 000.00

会计主管　　　　记账　　　　出纳　　　　复核　　　　制证　　　　附件

3. 转账凭证

转账凭证是根据转账业务(不涉及货币资金收付的业务)的原始凭证填制的，作为登记有关账簿的直接依据。

【例 8-3】 生产甲产品领用 A 材料 500 千克，单价 2 元；领用 B 材料 800 千克，单价

1 元，共计 1 800 元，计入产品成本。

这笔经济业务应由"原材料"账户结转到"生产成本"账户，应填制转账凭证，以领料单作为凭证附件。见表 8-13。

表8-13　转账凭证

×年×月× 日　　　　　　　　　　　　　　　　　　转字第 1 号

摘要	会 计 科 目	记账 (√)	借方金额(元)		贷方金额(元)	
			一级科目	二级或明细科目	一级科目	二级或明细科目
生产领用材料，其中：A 材料 500 千克，B 材料 800 千克	生产成本	√	1 800.00			
	丙产品	√		1 800.00		
	原材料				1 800.00	
	A 材料	√				1 000.00
	B 材料	√				800.00
合计			￥1 800.00	￥1 800.00	￥1 800.00	￥1 800.00

会计主管　　　　记账　　　　　复核　　　　　制证　　　　　附件

4．记账凭证的审核

为使记账凭证能够真实、准确地反映企业的经济业务状况，保证账簿记录和会计信息的质量，必须要对已填制完毕的记账凭证进行认真的审核。审核时需注意以下几点：

(1) 对所附的原始凭证进行复核。记账凭证的审核，实际上是对原始凭证的复核，进一步复核原始凭证的合法性、完整性、真实性和正确性。

(2) 记账凭证的项目是否齐全。审核记账凭证各项目填写是否齐全，例如日期、凭证编号、明细科目、合计金额前的货币符号，以及有关人员的签章等是否齐全。如是否附有原始凭证，所附原始凭证是否齐全，是否已经审核无误，附件张数与原始凭证是否一致等。

(3) 应借、应贷的会计科目和金额是否正确，对应关系是否清晰。凭证中金额计算是否准确，是否与原始凭证中所列金额相符，合计金额是否准确等。

(4) 书写是否规范。审核记账凭证中的文字是否工整，数字是否清晰，摘要是否填写清楚，是否按规定进行更正等。

在审核过程中，如果发现记账凭证填制有严重错误，如所附原始凭证经济内容混乱、所列会计科目用错、金额计算错误、无法改正时，应退回制证人重新另编记账凭证；如发现手续不完备，应退回补办手续。如个别文字或数字有误，可按规定办法改正。总之，只有经过审核无误的记账凭证，才能据以登记账簿，以保证账簿记录的真实性和正确性。

第四节　会计凭证的传递和保管

一、会计凭证的传递

会计凭证的传递，是指从会计凭证的取得或填制时起至归档保管过程中，在单位内部有关部门和人员之间的传递程序。

1．会计凭证传递的作用

为了能够利用会计凭证及时反映各项经济业务，提供会计信息，发挥会计监督的作用，必须正确、及时地进行会计凭证的传递，不得积压。正确组织会计凭证的传递，对于及时处理和登记经济业务，明确经济责任，实行会计监督，具有重要作用。从一定意义上说，会计凭证的传递在单位内部经营管理各环节之间起着协调和组织的作用。会计凭证传递程序是企业管理规章制度重要的组成部分，会计凭证传递的具体作用包括：

(1) 有利于完善经济责任制和进行会计监督。经济业务的发生及记录，是由若干责任人分工完成的，会计凭证作为记录经济业务、明确经济责任的书面证据，体现了经济责任制的执行情况。会计凭证上对有关业务和执行人员的记录也是进行会计监督的基础。

(2) 有利于及时进行会计记录。从经济业务的发生到账簿登记有一定的时间间隔，通过会计凭证的传递，使会计部门尽早了解到经济业务的发生和完成情况，并通过会计部门内部的凭证传递，及时记录经济业务，进行会计核算。

2．会计凭证传递的设计原则

合理组织会计凭证的传递，是会计管理制度的重要组成部分，也是企业经济管理的重要组成部分。会计凭证传递的关键在于会计凭证传递程序和传递时间的设计，会计凭证的联次和格式的设计是否合理也直接关系到会计凭证传递的质量。在对会计凭证的传递进行设计时，应遵循以下原则：

(1) 会计凭证的传递应该满足内部控制制度的要求，使传递程序合理有效，同时应尽量节约传递时间，减少传递的工作量。在不同单位的会计工作中，各种记账凭证所记载的经济业务不同，涉及的部门和人员不同，办理经济业务的手续也不尽一致。组织会计凭证的传递，必须遵循内部牵制原则，及时、准确地记录经济业务。

(2) 各单位应根据本单位的具体情况制定每一种凭证传递的程序和方法。不同单位的机构设置和人员构成不尽相同，因此需要根据各单位经济业务的特点、企业内部机构组织、人员分工情况以及企业经营管理的需要，从完善内部牵制制度出发，规定各种会计凭证的联次及其流程，使经办业务的部门及其人员及时办理各种凭证手续，以保证合理有效地完成会计工作。在确定会计凭证的传递时间时，要根据有关部门和人员办理经济业务的必要时间，同相关的部门和人员协商制定会计凭证在各经办环节的停留时间，以便合理地确定办理经济业务的最佳时间，及时反映、记录经济业务的发生和完成情况。企业情况如果发生变化，应根据实际情况修改会计凭证的传递程序和传递时间，确保会计凭证传递程序的合理化、制度化，确保传递时间的节约。

二、会计凭证的保管

会计凭证的保管，是指会计凭证记账后的整理、装订、归档和存查工作。对会计凭证的保管主要有下列要求：

(1) 会计凭证应定期装订成册，防止散失。从外单位取得的原始凭证遗失时，应取得原签发单位盖有公章的证明，并注明原始凭证的号码、金额、内容等，由经办单位会计机构负责人、会计主管人员和单位负责人批准后，才能代作原始凭证。若确实无法取得证明的，如车票丢失，则应由当事人写明详细情况，由经办单位会计机构负责人、会计主管人员和单位负责人批准后，代作原始凭证。

(2) 会计凭证封面应注明单位名称、凭证种类、凭证张数、起止号数、年度、月份、会计主管人员、装订人员等有关事项，会计主管人员和保管人员应在封面上签章。

(3) 会计凭证应加贴封条，防止抽换凭证。原始凭证不得外借，其他单位如有特殊原因确实需要使用时，经本单位会计机构负责人、会计主管人员批准，可以复制。向外单位提供的原始凭证复制件，应在专设的登记簿上登记，并由提供人员和收取人员共同签名、盖章。

(4) 原始凭证较多时，可单独装订，但应在凭证封面注明所属记账凭证的日期、编号和种类，同时在所属的记账凭证上应注明"附件另订"及原始凭证的名称和编号，以便查阅。

(5) 每年装订成册的会计凭证，在年度终了时可暂由单位会计机构保管一年，期满后应当移交本单位档案机构统一保管；未设立档案机构的，应当在会计机构内部指定专人保管。出纳人员不得兼管会计档案。

(6) 严格遵守会计凭证的保管期限要求，期满前不得任意销毁。

第五节　会计凭证的装订

一、会计凭证装订前的准备

会计凭证装订前的准备，是指对会计凭证进行排序、粘贴和折叠。因为原始凭证的纸张面积与记账凭证的纸张面积不可能全部一样，有时前者大于后者，有时前者小于后者，这就需要会计人员在制作会计凭证时对原始凭证加以适当整理，以便下一步装订成册。对于纸张面积大于记账凭证的原始凭证，可按记账凭证的面积尺寸，先自右向后，再自下向后两次折叠。注意应把凭证的左上角或左侧面让出来，以便装订后，还可以展开查阅。对于纸张面积过小的原始凭证，一般不能直接装订，可先按一定次序和类别排列，再粘在一张同记账凭证大小相同的白纸上，粘贴时宜用胶水。证票应分张排列，同类、同金额的单据尽量粘在一起；同时，在一旁注明张数和合计金额。如果是板状票证，可以将票面票底轻轻撕开，厚纸板弃之不用。对于纸张面积略小于记账凭证的原始凭证，可先用回形针或大头针别在记账凭证后面，待装订时再抽去回形针或大头针。有的原始凭证不仅面积大，而且数量多，可以单独装订，如工资单、耗料单等，但在记账凭证上应注明保管地点。原始凭证附在记账凭证后面的顺序应与记账凭证所记载的内容顺序一致，不应按原始凭证的面积大小来排序。会计凭证经过上述的加工整理之后，就可以装订了。

二、会计凭证的装订方法

会计凭证的装订，是指把定期整理完毕的会计凭证按照编号顺序，外加封面、封底，装订成册，并在装订线上加贴封签。在封面上，应写明单位名称、年度、月份、记账凭证的种类、起讫日期、起讫号数，以及记账凭证和原始凭证的张数，并在封签处加盖会计主管的图章。如果采用单式记账凭证，在整理装订凭证时，必须保持会计分录的完整。为此，应按凭证号码顺序还原装订成册，不得按科目归类装订。对各种重要的原始单据，以及各种需要随时查阅和退回的单据，应另编目录，单独登记保管，并在有关的记账凭证和原始凭证上相互注明日期和编号。凭证装订册数可根据凭证的多少来定，原则上以月份为单位装订，每月订成一册或若干册。有些单位业务量小，凭证不多，把若干个月份的凭证合并订成一册，只要在凭证封面注明本册所含的凭证月份即可。为了使装订成册的会计凭证外形美观，在装订时要考虑到凭证的整齐均匀，特别是装订线的位置，如果太薄时可用纸折一些三角形纸条，均匀地垫在此处，以保证它的厚度与凭证中间的厚度一致。有些会计在装订会计凭证时采用角订法，这种方法装订起来简单易行，也很不错。它的具体操作步骤如下：

(1) 将凭证封面和封底裁开，分别附在凭证前面和后面，再拿一张质地相同的纸(可以再找一张凭证封皮，裁下一半用，另一半为订下一本凭证备用)放在封面上角，作护角线。

(2) 在凭证的左上角画一边长为 5 厘米的等腰三角形，用夹子夹住，用装订机在底线上分布均匀地打两个眼儿。

(3) 用大针引线绳穿过两个眼儿。如果没有针，可以将回形别针顺直，然后将两端折向同一个方向，将线绳从中间穿过并夹紧，即可把线引过来，因为一般装订机打出的眼儿是可以穿过的。

(4) 在凭证的背面打线结。线绳最好系在凭证中端。

(5) 将护角向左上侧折，并将一侧剪开至凭证的左上角，然后抹上胶水。

(6) 向后折叠，并将侧面和背面的线绳扣粘死。

(7) 待晾干后，在凭证本的侧面写上"某年某月第几册共几册"的字样。装订人在装订线封签处签名或者盖章。现金凭证、银行凭证和转账凭证最好依次顺序编号，一个月从头编一次序号，如果单位的凭证少，可以全年顺序编号。

思 考 题

1. 什么是会计凭证？它在会计核算中有什么作用？
2. 会计凭证按其填制程序和用途怎样分类？
3. 什么是原始凭证、记账凭证？举例说明他们的特点。

第九章 会 计 账 簿

第一节 会计账簿概述

一、会计账簿的概念和意义

(一) 会计账簿的概念

会计账簿简称账簿，是由具有一定格式、相互联系的账页所组成，用来序时、分类、全面地记录一个企业或单位经济业务事项的会计簿籍。设置和登记会计账簿，是重要的会计核算基础工作，是连接会计凭证和会计报表的中间环节，做好这项工作，对于加强经济管理具有十分重要的意义。

填制会计凭证后之所以还要设置和登记账簿，是由于二者虽然都是用来记录经济业务的，但二者具有的作用不同。在会计核算中，对每一项经济业务，都必须取得和填制会计凭证，因而会计凭证数量很多，又很分散，而且每张凭证只能记载个别经济业务的内容，所提供的资料是零星的，不能全面、连续、系统地反映和监督一个经济单位在一定时期内某一类和全部经济业务活动情况，且不便于日后查阅。因此，为了给经济管理提供系统的会计核算资料，各单位都必须在凭证的基础上设置和运用登记账簿的方法，把分散在会计凭证上的大量核算资料加以集中和归类整理，生成有用的会计信息，为编制会计报表、进行会计分析以及审计提供主要依据。

(二) 设置和登记账簿的意义

科学地设置和登记账簿对于合理地组织会计工作，充分发挥会计工作的重要作用具有极其重要的意义，主要表现在以下几个方面：

(1) 通过设置和登记账簿可以全面、系统地反映各单位的经济活动情况。在会计核算中，通过会计凭证的填制和审核，可以反映和监督每一项经济业务的完成情况，但是由于会计凭证的数量较多，对经济业务的反映比较零星、分散，只能片面地反映个别的经济业务，不能把某一时期的全部经济情况完整地反映出来，因此通过设置和登记账簿，可以把会计凭证提供的大量、分散的核算资料加以归类和整理，从而全面、连续、系统地反映各单位的经济活动情况，这对于加强经济核算、提高企业的经营管理水平具有重要作用。

(2) 账簿记录可以为考核经营管理业绩提供依据。利用账簿记录，既可提供总括的核算资料，又可提供明细的核算资料，这样就可以全面而系统地反映各项资产、负债、所有者权益的增减变动情况，收入、费用的发生情况，利润的实现和分配情况。根据这些记录还可以用来考核成本、费用、利润的实现和分配情况，评价企业经营成果，进而发现生产经营过程中存在的问题，并分析其产生原因，促使企业加强经营管理。

(3) 利用账簿记录可以为编制财务报告提供完整的数据资料。企业定期编制的"资产负债表"、"利润表"、"现金流量表"等财务报表的主要依据来自于账簿记录。企业在编制报表附注时，对生产经营状况、利润实现和分配情况、资金增减和周转情况、税费缴纳情况、各种财产物资变动情况的说明也要借助于账簿记录才能完成。所以，账簿记录的设置是否正确、完整，将直接影响财务报告的质量。

二、会计账簿与账户的关系

账户存在于账簿之中，账簿中的每一账页就是账户的存在形式和载体，没有账簿，账户就不能独立存在；账簿序时、分类地记载经济业务，是在账户中完成的。因此，账簿只是一个外在形式，账户才是其内在真实内容，二者的关系是形式和内容的关系。

三、会计账簿的分类

在实际工作中，由于各个单位的经济业务和经营管理的要求不同，所设置的账簿也有所不同。账簿的种类及其格式是多种多样的，但一般可以按照其用途和外表形式来进行分类。

(一) 账簿按用途分类

账簿按其用途不同，一般分为序时账簿、分类账簿和备查账簿三种。

(1) 序时账簿：又称日记账，是按照经济业务发生或完成时间的先后顺序逐日、逐笔进行登记的账簿。序时账簿是会计部门按照收到会计凭证号码的先后顺序进行登记的。在会计工作发展的早期，就要求必须将每天发生的经济业务逐日登记，以便记录当天业务发生的金额。因而习惯地称序时账簿为日记账。序时账簿按其记录内容的不同，又分为普通日记账和特种日记账两种。普通日记账是将企业每天发生的所有经济业务，不论其性质如何，均按其先后顺序，编成会计分录记入账簿；特种日记账是按经济业务性质单独设置的账簿，它只把特定项目按经济业务顺序记入账簿，反映其详细情况，如库存现金日记账和银行存款日记账。特种日记账的设置，应根据业务特点和管理需要而定，特别是那些发生繁琐、需严加控制的项目，应予以设置。如普通日记账、现金日记账、银行存款日记账。

(2) 分类账簿：对全部经济业务事项按照会计要素的具体类别而设置的分类账户进行登记的账簿。分类账簿按其提供核算指标的详细程度不同，又分为总分类账和明细分类账。总分类账，简称总账，是根据总分类科目开设账户，用来登记全部经济业务，进行总分类核算，提供总括核算资料的分类账簿；明细分类账，简称明细账，是根据明细分类科目开设账户，用来登记某一类经济业务，进行明细分类核算，提供明细核算资料的分类账簿。

(3) 备查账簿：又称辅助账簿，是对某些在序时账簿和分类账簿等主要账簿中都不予登记或登记不够详细的经济业务事项进行补充登记时使用的账簿。它可以对某些经济业务的内容提供必要的参考资料。备查账簿的设置应视实际需要而定，并非一定要设置，而且没有固定格式。如设置租入固定资产登记簿、代销商品登记簿等。

(二) 账簿按账页格式分类

账簿按其账页格式不同，可分为两栏式账簿、三栏式账簿、多栏式账簿和数量金额式账簿四种。

(1) 两栏式账簿：只有借方和贷方两个基本栏目的账簿。各种收入、费用类账户都可以采用两栏式账簿。

(2) 三栏式账簿：设有借方、贷方和余额三个基本栏目的账簿。各种日记账、总分类账、资本、债权、债务明细账都可采用三栏式账簿。

(3) 多栏式账簿：在账簿的两个基本栏目及借方和贷方按需要分设若干专栏的账簿。收入、费用明细账一般均采用这种格式的账簿。

(4) 数量金额式账簿：借方、贷方和金额三个栏目内都分设数量、单价和金额三小栏，借以反映财产物资的实物数量和价值量。原材料、库存商品、产成品等明细账通常采用数量金额式账簿。

(三) 账簿按外形特征分类

账簿按其外形特征可以分为订本式账簿、活页式账簿和卡片式账簿三种。

(1) 订本式账簿：简称订本账，是在启用前将编有顺序页码的一定数量账页装订成册的账簿。这种账簿一般适用于重要的和具有统驭性的总分类账、现金日记账和银行存款日记账。

优点：可以避免账页散失，防止账页被抽换，比较安全。

缺点：同一账簿在同一时间只能由一人登记，这样不便于会计人员分工协作记账，也不便于计算机打印记账。

注：特种日记账，如库存现金日记账和银行存款日记账，以及总分类账必须采用订本账形式。

(2) 活页式账簿：简称活页账，是将一定数量的账页置于活页夹内，可根据记账内容的变化而随时增加或减少部分账页的账簿。活页账一般适用于明细分类账。

优点：可以根据实际需要增添账页，不会浪费账页，使用灵活，并且便于同时分工记账。

缺点：账页容易散失和被抽换。

注：各种明细分类账可采用活页账形式。

(3) 卡片式账簿：简称卡片账，是将一定数量的卡片式账页存放于专设的卡片箱中，账页可以根据需要随时增添的账簿。卡片账一般适用低值易耗品、固定资产等的明细核算。

优点：可以根据实际需要增添账页，非常方便，适用于固定资产明细账。

缺点：账页容易散失和被抽换。

注：在我国一般只对固定资产明细账采用卡片账形式。

第二节　账簿的设置和登记

一、账簿的设置原则和基本内容

(一) 账簿的设置原则

各单位应根据本单位经济业务的特点和经营管理的需要,设置一定种类和数量的账簿。一般来说,设置账簿应遵循下列原则:

(1) 账簿的设置要保证能够全面、系统地核算和监督各项经济业务,为经营管理和编制财务报表提供总括和明细的核算资料。

(2) 在保证满足核算和监督经济业务要求的前提下,尽量考虑人力和物力的节约,避免遗漏或重复记账。

(3) 账簿的格式应力求简明、实用,便于登记、查阅和保管。

(二) 账簿的基本内容

各单位均应按照会计核算的基本要求和会计规范的有关规定,结合本单位经济业务的特点和经营管理的需要,设置必要的账簿,并认真做好记账工作。各种账簿的形式和格式多种多样,但均应具备下列内容:

(1) 封面:主要标明记账单位名称和账簿的名称,如总分类账簿、现金日记账、银行存款日记账等。

(2) 扉页:标明会计账簿的使用信息,如科目索引、账簿启用和经管人员一览表等。

(3) 账页:账簿用来记录经济业务事项的载体,其格式根据反映经济业务内容的不同而有所不同。但其内容应当包括:

① 账户的名称,以及一级科目、二级或明细科目;

② 登记账簿的日期栏;

③ 记账凭证的种类和号数栏;

④ 摘要栏,所记录经济业务内容的简要说明;

⑤ 金额栏,记录经济业务的增减变动和余额;

⑥ 总页次和分户页次栏。

二、账簿的格式及登记方法

(一) 普通日记账的格式和登记方法

普通日记账一般只设借方和贷方两个金额栏,以便分别记入各项经济业务所确定的账户名称及借方和贷方的金额,也称为两栏式日记账,或叫分录簿。其格式见表9-1。

采用这种日记账,每天应按照经济业务的发生或完成的先后顺序逐笔进行登记。登记时,首先记入经济业务发生或完成的日期,然后在账户名称栏内记入应借、应贷的账户;其次在摘要栏内,将经济业务作简要说明;最后将借方金额和贷方金额分别记入两个金额栏内。每天还应根据日记账中应借和应贷账户的名称和金额来登记总分类账,并将总分类账的页数记入"过账"栏内，或者写明"√"符号，表示已经过账。

表 9-1　普通日记账

(××企业)

20 ××年		账户名称	摘要	借方金额(元)	贷方金额(元)	过账
月	日					
9	1	生产成本 原材料	生产领 材料用	3 000	3 000	√
			......			

　　普通日记账应用一本日记账，可以集中、序时地记录全部经济业务。如果单位的规模较小，经济业务不多且比较简单时，一本日记账就可以满足需要了；如果单位规模较大，经济业务较多且较复杂时，一本日记账就不便于记账分工，很难清晰地反映各类经济业务情况，而且从日记账逐笔地过入各类账的各账户，工作量较大。因此，这种日记账目前已很少使用。

(二) 特种日记账的格式和登记方法

1. 现金日记账的格式和登记方法

(1) 现金日记账的格式。现金日记账是用来核算和监督库存现金每天的收入、支出和结存情况的账簿，其格式有三栏式和多栏式两种。无论采用三栏式还是多栏式现金日记账，都必须使用订本账。其格式见表 9-2、表 9-3。

表 9-2　库存现金日记账(三栏式)

(××企业)

20××年		凭证号数		摘要	对方科目	收入(元)	支出(元)	余额(元)
月	日	收款	付款					
7	1			月初余额				800
	1		现付 1	购买办公用品	管理费用		60	740
	1		现付 2	采购员借差旅费	其他应收款		300	440
	1	银付 1		提取现金	银行存款	500		940
				......				
7	31			本月发生额及余额		3 500	3 380	920

表 9-3　库存现金日记账(多栏式)

年		凭证 字号	摘要	收入			支出			余额
月	日			贷方科目		合计	借方科目		合计	

(2) 现金日记账的登记方法。现金日记账由出纳人员根据与现金收付有关的记账凭证，按时间顺序逐日、逐笔进行登记，并根据"上日余额 + 本日收入 – 本日支出 = 本日余额"的公式，逐日结出现金余额，与库存现金实存数进行核对，以检查每日现金收付是否有误。

借、贷方分设的多栏式现金日记账的登记方法：先根据有关现金收入业务的记账凭证登记现金收入日记账，根据有关现金支出业务的记账凭证登记现金支出日记账，每日营业终了，根据现金支出日记账结计的支出合计数，一笔转入现金收入日记账的"支出合计"栏中，并结出当日余额。

2. 银行存款日记账的格式和登记方法

银行存款日记账是用来核算和监督银行存款每日的收入、支出和结余情况的账簿。银行存款日记账应按企业在银行开立的账户和币种分别设置，每个银行账户设置一本日记账。其三栏式格式见表9-4。

银行存款日记账的格式和登记方法与现金日记账相同。

表 9-4　银行存款日记账(三栏式)
(××企业)

20××年		凭证号数		摘要	结算凭证		对方科目	收入(元)	付出(元)	余额(元)
月	日	收款	付款		种类	号数				
7	1			月初余额						45 000
7	1		银付1	支付购买材料款		略	材料采购		2 000	43 000
7	1	银收1		销售产品			主营业务收入	10 000		53 000
				......						
7	31			本月发生额及余额				160 000	175 000	30 000

银行存款日记账应定期与银行对账单核对。月份终了，单位银行存款账面余额与开户银行存款余额如果有差额，应逐笔查明原因，并按月编制"银行存款余额调节表"。

(三) 分类账的格式和登记方法

1. 总分类账的格式及登记方法

总分类账是按照总分类账户分类登记以提供总括会计信息的账簿。总分类账最常用的格式为三栏式，设置借方、贷方和余额三个基本金额栏目。其格式见表9-5。

总分类账可以根据记账凭证逐笔登记，也可以根据经过汇总的科目汇总表或汇总记账凭证等登记。

2. 明细分类账的格式和登记方法

明细分类账是根据二级账户或明细账户开设账页，分类、连续地登记经济业务，以提供明细核算资料的账簿，其格式有三栏式、多栏式、数量金额式和横线登记式(或称平行式)等多种。

表 9-5　原材料总分类账

账户名称：原材料　　　　　　　　　　　　　　　　　　　　　　　　　　　元

20××年		凭证		摘要	借方	贷方	借或贷	余额
月	日	种类	号数					
8	1			月初余额			借	35 000
	3	银付	2	购入材料	20 000		借	55 000
	4	转	4	领用材料		15 000	借	40 000
				……				
8	31			本月发生额及余额	65 000	70 000	借	30 000

(1) 三栏式明细分类账。三栏式明细分类账是设有借方、贷方和余额三个栏目，用以分类核算各项经济业务，提供详细核算资料的账簿，其格式与三栏式总账格式相同，适用于只进行金额核算的账户。其具体格式见表 9-6。

表 9-6　应付账款明细账

单位名称：远景公司　　　　　　　　　　　　　　　　　　　　　　　　　元

20××年		凭证		摘要	借方	贷方	借或贷	余额
月	日	种类	号数					
8	1			月初余额			贷	4 000
	7	转	11	购料欠款		1 500	贷	5 500
	19	银付	15	还款	3 500		贷	2 000
8	31			本月发生额及余额	3 500	1 500	贷	2 000

(2) 多栏式明细分类账。多栏式明细分类账是将属于同一个总账科目的各个明细科目合并在一张账页上进行登记，适用于成本费用类科目的明细核算。例如，"生产成本"、"制造费用"、"管理费用"、"财务费用"、"销售费用"等明细账，通常采用借方多栏式格式，其具体格式见表 9-7。

表 9-7　生产成本明细账

产品名称：　　　　　　　　　　(××企业)　　　　　　　　　　　　　　元

20××年		凭证号	摘要	借方					借方余额
月	日			直接材料	直接工资	其他直接工资	制造费用	合计	

(3) 数量金额式明细分类账。数量金额式明细分类账其借方(收入)、贷方(发出)和余额(结存)都分别设有数量、单价和金额三个专栏，适用于既要进行金额核算又要进行数量核算的账户。其格式见表 9-8。

表9-8　原材料明细账

类别：乙材料　　　　　　　　　　　　　　　　　存放地点：

名称与规格：

20××年		凭证号数	摘要	收　入			发　出			结　存		
月	日			数量(千克)	单价元/千克	金额(元)	数量(千克)	单价元/千克	金额(元)	数量(千克)	单价元/千克	金额(元)
7	1		结存							250	2	500
	17		收入	300	2	600				550	2	1 100
	21		发出				400	2	800	150	2	300

(4) 横线登记式明细分类账。横线登记式明细分类账是采用横线登记，即将每一相关的业务登记在一行，从而可依据每一行各个栏目的登记是否齐全来判断该项业务的进展情况。该明细分类账适用于登记材料采购业务、应收票据和一次性备用金业务。

不同类型经济业务的明细分类账可根据管理需要，依据记账凭证、原始凭证或汇总原始凭证逐日、逐笔或定期汇总登记。固定资产、债权、债务等明细账应逐日、逐笔登记；库存商品、原材料、产成品收发明细账以及收入、费用明细账可以逐笔登记，也可定期汇总登记。

第三节　登记账簿的规则

一、账簿启用规则

新的会计年度开始，各单位应启用新的会计账簿。为保证账簿记录的合法性，明确相关记账人员的责任，在启用账簿时，会计人员应遵守以下规则：

(1) 设置账簿的封面和封底。除订本账不另设封面以外，各种活页账都应设置封面和封底，并登记单位名称、账簿名称和所属会计年度。

(2) 登记账簿启用及经管人员一览表(其格式见表 9-9)。在启用新会计账簿时，应首先填写在扉页上印制的"账簿启用及交接表"中的启用说明，其中包括单位名称、账簿名称、账簿编号、起止日期、单位负责人、主管会计、审计人员和记账人员等项目，并加盖单位公章。在会计人员发生变更时，应办理交接手续并填写"账簿启用及交接表"中的交接说明。

(3) 填写账户目录。总账应按照会计科目的编号顺序填写科目名称及启用页码。在启用活页式明细分类账时，应按照所属会计科目填写科目名称和页码，在年度结账后，撤去空白账页，填写使用页码。

(4) 粘贴印花税票。印花税票应粘贴在账簿的右上角，并且划线注销。在使用缴款书缴纳印花税时，应在右上角注明"印花税已缴"及缴款金额。

表 9-9　账簿启用和经管人员一览表

单位名称		代码		单位公章及财务章		贴印花处
账簿名称						
账簿编号	字第　号第　册共　册					
账簿页码	本账簿共计　页					
启用日期	年　月　日					
财务负责人		启用人				
经营人员	接交人		移交人		财务负责人	
姓名	盖章	年	月	日	年	月	日	姓名	盖章

二、账簿登记规则

为了确保账簿记录的正确、规范，会计人员在登记账簿时必须遵守下列规则：

(1) 准确完整。登记会计账簿时，应当将会计凭证日期、编号、业务内容摘要、金额和其他有关资料逐项记入账内，做到数字准确、摘要清楚、登记及时、字迹工整。每一项会计事项，一方面要记入有关的总账，另一方面要记入该总账所属的明细账。账簿记录中的日期，应该填写记账凭证上的日期；以自制的原始凭证，如收料单、领料单等，作为记账依据的，账簿记录中的日期应按有关自制凭证上的日期填列。登记账簿要及时，但对各种账簿的登记间隔应该多长，一般要看本单位所采用的具体会计核算形式而定。

(2) 注明记账符号。登记完毕后，要在记账凭证上签名或者盖章，并注明已经登账的符号，表示已经记账。在记账凭证上设有专门的栏目供注明记账的符号，以免发生重记或漏记。

(3) 文字和数字必须整洁清晰，准确无误。在登记书写时，不要滥造简化字，不得使用同音异义字，不得写怪字体；摘要文字紧靠左线；数字要写在金额栏内，不得越格错位、参差不齐；文字、数字字体大小适中，紧靠下线书写，上面要留有适当空距，一般应占格宽的1/2，以备按规定的方法改错。记录金额时，如为没有角、分的整数，应分别在角、分栏内写上"0"，不得省略不写，或以"—"号代替。阿拉伯数字一般可自左向右适当倾斜，以使账簿记录整齐、清晰。为防止字迹模糊，墨迹未干时不要翻动账页；夏天记账时，可在手臂下垫一块软质布或纸板等书写，以防汗浸。

(4) 正常记账使用蓝黑墨水。登记账簿要用蓝黑墨水或者碳素墨水笔书写，不得使用圆珠笔(银行的复写账簿除外)或者铅笔书写。在会计的记账书写中，数字的颜色是重要的语素之一，它同数字和文字一起传达出会计信息。如同数字和文字错误会表达错误的信息一样，书写墨水的颜色用错了，其导致的概念混乱也不亚于数字和文字错误。

(5) 特殊记账使用红墨水。下列情况可以用红色墨水笔进行记账：

① 按照红字冲账的记账凭证，冲销错误记录；

② 在不设借贷等栏的多栏式账页中，登记减少数；

③ 在三栏式账户的余额栏前，如未印明余额方向的，在余额栏内登记负数余额；

④ 根据国家统一会计制度的规定可以用红字登记的其他会计记录。

在这几种情况下使用红色墨水记账是会计工作中的惯例。财政部会计司编辑的《会计制度补充规定及问题解答(第一辑)》，在解答"应缴税金——应缴增值税"明细账户的设置方法时，对使用红色墨水登记的情况作了一系列较为详尽的说明：在"进项税额"专栏中用红字登记退回所购货物应冲销的进项税额；在"已缴税金"专栏中用红字登记退回多交的增值税额；在"销项税额"专栏中用红字登记退回销售货物应冲销的销项税额；在"出口退税"专栏中用红字登记出口货物办理退税后发生退货或者退关而补交已退的税款。

(6) 顺序连续登记。各种账簿按页次顺序连续登记，不得跳行、隔页。如果发生跳行、隔页，更不得随便更换账页和撤出账页，作废的账页也要留在账簿中，如果发生跳行、隔页，应当将空行、空页划线注销，或者注明"此行空白"、"此页空白"字样，并由记账人员签名或者盖章。这对堵塞在账簿登记中可能出现的漏洞是十分必要的防范措施。

(7) 结出余额。凡需要结出余额的账户，结出余额后，应当在"借或贷"等栏内写明"借"或者"贷"等字样。没有余额的账户，应当在"借或贷"等栏内写"平"字，并在余额栏内用"0"表示。现金日记账和银行存款日记账必须逐日结出余额。一般说来，对于没有余额的账户，在余额栏内标注的"0"应当放在"元"位。

(8) 过次承前。每一账页登记完毕结转下页时，应当结出本页合计数及余额，写在本页最后一行和下页第一行有关栏内，并在摘要栏内注明"过次页"和"承前页"字样；也可以将本页合计数及金额只写在下页第一行有关栏内，并在摘要栏内注明"承前页"字样。也就是说，"过次页"和"承前页"的方法有两种：一是在本页最后一行内结出发生额合计数及余额，然后过次页并在次页第一行承前页；二是只在次页第一行承前页写出发生额合计数及余额，不在上页最后一行结出发生额合计数及余额后过次页。

(9) 登记发生错误时，必须按规定方法更正，严禁刮、擦、挖、补，或使用化学药物清除字迹。发现差错必须根据差错的具体情况采用划线更正、红字更正、补充登记等方法来进行更正。

(10) 定期打印。实行会计电算化的单位，总账和明细账应当定期打印；发生收款和付款业务的，在输入收款凭证和付款凭证的当天必须打印出现金日记账和银行存款日记账，并与库存现金核对无误。这是因为在以机器或其他磁性介质储存的状态下，各种资料或数据的直观性不强，而且信息处理的过程不明，不便于进行某些会计操作和进行内部或外部审计，对会计信息的安全性和完整性也不利。

第四节　错账的更正方法

账簿记录发生错误，不准涂改、挖补、刮擦或者用药水消除字迹，不准重新抄写，必须按下列方法更正。

一、划线更正法

在结账以前，如果发现账簿记录有错误，而记账凭证没有错误，仅属于记账时文字或数字上的笔误，应采用划线更正法。更正的方法：先将错误的文字或数字用一条红色横线划去，表示注销；再在划线的上方用蓝色或黑色字迹写上正确的文字或数字，并在划线处加盖更正人图章，以明确责任。但要注意划掉错误数字时，应将整笔数字划掉，不能只划掉其中一个或几个写错的数字，并保持被划去的字迹仍可清晰辨认。

如果是记账凭证正确，在进行登记账簿的过程中发生了相应的错误，这样就会导致账簿记录的错误问题，这种情况下，可以进行划线更正。我们在进行处理时，可以把错误的文字或是数字进行划线注销，这种做法要求可以对原来的字迹进行辨认处理，也可以在划线的上方正确填写相应的文字和数字，在更正以后，记账人员必须在更正的地方进行盖章处理，数字出现错误时，可以采用全部划红线的方法进行更正，只修改错误的数字是不正确的。如果是文字出现错误，可以划去相应的错误文字。

二、红字更正法

红字更正法是指由于记账凭证错误而使账簿记录发生错误，而用红字冲销原记账凭证，以更正账簿记录的一种方法。红字更正法适用于以下两种情况：

(1) 记账以后，如果发现账簿记录的错误，是因记账凭证中的应借、应贷会计科目或记账方向有错误而引起的，应用红字更正法进行更正。更正的方法：先用红字金额填写一张会计科目与原错误记账凭证完全相同的记账凭证，在"摘要"栏中写明"冲销错账"以及错误凭证的号数和日期，并据以用红字登入账，以冲销原来错误的账簿记录；然后，再用蓝字或黑字填写一张正确的记账凭证，在"摘要"栏中写明"更正错账"以及冲账凭证的号数和日期，并据以用蓝字或黑字登入账。

【例 9-1】 A 公司购入行政管理部门用办公用品 2700 元，货款用银行存款支付。在填制记账凭证时，误记入"现金"科目，并已据以登记入账，其错误记账凭证所反映的会计分录是：

借：管理费用　　　　　　　　　2700
　贷：现金　　　　　　　　　　　　　2700

该项业务的会计分录应贷记"银行存款"科目。在更正时，应用红字金额填制一张记账凭证冲销原会计分录，并据以登记入账，冲销原错误的账簿记录。

借：管理费用　　　　　　　　　2700
　贷：现金　　　　　　　　　　　　　2700

然后再用蓝字或黑字填制一张正确的记账凭证，并据以登记入账。

借：管理费用　　　　　　　　　2700
　贷：银行存款　　　　　　　　　　　2700

编制会计分录后，根据上述记账凭证登记账簿。

(2) 记账以后，如果发现记账凭证和账簿记录的金额有错误(所记金额大于应记的正确金额)，而应借、应贷的会计科目没有错误，应用红字更正法进行更正。更正的方法：将多记的金额用红字填制一张记账凭证，而应借、应贷会计科目与原错误记账凭证相同，在"摘要"栏写明"冲销多记金额"以及原错误记账凭证的号数和日期，并据以登记入账，以冲销多记的金额。

【例9-2】　B企业的生产车间领用一批工具，价值900元。在填制记账凭证时，误记金额为9000元，但会计科目、借贷方向均没有错误，并已据以登记入账。其错误记账凭证所反映的会计分录是：

　　　借：制造费用　　　　　　　　　　　　　　9000
　　　　贷：低值易耗品　　　　　　　　　　　　　　　　9000

更正时，应将多记的金额8100元用红字编制如下的记账凭证，并登记入账。

　　　借：制造费用　　　　　　　　　　　　　8100
　　　　贷：低值易耗品　　　　　　　　　　　　　　　8100

编制会计分录后，根据上述记账凭证登记账簿。

三、补充登记法

记账以后，如果发现记账凭证和账簿记录的金额有错误(所记金额小于应记的正确金额)，而应借、应贷的会计科目没有错误，应用补充登记法进行更正。更正的方法：将少记的金额用蓝字或黑字填制一张应借、应贷会计科目与原错误记账凭证相同的记账凭证，在"摘要"栏中写明"补充少记金额"以及原错误记账凭证的号数和日期，并据以登记入账，以补充少计的金额。

【例9-3】　C企业的生产车间领用一批工具，价值900元。在填制记账凭证时，误记金额为600元，但会计科目、借贷方向均没有错误，并已据以登记入账。其错误记账凭证所反映的会计分录是：

　　　借：制造费用　　　　　　　　　　　　600
　　　　贷：低值易耗品　　　　　　　　　　　　　600

使用补充登记法编制记账凭证如下：

　　　借：制造费用　　　　　　　　　　　　300
　　　　贷：低值易耗品　　　　　　　　　　　　　300

编制会计分录后，根据上述记账凭证登记账簿。

第五节　对账和结账

为了总结一定时期的经济活动情况，必须定期进行结账和对账工作，以考核单位的经营成果。在会计工作中，"记账"、"对账"和"结账"是三个相互联系、不可分割的工作环节，忽略了任何一个环节都不可能充分发挥账簿的作用。因此，如果把"登记账簿"作为会计的一种专门核算方法来看，则应当完整地把它理解为记账、对账和结账的统一。

一、对账

对账就是指在本期内对账簿记录进行核对。为了保证各种账簿记录的完整和正确，为编制会计报表提供真实可靠的数据资料，必须做好对账工作。对账包括账证核对、账账核对、账实核对。

1．账证核对

账证核对是指各种账簿的记录与有关会计凭证进行核对。这种核对主要是在日常编制记账凭证和记账过程中进行，核对账簿记录与凭证所记载的业务内容、金额和分录是否一致，如发现错误，则应及时进行更正，以保证账证相符。账证相符是保证账账相符和账实相符的基础。

2．账账核对

账账核对是指各种账簿之间的有关数字进行核对，做到账账相符。账账核对的主要内容包括：

(1) 总分类账各账户本月借方发生额合计数与贷方发生额合计数是否相等；期末借方余额合计数与贷方余额合计数是否相等，以检查总分类账户的登记是否正确。

(2) 各明细分类账的本期借、贷方发生额合计数及期末余额合计数与总分类账应该分别核对相符，以检查各明细分类账的登记是否正确。

(3) 现金日记账和银行存款日记账的本期借、贷方发生额合计数及期末余额合计数与总分类账应该分别核对相符，以检查日记账的登记是否正确。

(4) 会计部门有关财产物资的明细分类账结存数，应该与财产物资保管或使用部门的有关保管账的账存数核对相符，以检查双方记录是否正确。

3．账实核对

账实核对是指各种财产物资的账面余额与实存数额相核对。具体内容包括：

(1) 现金日记账账面余额与实地盘点的库存现金实有数相核对；

(2) 银行存款日记账账面余额与开户银行账目(银行对账单)相核对；

(3) 各种财产物资明细分类账账面余额与其清查盘点后的实存数相核对；

(4) 各种应收、应付款明细分类账账面余额与有关债务、债权单位的账目相核对。账实核对一般是通过财产清查进行的。

二、结账

各个单位的经济活动是连续不断进行的，为了总结每一会计期间(月份、季度、年度)的经济活动情况，考核经营成果，编制会计报表，就必须在每一会计期末进行结账。结账是指在将本期内所发生的经济业务全部登记入账的基础上，于会计期末按照规定的方法结算账目，包括本期发生额和期末余额。

1．结账的主要程序和内容

(1) 结账前，必须将本期内发生的各项经济业务全部登记入账。

(2) 实行权责发生制的单位，按照权责发生制的要求，进行账项调整的账务处理，并在此基础上，进行其他有关转账业务的账务处理，以计算确定本期的成本、费用、收入和利润。需要说明的是，不能为了赶编报表而提前结账，也不能将本期发生的经济业务延至下期登账，或者先编会计报表后结账。

(3) 结账时，应结出现金日记账、银行存款日记账以及总分类账和明细分类账各账户的本期发生额和期末余额，并将期末余额结转下期。

2．结账的方法

计算登记各种账簿本期发生额和期末余额的工作，一般是按月进行，称为月结；有的账目还应按季结算，称为季结；年度终了，还应进行年终结账，称为年结。期末结账主要采用划线结账法。也就是期末结出各账户的本期发生额和期末余额后，加以划线标记，将期末余额结转下期。结账时，不同的账户记录应分别采用不同的方法：

(1) 月结。每月结账时，应在各账户本月份最后一笔记录下面划一条通栏红线，表示本月结束；然后，在红线下面结出本月发生额和月末余额，如果没有余额，在余额栏内写上"平"或"0"符号。同时，在摘要栏内注明"本月合计"或"×月份发生额及余额"字样，最后，再在下面划一条通栏红线，表示完成月结工作。

(2) 季结。季结的结账方法与月结基本相同，但在摘要栏内注明"本季合计"或"第×季度发生额及余额"字样。

(3) 年结。办理年结时，应在 12 月份月结下面(需办理季结的，应在第四季度的季结下面)结算填列全年 12 个月的月结发生额和年末余额，如果没有余额，在余额栏内写上"平"或"0"符号，并在摘要栏内注明"本年合计"或"年度发生额及余额"字样；然后，将年初借(贷)方余额抄列于下一行的借(贷)方栏内，并在摘要栏内注明"年初余额"字样，同时将年末借(贷)方余额再列入下一行的贷(借)方栏内，在摘要栏内注明"结转下年"字样；最后，分别加计借贷方合计数，并在合计数下面划通栏双红线表示封账，完成了年结工作。需要更换新账的，应在新账有关账户的第一行摘要栏内注明"上年结转"或"年初余额"字样，并将上年的年末余额以相同方向记入新账中的余额栏内。

(4) 总账账户平时只需结出月末余额，不需要结计本月发生额。年终结账时，为了反映全年各项资金运动情况的全貌，在核对账目时，要将所有总账账户结出全年发生额和年末余额，在摘要栏内注明"本年合计"字样，并在合计数下划通栏双红线。

年度终了时，有余额的账户，要将其余额结转下年。结转的方法是将有余额的账户的余额直接记入新账户的余额栏内，并在摘要栏内注明"结转下年"的字样，在次年新帐第一行余额栏内注明"上年结转"的字样，不需要编制记账凭证，也不需要将余额再记入本年账户的借方或贷方，使本年有余额的账户的余额变为零。

年终结账后，总账、日记账和绝大多数明细账应当更换新账。有些明细账，如固定资产明细账(卡)等可以连续使用，不必每年更换。

三、账簿的保管

各种账簿同会计凭证及会计报表一样，都是重要的经济档案，必须按照《会计档案管理办法》的规定保存，不得丢失和任意销毁，以保证账簿的安全和会计资料的完整。保管期满后，由财会部门和档案部门共同鉴定，按照规定的审批程序报经批准以后，再予以销毁。

如前所述，会计档案的保管，既要做到安全完整，又要保证在需要的时候能从账簿中迅速查到所需要的资料。为此，会计人员必须在年度结束后，将各种活页账簿连同"账簿启用和经管人员一览表"装订成册，加上封面，统一编号，与各种订本式账簿一起归档保管。

思 考 题

1. 什么是账簿？它在会计核算中有哪些意义？
2. 账簿按用途分类，可分为哪几类？
3. 订本式账簿、活页式账簿和卡片式账簿各有什么利弊？
4. 总分类账、库存现金日记账和材料明细分类账各应采用什么账簿？
5. 简述各种错账更正方式的适用性。

第十章　财　产　清　查

第一节　财产清查概述

一、财产清查的概念及意义

(一) 财产清查的概念及原因

财产清查是对各项财产、物资进行实地盘点和核对，查明财产物资、货币资金和结算款项的实有数额，确定其账面结存数额和实际结存数额是否一致，以保证账实相符的一种会计专门方法。财产清查是内部牵制制度的一个部分，其目的在于定期确定内部牵制制度执行是否有效。在企业日常工作中，在考虑成本、效益的前提下，可选择范围适宜、时机恰当的财产清查。也就是说，可按照财产清查实施的范围、时间间隔等把财产清查适当地进行分类。

在实际工作中，企业可能会由于各种原因使各项财产的账存数与实存数之间发生差异，造成账实不符。一般来说，造成账实不符的原因主要有以下几个方面：

(1) 在收发财产物资时，由于计量、检验不准确而发生品种、数量或质量上的差错。

(2) 在凭证和账簿中，出现漏记、重记、错记或计算上的错误。

(3) 财产物资在保管过程中发生了自然损耗。

(4) 由于结算凭证传递不及时而造成了未达账项。

(5) 由于管理不善或工作人员失职而发生了财产物资的损坏、变质或短缺。

(6) 由于不法分子的营私舞弊、贪污盗窃而发生的财产物资损失。

(7) 由于自然灾害或意外事故而造成的财产物资损失等。

上述各种原因中，有些是可以避免的，有些则是难以避免的。不论是何种原因造成的账实不符，都会影响会计核算的质量。因此，为了掌握各项物资的真实情况，保证会计核算资料的准确可靠，必须在账簿记录的基础上，运用财产清查这一专门方法，对各项财产物资进行定期或不定期的盘点或核对，查明账实不符的原因，及时调整账面记录，保证账实相符。

(二) 财产清查的意义

(1) 有利于保证会计核算资料的真实、可靠。通过财产清查，可以确定各项财产物资的实用数，将实存数与账存数进行对比，确定各项财产的盘盈、盘亏，并及时调整账簿记录，做到账实相符，以保证账簿记录的真实、可靠，提高会计信息的质量。

(2) 有利于提高财产物资的使用效果。通过财产清查，可以揭示各项财产物资的使用情况，改善经营管理，挖掘各项财产物资的潜力，加速资金周转，提高财产物资的使用效果。

(3) 有利于保证各项财产物资的安全完整。通过财产清查，可以查明各项财产物资的储备和保管情况以及各种责任制度的建立和执行情况，揭示各项财经制度和结算纪律的遵守情况，促使财产物资保管人员加强责任感，保证各项财产物资的安全完整，促使经办人员自觉遵守财经制度和结算纪律，及时结清债权债务，避免发生坏账损失。

二、财产清查的种类

财产清查可以按照不同的标志进行分类，主要有按照清查对象的范围和时间分为两种。

(一) 按财产清查的范围不同分类

1. 全面清查

全面清查是指对全部财产进行盘点和核对，包括属于本单位和存放在本单位的所有财产物资、货币资金和各项债权债务。

1) 全面清查的对象

(1) 货币资金，包括库存现金、银行存款、其他货币资金等。

(2) 财产物资，包括在本单位的所有固定资产、库存商品、原材料、包装物、低值易耗品、在产品、未完工程等；属于本单位但在途中的各种在途物资；委托其他单位加工、保管的材料物资；存放在本单位的代销商品、材料物资等。

(3) 债权债务，包括各项应收款项、应付和应交款项及银行借款等。

2) 全面清查的适用情形

通过全面清查，可以准确地掌握本单位各项财产物资、货币资金、债权债务等的真实情况；但全面清查内容多，范围广，参加的人多，花费的时间长，一般适用以下几种情况：

(1) 决算前，为确保年终决算会计资料真实、正确，需进行全面清查。

(2) 撤销、合并或改变隶属关系前，中外合资、国内联营前，以及企业实行股份制改造前，为了明确经济责任，需要进行全面清查。

(3) 全面清产核资、资产评估等活动，为了摸清家底，准确地核定资产，需进行全面清查。

(4) 主要负责人调离工作前。单位负责人是指单位法定代表人或法律、行政法规规定代表单位行使职权的主要负责人，按《会计法》规定其对本单位的会计工作和会计资料的真实性、完整性负责。单位负责人在调离工作前需进行离任审计，其中包括全面经济责任审计，为此需进行全面清查。

2. 局部清查

局部清查，是指根据需要对一部分财产进行的清查，其清查的主要对象是流动性较大的财产。局部清查范围小，涉及人员少，但专业性较强。一般包括以下内容：

(1) 库存现金，出纳人员应于每日业务终了时清查核对。

(2) 银行存款，出纳人员每月至少应同银行核对一次。

(3) 库存商品、原材料、包装物等，年内应轮流盘点或重点抽查。对各种贵重物资，每月应盘点一次。

(4) 债权债务，每年至少应同对方核对一至两次。

(二) 按财产清查的时间不同分类

财产清查按照清查时间是否事先有计划，可分为定期清查和不定期清查。

1. 定期清查

定期清查是指根据事先计划或管理制度规定的时间安排对财产所进行的清查。这种清查对象的范围，可以是全面清查，也可以是局部清查。例如，在年末、季末、月末结账前定期进行财产清查，可以在编制会计报表前对于所发现的账实不符的情况，调整有关账簿记录，使账实相符，从而保证会计报表资料的客观真实性。

2. 不定期清查

不定期清查是指事先没有安排计划，而是根据需要所进行的临时性清查。这种清查一般适用以下几种情况：

(1) 更换财产物资、库存现金保管人员，为了分清经济责任，要对其所保管财产物资、库存现金进行清查。

(2) 发生自然灾害或意外损失，为了查明损失情况，要对受损财产物资进行清查。

(3) 有关财政、审计、银行等部门对本单位进行会计检查，为了验证会计资料的可靠性，要按检查的要求和范围进行清查。

(4) 进行临时性清产核资，对某些要求清查的资产进行清查。

企业在编制年度财务报告前，应当全面清查财产、核实债务。各单位应当定期将会计账簿记录与实务、款项及有关资料相互进行核对，以保证会计账簿记录与实物及款项的实有数额相符。

三、财产清查的一般程序

财产清查是一项涉及面较广、工作量较大，既复杂又细致的工作，因此，必须要有计划、有组织地进行。财产清查的一般程序有：

(1) 成立财产清查小组；

(2) 组织清查人员学习相关规定，掌握有关业务知识；

(3) 确定清查对象、范围，明确清查任务；

(4) 制定清查方案，具体安排清查内容、时间、步骤、方法，校准好度量衡器，做好必要的清查前准备；

(5) 清查时本着先清查数量、核对有关账簿记录等，后认定质量的原则进行；

(6) 填制盘存清单；

(7) 根据盘存清单填制实物、往来账项清查结果报告表。

第二节 财产清查的基本方法

一、货币资金的清查方法

(一) 库存现金的清查

清查库存现金采用实地盘点的方法，确定实有库存现金的数额，然后与现金日记账的账面余额核对，查明账款是否相符以及盈亏情况。库存现金盘点时，出纳人员必须在场；在清查过程中不能用不具法律效力的借条、收据充抵库存现金(即不允许"白条抵充库存")。盘点后，应根据库存现金盘点结果，编制"库存现金盘点报告表"，并由盘点人员和出纳员签章。"库存现金盘点报告表"兼有"盘存单"和"实存账存对比表"的作用，是反映库存现金实有数和调整账簿记录的原始凭证。其一般格式如表 10-1 所示。

表 10-1　库存现金盘点报告表

单位名称：　　　　　　　　　　　　　　　　年　　月　　日

实存金额	账存金额	对比结果		备 注
		盘 盈	盘 亏	

盘点人：(签章)　　　　　　　　　　　　　　　　　　　出纳员：(签章)

(二) 银行存款的清查

银行存款的清查是通过将银行存款日记账与开户银行转来的对账单进行核对，以查明银行存款的实有数额。银行存款日记账与开户银行转来的对账单不一致的原因有两个方面：一是双方或一方记账有错误；二是存在未达账项。对于未达账项，应通过编制银行存款余额调节表进行调整。

二、实物资产的清查方法

财产清查首先要查清各项财产的实存数量和金额，确定其账存数量和金额，然后再将两者进行比较，即可查明实存数与其账存数是否相符。财产清查的一般方法，是指清查财产的实存数量和金额的方法。清查财产物资的实存数量，是指对固定资产、材料、库存商品、在产品、包装物等实物资产，在数量和质量上所进行的清查。不同品种的财产物资，由于实物形态、体积、重量、堆放方式不同，应采用不同的清查方法。一般采用实地盘点法和技术推算盘点法两种。

(1) 实地盘点法，是指在财产物资存放现场逐一清点数量或用计量仪器确定其实存数的一种方法。这种方法适用于容易清点或计量的财产物资，也适用于库存现金等货币资金的清查。它适用范围较广，要求严格，数字准确可靠，清查质量高，但工作量大，要求事先按财产物资的实物形态进行科学的码放。

(2) 技术推算法，是指利用技术方法推算财产物资实存数的方法。主要针对大量成堆而难以逐一清点的财产物资使用，例如，露天存放的煤、矿石等的实存数量可以采用这种方法。在清查过程中，还要检查财产物资的质量，了解其储存、利用情况，以及在收发、保管等方面是否存在问题。

三、往来款项的清查方法

往来款项的清查一般采用发函询证的方法进行核对。具体步骤：在检查本单位各项往来结算账目正确、完整的基础上，按每一个经济往来单位填制"往来款项对账单"一式两联，其中一联送交对方单位核对账目，另一联作为回联单。对方单位经过核对相符后，在回联单上加盖公章退回，表示已核对；如有数字不符，对方单位应在对账单中注明情况退回本单位。本单位进一步查明原因，再行核对，将清查结果编制"往来款项清查报告单"并填入各项债权、债务的余额；对于有争执的款项以及无法收回的款项，应在报告单上详细列明情况，以便及时采取措施进行处理，避免或减少坏账损失。"往来款项对账单"、"往来款项清查报告单"的一般格式如表 10-2、10-3 所示。

表 10-2　往来款项对账单

往来款项对账单(对账联)

××单位：

　　贵单位于 2010 年 8 月 18 日购入我单位 A 产品 2 000 件，单价 30 元，已付货款 40 000 元，尚有 20 000 元未付，请核对后将回执单寄回。

清查单位(盖章)
2010 年 12 月 25 日

往来对账单(回执联)

××清查单位：

　　贵单位寄来的往来款项对账单已收到，经核对无误。

清查单位(盖章)
2010 年 12 月 25 日

表 10-3　往来款项清查报告单

单位名称：　　　　　　　年　　月　　日

总分类账户		明细分类账户		发生日期	清查结果		差异原因及金额			备注
名称	金额	名称	金额		相符金额	不符金额	未达账项	有争议款项	无法收回款项	

清查人员：(签章)　　　　　　　　　　　　　经管人员：(签章)

第三节 财产清查结果的处理

一、财产清查结果处理的基本要求

经过财产清查之后，发现了盘盈、盘亏的差异，应及时进行处理。财产清查结果处理的基本要求主要有：

(1) 分析产生差异的原因和差异的性质，提出处理建议。在财产清查结束后，清查小组的人员应认真分析差异产生的原因和差异的性质，形成文字报告，并提出处理建议。一般来说，财产盘盈多是由于财物收发过程中的失误造成的，对于流动资产盘盈一般应冲减管理费用，固定资产盘盈一般应计入营业外收入。造成财产盘亏的原因很多，如定额内合理损耗、偷盗损失、自然灾害损失等，应分清原因分别处理。对于定额内合理损耗应计入管理费用，偷盗损失应找出责任人由责任人赔偿，自然灾害等非正常损失应计入营业外支出。

(2) 积极处理多余积压财产，清理往来款项。在财产清查中，会明确企业存在的积压财产和长期挂账的往来款项。积压财产和被拖欠的款项都是企业资金的占用形态，意味着企业的资金有相应的部分没有有效地运转并给企业带来效益，会在一定程度上降低企业资金利润率。因此，在财产清查后，应及时而积极地处理多余积压财产，清理往来款项，以减少资金不必要的占用，提高资金利用效率。

(3) 总结经验教训，建立、健全各项管理制度。在财产清查中，会发现企业在管理中存在的种种问题，这些问题大多数都是由于企业的各项管理制度不完善或管理制度没有得到严格执行造成的，因此，在总结了财产清查发现的问题后，企业的管理部门应及时建立、健全各项规章制度，以防止相同的问题再次发生。所以说财产清查对健全管理制度有促进作用。

(4) 及时调整账簿记录，保证账实相符。财产清查是为了检查企业的财产物资是否账实相符，在发现财产物资的盘盈和盘亏后，应按照一定的程序报请企业领导部门的批准，在得到批准的情况下调整账簿记录，以保证账实相符，使会计资料符合实际情况。

二、财产清查结果处理的步骤

1. 审批之前的处理

财产清查结束后，企业根据"清查结果报告表"、"盘点报告表"等已经查实的数据资料，编制记账凭证，记入有关账簿，使账簿记录与实际盘存数相符。但对于应收而收不回的应收款项、应付而无法支付的应付款项，在批准前不做调整账簿记录，待批准后再作处理。在做好上述账簿调整工作后，同时根据企业的管理权限，将财产清查结果及处理建议报送股东大会或董事会，或经理(厂长)会议或类似机构批准；同时，对于发生的财产损失应及时向主管税务机关申请备案确认。

为了反映财产清查的盘盈和盘亏情况，企业会计上应设置"待处理财产损溢"账户，借方登记财产的盘亏、毁损数额以及盘盈的转销数字，贷方登记财产的盘盈数额以及盘亏的转销数。如果月末为借方余额，表示尚未处理的财产物资的净损失数；如果为贷方余额，表示尚未处理的各项财产物资的净溢余数字(符合小企业标准的小企业按照《小企业会计制度》的规定不设置"待处理财产损溢"账户，对清查结果直接进行处理)。

【例 10-1】 企业的财产清查中发现甲商品溢余 50 件，每件 20 元，乙商品盘亏 100 公斤，每公斤 30 元。应作会计分录：

盘盈甲商品时：借：库存商品——甲商品　　　　　　　1 000

　　　　　　　　　贷：待处理财产损溢　　　　　　　　　1 000

盘亏乙商品时：借：待处理财产损溢　　　　　　　　　3 000

　　　　　　　　　贷：库存商品——乙商品　　　　　　　3 000

2. 审批之后的处理

在财产清查结果及处理建议报送股东大会或董事会，或经理(厂长)会议或类似机构批准后，根据上述机构审批的意见，应进行差异处理，调整账项。以存货为例，发生盘盈时，应冲减"管理费用"科目；发生盘亏和毁损时，应根据不同的原因作出不同的处理。若属于一般经营性损失或定额内损失，则应记入"管理费用"科目；若属于非常损失，则应记入"营业外支出"科目。同时，按盘亏和毁损的总金额贷记"待处理财产损溢"科目。

【例 10-2】 题目内容同例 10-1。经检查发现，盘盈的甲商品为收发计量差错，盘亏的乙商品为定额内损失，因此应作以下会计处理：

借：管理费用　　　　　　　　　　　　2 000

　　贷：待处理财产损溢　　　　　　　　2 000

思 考 题

1. 财产清查有何作用？
2. 财产清查的盘存制度有哪两种？它们有什么优缺点？
3. 什么是未达账项？它有哪几种不同的情况？
4. 发出存货有哪些计价方法？

练 习 题

1. 某企业 2012 年 6 月末，银行存款日记账余额为 4 200 元，银行对账单的余额为 6 000 元，经双方核对查明，由以下未达账项所致：

(1) 企业 6 月 25 日从其他单位收到转账支票一张计 1 000 元，企业已作为存款的增加，银行尚未入账。

(2) 企业 6 月 28 日开出转账支票支付木材款 2 900 元，企业已作为存款的减少，收款单位尚未到银行办理转账。

(3) 银行于 6 月 29 日收到某公司汇给企业的销货款 1 000 元，银行已作为企业存款的增加，企业尚未收到转账通知。

(4) 企业于 6 月 30 日计扣借款利息 1 100 元,企业尚未收到付款通知,未入账。

请编制银行存款余额调节表,并加以说明。

2．某公司在财产清查中盘盈 A 材料 2 000 千克,实际单位成本为 120 元,经查明属于材料收发计量方面的错误(不考虑增值税)。请作批准处理前和批准处理后的会计处理。

3．2012 年 12 月 31 日,乙企业对 P 原材料进行盘点,发现盘亏原材料 300 千克,实际单位成本 2 元,转出增值税进项税额 102 元。经查属于当年夏天雷击造成的毁损。其中,应由保管员王某赔偿 160 元;属于保险公司责任范围,应由保险公司赔偿 350 元;其余 192 元记入营业外支出。请作出会计处理。

第十一章 财务报告分析

第一节 财务报告概述

一、财务报告的含义

财务报告，是指企业对外提供的反映企业某一特定日期的财务状况和某一会计期间的经营成果、现金流量等会计信息的文件，是反映企业管理层受托责任履行情况的书面报告。

企业财务报告应当包括会计报表及其附注和其他应当在财务报告中披露的相关信息和资料。其中，会计报表包括资产负债表、利润表、现金流量表和所有者权益(或股东权益)变动表。会计报表是企业财务报告的主要组成部分。

财务报告分为年度和中期。中期是指短于一个完整的会计年度的报告期间，包括半年度、季度和月度。季度、月度财务报告通常仅指会计报表，小企业编制的会计报表可以不包括现金流量表和所有者权益变动表。年度、半年度财务报告应当是完整的财务报告，即至少包括会计报表、会计报表附注和其他应当披露的会计信息和资料。

会计报表附注是财务报告的重要组成部分，是对在会计报表中列示的主要项目所作的进一步说明，以及对未能在这些报表中列示的项目的解释，如企业的基本情况、财务报告的编制基础和编制依据、重要会计政策以及会计估计的说明等内容。

二、编制财务报告的意义

(1) 有助于企业管理层改善经营管理。企业经营管理者可以通过财务报告了解企业的资产结构、资本结构、偿债能力和盈利能力，及时掌握准确、完整的财务会计信息，并可以通过财务报告改进经营管理工作，提高管理水平，还可以通过财务报告预测经济前景，并进行经营决策。

(2) 有助于投资者进行合理的决策。投资者非常关心投资报酬和投资风险，而投资者可以通过财务报告在投资前了解企业的财务状况和经营情况，以便作出正确的投资决策；并可以在投资后更加深入地了解企业的经营成果、资金使用状况等资料，从而提高投资的报酬和降低投资的风险。

(3) 有助于债权人进行投资决策。债权人十分关心债权能否按时予以收回，而债权人可以通过财务报告了解企业的资金运转情况、偿债能力和现金支付能力，决定是否提供或保持信贷、供货和融资等行为。

(4) 有助于政府主管部门对企业进行经济监督。政府主管部门可以通过财务报告了解企业的资金使用情况、成本计算情况、利润的形成和分配情况以及税金的计算和解缴情况；检查企业遵守财经法纪的情况，从而对企业实施管理和监督；制定经济政策，加强宏观调控，发挥政府在市场经济优化资源配置中的补充作用。

三、财务报告的分类

1．按反映的经济内容分类

按照所反映的经济内容不同，企业的财务报告可分为以下五种：

(1) 资产负债表，即反映企业在某一特定日期的财务状况的会计报表。

(2) 利润表，即反映企业在一定会计期间的经营成果的会计报表。

(3) 现金流量表，即反映企业在一定会计期间的现金和现金等价物流入和流出的会计报表。

(4) 所有者权益变动表，即反映企业构成所有者权益的各组成部分当期增减变动情况的会计报表。

(5) 附注，即对在资产负债表、利润表、现金流量表和所有者权益变动表等报表中列示项目的文字描述或明细资料，以及对未能在这些报表中列示项目的说明等。

附注一般应当披露如下信息：

① 财务报表编制基础。

② 遵循企业会计准则的声明。

③ 重要会计政策的说明，包括财务报表项目的计量基础和会计政策的确定依据等。

④ 重要会计估计的说明，包括下一会计期间内很可能导致资产、负债账面价值重大调整的会计估计的确定依据等。

⑤ 会计政策和会计估计变更以及差错更正的说明。

⑥ 对已在资产负债表、利润表、现金流量表和所有者权益变动表中列示的重要项目的进一步说明，包括终止经营税后利润的金额及其构成情况等。

⑦ 或有事项和承诺事项、资产负债表日后非调整事项、关联方关系及其交易等需要说明的事项。

下列各项未在财务报表中公布的信息，也应在附注中予以披露：企业注册地、组织形式和总部地址；企业的业务性质和主要经营活动；母公司以及集团最终母公司的名称。

2．按报送对象分类

财务报告按照所报送对象的不同，可以分为对外财务报告和对内财务报告。

(1) 对外财务报告，是指按照会计准则和国家统一会计制度规定专门为投资人、债权人、政府部门等企业外部报表使用者提供的报表，如资产负债表、利润表和现金流量表。

(2) 对内财务报告，是指各单位根据本单位的经营特点和管理要求自行规定、设计，专门为企业内部职能部门和管理者报送的报表，主要包括成本报表及有关附表、计划等。

3．按编制主体分类

财务报告按照编制主体的不同，可以分为个别财务报告和合并财务报告。

(1) 个别财务报告，是指独立核算的单位，根据本企业核算资料和其他资料所编制的只反映本单位的财务状况及其经营成果的财务报告。

(2) 合并财务报告，是指对外投资的企业，当其投资总额占被投资企业资本总额的50%以上的情况下，将投资企业与被投资企业视为一个会计主体，将双方的有关经济指标合并在一起，由投资企业所编制的财务报告。合并财务报告所反映的是投资企业与被投资企业共同的财务状况和经营成果，一般只编制对外财务报告。

4．按反映资金运动状态分类

财务报告按照反映资金运动状态的不同，可以分为静态财务报告和动态财务报告。

(1) 静态财务报告，是指反映企业资金运动处于某一相对静止状态的财务报告，如资产负债表等。

(2) 动态财务报告，是指反映企业资金处于运动状态的财务报告，如利润表、现金流量表和所有者权益变动表。

四、财务报告的编制程序

为了保证财务报告数据的真实、可靠和完整，使报表使用者及时掌握情况，作出正确的决策，财务报告应按照国家统一的会计制度规定的编制基础、编制程序和编制方法科学编制。

1．按期结账

企业应将当期发生并完成的经济业务全部登记入账并保证正确无误。按照权责发生制原则调整和结转有关账项，将应记入本期损益的收入和费用，通过编制调整会计分录记入本期，为编制财务报告提供正确的核算资料。

2．认真对账

在编制财务报表之前，对于各种账簿记录应进行认真审查核对，做到账证相符、账账相符；对于本单位和其他单位之间的往来账项也要进行清理核对；认真组织财产清查，做到账实相符。同时，各单位应当定期将会计账簿记录的账存数字与库存实物、货币资金、有价证券、往来单位和个人等进行相互核对，以保证账证相符、账账相符、账实相符。对账工作每年至少进行一次。

3．试算平衡

在结账、对账及财产清查的基础上，企业应通过编制总分类账户本期发生额试算平衡表以检验账目有无错漏，为财务报表提供准确可靠的数据基础。

4．编制财务报告

按照企业会计准则和国家统一会计制度规定的方法，将准确无误的日常核算会计资料编制为报表形式，最终形成合法、完整、准确的财务报告信息。

五、财务报告的编制要求

为了满足财务报告使用者的需要，充分发挥财务报告的作用，在编制财务报告时，企业应当按照国家统一的会计制度规定的会计报表格式和内容，根据登记完整、核对无误的会计账簿和其他相关资料编制会计报表。编制时必须严格遵守以下基本要求：

1．数据真实

财务报告中所提供的数据必须真实、可靠、完整，以保证财务报告的真实性。因此，财务报告中各项目数字必须以报告期日常会计账簿的实际数字来填列，不能使用计划数、估计数来代替实际数，更不能篡改数据，弄虚作假。

2．内容完整

财务报告必须全面、系统地反映企业、单位的生产经营活动及其成果。企业应按照国家统一规定的报表种类、格式和内容编制财务报表，以保证其完整性。不得漏编、漏报报表内容，也不得漏编、漏报报表项目。

3．说明清楚

财务报告中需要加以说明的项目，应在附注中用简要的文字和数字加以说明，如对财务报表中主要指标的计算方法与构成，本报告期内经营范围变化、经营结构变更以及对本报告期经营成果影响较大的各种因素等都必须加以说明，便于阅读者理解和使用。

4．编报及时

财务报告信息具有很强的时效性，企业应及时报送，以便报表的使用者能够及时、有效地利用财务报告提供的资料。月度报告于月度终了后 6 天内(节假日顺延，下同)对外提供；季度报告于季度终了后 15 天内报出；半年度报告于年度中期结束后 60 天内报出；年度报告于年度终了后 4 个月内报出。及时编报财务报告，要求企业必须做好日常的会计核算工作，认真加强会计的监督职能，但不能为了赶编报表而提前结账，从而影响财务报告的质量。

5．手续完备

对外报送的财务报告应依次编定页数，加具封面，装订成册，并加盖公章。封面上应注明企业名称、企业统一代码、组织形式、地址、报表所属年度或者月份、报出日期，并由企业负责人和主管会计工作负责人、会计机构负责人(会计主管人员)签名并盖章；设置总会计师的企业，还应由总会计师签名并盖章；需要注册会计师行使监督验证职能的财务报告，还需要注册会计师签名并盖章。

第二节　资产负债表

一、资产负债表的概念和作用

资产负债表，是指反映企业在某一特定日期财务状况的报表。

通过提供资产负债表，可以反映企业在某一特定日期所拥有或控制的经济资源、所承担的现时义务和所有者对净资产的要求权，帮助财务报表使用者全面了解企业的财务状况、分析企业的偿债能力等情况，从而为其经济决策提供依据。

二、资产负债表的内容和结构

(一) 资产负债表的内容

资产负债表主要反映以下 3 个方面的内容。

1. 资产

资产负债表中的资产反映由过去的交易、事项形成并由企业在某一特定日期所拥有或控制的、预期会给企业带来经济利益的资源。资产应当按照流动资产和非流动资产两大类别在资产负债表中列示，在流动资产和非流动资产类别下进一步按性质分项列示。

流动资产，是指预计在一个正常营业周期中变现、出售或耗用，或者主要为交易目的而持有，或者预计在资产负债表日起一年内(含一年)变现的资产，或者自资产负债表日起一年内交换其他资产或清偿负债的能力不受限制的现金或现金等价物。资产负债表中列示的流动资产项目通常包括货币资金、交易性金融资产、应收票据、应收账款、预付款项、应收利息、应收股利、其他应收款、存货和一年内到期的非流动资产等。

非流动资产，是指流动资产以外的资产。资产负债表中列示的非流动资产项目通常包括长期股权投资、固定资产、在建工程、工程物资、固定资产清理、无形资产、开发支出、长期待摊费用及其他非流动资产等。

2. 负债

资产负债表中的负债反映在某一特定日期企业所承担的、预期会导致经济利益流出企业的现时义务。负债应当按照流动负债和非流动负债在资产负债表中进行列示，在流动负债和非流动负债类别下再进一步按性质分项列示。

流动负债，是指预计在一个正常营业周期中清偿，或者主要为交易目的而持有，或者自资产负债表日起一年内(含一年)到期应予以清偿，或者企业无权自主地将清偿推迟至资产负债表日后一年以上的负债。资产负债表中列示的流动负债项目通常包括短期借款、应付票据、应付账款、预收款项、应付职工薪酬、应交税费、应付利息、应付股利、其他应付款和一年内到期的非流动负债等。

非流动负债，是指流动负债以外的负债。非流动负债项目通常包括长期借款、应付债券和其他非流动负债等。

3. 所有者权益

资产负债表中的所有者权益是企业资产扣除负债后的剩余权益，反映企业在某一特定日期股东(投资者)拥有的净资产的总额。它一般按照实收资本(或股本)、资本公积、盈余公积和未分配利润分项列示。

(二) 资产负债表的结构

我国企业的资产负债表采用账户式结构。账户式资产负债表分左、右两方，左方为资产项目，大体按资产的流动性大小排列，流动性大的资产如"货币资金"、"交易性金融资产"等排在前面，流动性小的资产如"长期股权投资"、"固定资产"等排在后面；右方为负债及所有者权益项目，一般按要求清偿时间的先后顺序排列，"短期借款"、"应付票据"、"应付账款"等需要在一年以内或长于一年的一个正常营业周期内偿还的流动负债排在前面，"长期借款"等在一年以上才需偿还的非流动负债排在中间，在企业清算之前不需要偿还的所有者权益项目排在后面。

　　账户式资产负债表中的资产各项目的合计等于负债和所有者权益各项目的合计，即资产负债表左方和右方平衡。因此，通过账户式资产负债表可以反映资产、负债、所有者权益之间的内在关系，即"资产＝负债＋所有者权益"。

　　我国企业资产负债表格式如表 11-1 所示。

表 11-1　资 产 负 债 表

会企 01 表

编制单位：　　　　　　　　　　年　　　　月　　　日　　　　　　　　　　　单位：元

资　　产	期末余额	年初余额	负债和所有者权益(或股东权益)	期末余额	年初余额
流动资产：			流动负债：		
货币资金			短期借款		
交易性金融资产			交易性金融负债		
应收票据			应付票据		
应收账款			应付账款		
预付账款			预收账款		
应收利息			应付职工薪酬		
应收股利			应交税费		
其他应收款			应付利息		
存货			应付股利		
一年内到期的非流动资产			其他应付款		
其他流动资产			一年内到期的非流动负债		
流动资产合计			其他流动负债		
非流动资产：			流动负债合计		
可供出售金融资产			非流动负债：		
持有至到期投资			长期借款		
长期应收款			应付债券		
长期股权投资			长期应付款		
投资性房地产			专项应付款		
固定资产			预计负债		
在建工程			递延所得税负债		
工程物资			其他非流动负债		
固定资产清理			非流动负债合计		
生产性生物资产			负债合计		
油气资产			所有者权益(或股东权益)：		
无形资产			实收资本(或股本)		
开发支出			资本公积		
商誉			减：库存股		
长期待摊费用			盈余公积		
递延所得税资产			未分配利润		
其他非流动资产			所有者权益(或股东权益)合计		
非流动资产合计					
资产总计			负债和所有者权益(或股东权益)合计		

三、资产负债表的编制

(一) 资产负债表项目的填列方法

资产负债表的各项目均需填列"年初余额"和"期末余额"两栏。"年初余额"栏内各项数字,应根据上年末资产负债表的"期末余额"栏内所列数字填列;"期末余额"栏内各项数字,其填列方法如下:

(1) 根据总账科目的余额填列。资产负债表中的有些项目可直接根据有关总账科目的余额填列,如"交易性金融资产"、"短期借款"、"应付票据"、"应付职工薪酬"等项目;有些项目则需根据几个总账科目的余额计算填列,如"货币资金"项目,需根据"库存现金"、"银行存款"、"其他货币资金"三个总账科目余额合计填列。

(2) 根据有关明细科目的余额计算填列。资产负债表中的有些项目需要根据明细科目余额填列,如"应付账款"项目需要分别根据"应付账款"和"预付账款"两科目所属明细科目的期末贷方余额计算填列;"应收账款"项目,需要根据"应收账款"和"预收账款"两个科目所属明细科目的期末借方余额计算填列。

【例 11-1】 A 企业有关账户余额如表 11-2 所示。

表 11-2 A 企业有关账户余额   元

账户	借方	贷方
应收账款	2 000 000	100 000
应付账款	200 000	3 000 000
预收账款	400 000	600 000
预付账款	3 000 000	300 000

则资产负债表中相关的项目金额为:

"应收账款"项目 = 2 000 000 + 400 000 = 2 400 000(元)

"预付账款"项目 = 3 000 000 + 200 000 = 3 200 000(元)

"应付账款"项目 = 3 000 000 + 300 000 = 3 300 000(元)

"预收账款"项目 = 600 000 + 100 000 = 700 000(元)

(3) 根据总账科目和明细科目的余额分析计算填列。资产负债表的有些项目需要根据总账科目和明细科目两者的余额分析填列,如"长期借款"项目,应根据"长期借款"总账期末余额,扣除"长期借款"总账所属明细账中反映的,将于 1 年内到期的长期借款部分,分析填列。

【例 11-2】 A 企业长期借款情况如表 11-3 所示。

表 11-3 A 企业长期借款

借款起始日期	借款期限/年	金额/元
2012 年 1 月 1 日	3	1 000 000
2010 年 1 月 1 日	5	2 000 000
2011 年 6 月 1 日	2	1 500 000

A 企业 2012 年 12 月 31 日资产负债表"长期借款"项目金额为 100 000 + 2 000 000 = 3 000 000(元)

"一年内到期的非流动负债"项目 = 1 500 000(元)

(4) 根据有关科目余额减去其备抵科目余额后的净额填列。如资产负债表中的"应收账款"、"长期股权投资"等项目应根据"应收账款"、"长期股权投资"等科目的期末余额减去"坏账准备"、"长期股权投资减值准备"等科目余额后的净额填列;"固定资产"项目应根据"固定资产"科目期末余额减去"累计折旧"、"固定资产减值准备"科目余额后的净额填列;"无形资产"项目应根据"无形资产"科目期末余额减去"累计摊销"、"无形资产减值准备"科目余额后的净额填列。

【例 11-3】　A 企业有关账户余额如表 11-4 所示。

表 11-4　A 企业有关账户余额　　　　　　　　元

账户	借方	贷方
固定资产	600 000	
累计折旧		120 000
固定资产减值准备		60 000

则资产负债表中"固定资产"项目的金额为:

600 000 - 120 000 - 60 000 = 420 000(元)

(5) 综合运用上述填列方法分析填列。如资产负债表中的"存货"项目,需根据"原材料"、"库存商品"、"委托加工物资"、"周转材料"、"材料采购"、"在途物资"、"发出商品"、"材料成本差异"等总账科目期末余额的分析汇总数,再减去"存货跌价准备"备抵科目余额后的金额填列。

【例 11-4】　A 企业有关账户余额如表 11-5 所示。

表 11-5　A 企业有关账户余额　　　　　　　　元

账户	借方	贷方
材料采购	70 000	
原材料	500 000	
库存商品	800 000	
周转材料	300 000	
存货跌价准备		90 000

则资产负债表中"存货"项目的金额为:

70 000 + 500 000 + 800 000 + 300 000 - 90 000 = 1 580 000(元)

(二) 资产负债表编制举例

【例 11-5】　宏瑞公司 2012 年 12 月 31 日有关账户余额情况如表 11-6 所示。

表 11-6　宏瑞公司有关账户余额表

2012 年 12 月 31 日　　　　　　　　　　　　　　　　　单位：元

账户名称	借方	贷方	账户名称	借方	贷方
库存现金	90 000		短期借款		375 000
银行存款	390 000		应付账款		500 000
其他货币资金	211 000		应付票据		220 000
交易性金融资产	125 000		预收账款		20 000
应收票据	29 000		其他应付款		27 000
应收股利	35 000		应付职工薪酬		143 000
应收账款	356 000		应付股利		120 000
坏账准备		6 000	应交税费		45 000
预付账款	60 000		应付利息		7 300
其他应收款	20 000		长期借款		492 700
原材料	300 000		实收资本		1 520 000
生产成本	185 000		资本公积		89 000
周转材料	50 000		盈余公积		256 000
库存商品	165 000		利润分配		125 000
存货跌价准备		10 000			
长期股权投资	390 000				
长期股权投资减值准备		10 000			
固定资产	2 000 000				
累计折旧		650 000			
无形资产	90 000				
长期待摊费用	120 000				
合计	4 616 000	676 000	合计		3 940 000

其中，有关明细账的详细内容如下：

应收账款：甲公司借方余额 600 000 元；乙公司借方余额 140 000 元；丙公司贷方余额 384 000 元。

预付账款：A 公司借方余额 72 000 元；B 公司贷方余额 12 000 元。

应付账款：C 公司贷方余额 560 000 元；D 公司借方余额 60 000 元。

预收账款：E 公司贷方余额 36 000 元；F 公司借方余额 16 000 元。

根据上述资料，将数据整理填入资产负债表，如表 11-7 所示。

(1) 资产负债表中"年初余额"栏内的数据根据该公司上年度 12 月资产负债表中"期末余额"栏内的数据直接填列。

(2) "货币资金" = 库存现金 + 银行存款 + 其他货币资金
　　　　　　 = 90 000+390 000+211 000 = 691 000(元)

(3) "应收账款" = 应收甲公司账款 + 应收乙公司账款 + 预收F公司账款 – 坏账准备
　　　　　　 = 600 000 + 140 000 + 16 000 – 6 000 = 750 000(元)

(4) "预付账款" = 预付A公司账款 + 应付D公司60 000
　　　　　　 = 72 000 + 60 000 = 132 000(元)

(5) "应付账款" = 应付C公司贷方账款 + 预付B公司账款
　　　　　　 = 560 000 + 12 000 = 572 000(元)

(6) "预收账款" = 预收E公司账款 + 应收丙公司账款 = 36 000 + 384 000 = 420 000(元)

(7) "存货" = 原材料 + 生产成本 + 周转材料 + 库存商品 – 存货跌价准备
　　　 = 300 000 + 185 000 + 50 000 + 165 000 – 10 000 = 690 000(元)

(8) "长期股权投资" = 长期股权投资 – 长期股权减值准备
　　　　　　　 = 390 000 – 10 000 = 380 000(元)

(9) "固定资产" = 固定资产 – 累计折旧 = 2 000 000 – 650 000 = 1 350 000(元)

(10) 其余各项目按账户余额表列示数字直接填列。

表 11-7　资 产 负 债 表

编制单位：宏瑞公司　　　　　　　　　2012 年 12 月 31 日　　　　　　　　　单位：元

资　　　　产	期末余额	年初余额	负债和所有者权益(或股东权益)	期末余额	年初余额
流动资产：			流动负债：		
货币资金	691 000		短期借款	375 000	
交易性金融资产	125 000		交易性金融负债		
应收票据	29 000		应付票据	220 000	
应收账款	750 000		应付账款	572 000	
预付账款	132 000		预收账款	420 000	
应收利息			应付职工薪酬	143 000	
应收股利	35 000		应交税费	45 000	
其他应收款	20 000		应付利息	7 300	
存货	690 000		应付股利	120 000	
一年内到期的非流动资产			其他应付款	27 000	
其他流动资产			一年内到期的非流动负债		
流动资产合计	2 472 000		其他流动负债		
非流动资产：			流动负债合计	1 929 300	
可供出售金融资产			非流动负债：		
持有至到期投资			长期借款	492 700	
长期应收款			应付债券		
长期股权投资	380 000		长期应付款		
投资性房地产			专项应付款		

资　　　　产	期末余额	年初余额	负债和所有者权益(或股东权益)	期末余额	年初余额
固定资产	1 350 000		预计负债		
在建工程			递延所得税负债		
工程物资			其他非流动负债		
固定资产清理			非流动负债合计	492 700	
生产性生物资产			负债合计	2 422 000	
油气资产			所有者权益(或股东权益):		
无形资产	90 000		实收资本(或股本)	1 520 000	
开发支出			资本公积	89 000	
商誉			减：库存股		
长期待摊费用	120 000		盈余公积	256 000	
递延所得税资产			未分配利润	125 000	
其他非流动资产			所有者权益(或股东权益)合计	1 990 000	
非流动资产合计	1 940 000				
资产总计	4 412 000		负债和所有者权益(或股东权益)合计	4 412 000	

第三节　利　润　表

一、利润表的概念和作用

利润表，是指反映企业在一定会计期间的经营成果的报表。

通过提供利润表可以反映企业在一定会计期间收入、费用、利润(或亏损)的数额及构成情况，帮助财务报告使用者全面了解企业的经营成果，分析企业的获利能力及盈利增长趋势，从而为其作出经济决策提供依据。

二、利润表的格式及内容

当前国际上常用的利润表格式有单步式和多步式两种。单步式利润表是将当前收入总额相加，然后将所有费用总额相加，一次计算出当期收益的方式。其特点是所提供的信息都是原始数据，便于理解。多步式利润表是将各种利润分多步计算求得净利润的方式。其特点是便于使用人对企业经营情况和盈利能力进行比较和分析。当前我国采用的是多步式利润表，其结构内容为：

营业利润 = 营业收入 – 营业成本 – 营业税金及附加 – 销售费用 – 管理费用 – 财务费用
　　　　　– 资产减值损失 + 公允价值变动收益(–公允价值变动损失)
　　　　　+ 投资收益(–投资损失)

利润总额 = 营业利润 + 营业外收入 – 营业外支出

净利润 = 利润总额 – 所得税费用

其中：营业收入包括主营业务收入和其他业务收入；营业成本包括主营业务成本和其他业务成本；资产减值损失包括企业计提的各项减值准备所形成的损失；公允价值变动损益是企业交易性金融资产等公允价值变动所形成的当期损益；投资收益包括企业对外投资所取得的收益。

我国利润表格式如表 11-8 所示。

表 11-8　利　润　表

会企 02 表

编制单位：　　　　　　　　　____年____月　　　　　　　　单位：元

项　　目	本期金额	上期金额
一、营业收入		
减：营业成本		
营业税金及附加		
销售费用		
管理费用		
财务费用		
资产减值损失		
加：公允价值变动损益(亏损以"－"号填列)		
投资收益(亏损以"－"号填列)		
其中：对联营企业和合营企业的投资收益		
二、营业利润(亏损以"－"号填列)		
加：营业外收入		
减：营业外支出		
其中：非流动资产处置损失		
三、利润总额(亏损总额以"－"号填列)		
减：所得税费用		
四、净利润(净亏损以"－"号填列)		
五、每股收益		
(一)基本每股收益		
(二)稀释每股收益		

三、利润表的填列方法

利润表各项目均需填列"本期金额"和"上期金额"两栏。"本期金额"反映各项目本期实际发生数；"上期金额"反映各项目的上年实际发生数。上年度利润表与本年度利润表的项目名称和内容是不一致的，应对上年度利润表项目的名称和数字按本年度的规定进行调整。年终结账时，由于全年的收入和支出已全部转入"本年利润"科目，并且通过收支对比结出本年净利润的数额，因此，应将年度利润表中的"净利润"数字与"本年利润"科目结转到"利润分配－未分配利润"科目的数字相核对，来检查账簿记录和报表编制的正确性。

利润表"本期金额"、"上期金额"栏内各项数字，除"每股收益"项目外，其他均应当按照相关科目的发生额分析填列。

其中，"上期金额"栏内各项数字，应根据上期利润表的"本期金额"栏内所列数字填列。利润表的"本期金额"应根据"主营业务收入"、"主营业务成本"、"其他业务收入"、"其他业务成本"、"营业税金及附加"、"销售费用"、"管理费用"、"财务费用"、"投资收益"、"营业外收入"、"营业外支出"、"所得税费用"等账户的发生额分析计算填列。"营业利润"、"利润总额"、"净利润"等项目，当分析计算结果为亏损时，应以"－"号填列。

四、利润表编表举例

【例 11-6】　宏瑞公司 2012 年度利润表有关账户的累计发生额如表 11-9 所示。

表 11-9　利润表有关账户累计发生额　　　　　　　　　元

账户名称	借方发生额	贷方发生额
主营业务收入		12 510 000
主营业务成本	8 330 000	
其他业务收入		240 000
其他业务成本	190 000	
营业税金及附加	560 000	
销售费用	210 000	
管理费用	1 060 000	
财务费用	1 010 000	
投资收益		3 210 000
营业外收入		2 851 000
营业外支出	2 000 000	
所得税费用	1 635 300	

根据上述资料，该公司利润表各项目计算如下：

(1) 营业收入 = 12 510 000 + 240 000 = 12 750 000(元)

(2) 营业成本 = 8 330 000 + 190 000 = 8 520 000(元)

(3) 营业利润 = 12 750 000 - 8 520 000 - 560 000 - 210 000 - 1 060 000 - 1 010 000 + 3 210 000 = 4 600 000(元)

(4) 利润总额 = 4 600 000 + 2 851 000 - 2 000 000 = 5 451 000(元)

(5) 净利润 = 5 451 000 - 1 635 300 = 3 815 700(元)

(6) "基本每股收益"、"稀释每股收益"项目应根据每股收益的相关公式计算，非上市公司无须列示此项目。

根据上述资料，编制宏瑞公司利润表，如表 11-10 所示。

表 11-10　利　润　表

会 企 02

编制单位：　　　　　　　　　2012 年 12 月　　　　　　　　　单位：元

项　　　目	本期金额	上期金额
一、营业收入	12 750 000	
减：营业成本	8 520 000	
营业税金及附加	560 000	
销售费用	210 000	
管理费用	1 060 000	
财务费用	1 010 000	
资产减值损失		
加：公允价值变动损益(亏损以"－"号填列)		
投资收益(亏损以"－"号填列)	3 210 000	
其中：对联营企业和合营企业的投资收益		
二、营业利润(亏损以"－"号填列)	4 600 000	
加：营业外收入	2 851 000	
减：营业外支出	2 000 000	
其中：非流动资产处置损失		
三、利润总额(亏损总额以"－"号填列)	5 451 000	
减：所得税费用	1 635 300	
四、净利润(净亏损以"－"号填列)	3 815 700	
五、每股收益		
(一) 基本每股收益		
(二) 稀释每股收益		

第四节　现金流量表

一、现金流量表概述

(一) 现金流量表的概念

现金流量表是反映企业在一定会计期间现金和现金等价物流入和流出的报表。该报表以现金及现金等价物为基础编制，分为经营活动、投资活动、筹资活动产生的现金流量，按照收付实现制原则，将权责发生制下的盈利信息调整为收付实现制下的现金流量信息。现金流量表中的现金一般包括现金及现金等价物。

现金，是指企业库存现金以及可以随时用于支付的存款，包括库存现金、银行存款和其他货币资金(如外埠存款、银行汇票存款、银行本票存款)等。不能随时用于支付的存款不属于现金。

现金等价物，是指企业持有的期限短、流动性强、易于转换为已知金额现金、价值变动风险很小的投资。期限短一般是指从购买日起 3 个月内到期。现金等价物通常包括 3 个月内到期的债券投资等。权益性投资变现的金额通常不确定，因而不属于现金等价物。企业应当根据具体情况来确定现金等价物的范围，一经确定不得随意变更。

(二) 现金流量及其内容

现金流量，是指一定会计期间内现金流入和流出的数量。其内容包括：

(1) 经营活动产生的现金流量。经营活动是指企业投资活动和筹资活动以外的所有交易和事项。经营活动产生的现金流量主要包括销售商品、提供劳务、购买商品、接受劳务、支付工资和缴纳税款等流入和流出的现金和现金等价物。

(2) 投资活动产生的现金流量。投资活动是指企业长期资产的购建和不包括在现金等价物范围内的投资及其处置活动。投资活动产生的现金流量主要包括购建固定资产、处置子公司及其他营业单位等流入和流出的现金和现金等价物。

(3) 筹资活动产生的现金流量。筹资活动是指导致企业资本及债务规模和构成发生变化的活动。筹资活动产生的现金流量主要包括吸收投资、发行股票、分配利润、发行债券、偿还债务等流入和流出的现金和现金等价物。偿付应付账款、应付票据等商业应付款等属于经营活动，不属于筹资活动。

(三) 现金流量表的作用

通过现金流量表，可以为报表使用者提供企业一定会计期间内现金和现金等价物流入和流出的信息，便于使用者了解和评价企业获取现金和现金等价物的能力，据以预测企业未来现金流量。企业资产负债表和利润表基于权责发生制反映企业的财务状况和经营成果，现金流量表则在收付实现制基础上进一步说明企业财务状况变动的现金信息，以便于企业的各利益相关者了解企业运用经济资源创造现金利润的能力，从而评价企业实际的支付能力、偿债能力和周转能力，分析企业收益质量及现金流量的变动关系。

二、现金流量表的结构

我国企业现金流量表采用报告式结构，分类反映经营活动产生的现金流量、投资活动产生的现金流量和筹资活动产生的现金流量，最后汇总反映企业某一期间现金及现金等价物的净增加额。现金流量表的结构包括基本报表和补充资料(在附注中披露)。我国企业现金流量表的格式如表 11-11 所示。

表 11-11　现金流量表

会企 03 表

编制单位：　　　　　　　　　　　　　　年　　　月　　　　　　　　　　单位：元

项　　目	本期金额	上期金额
一、经营活动产生的现金流量：		
销售商品、提供劳务收到的现金		
收到的税费返还		
收到其他与经营活动有关的现金		
经营活动现金流入小计		
购买商品、接受劳务支付的现金		
支付给职工以及为职工支付的现金		
支付的各项税费		
支付其他与经营活动有关的现金		
经营活动现金流出小计		
经营活动产生的现金流量净额		
二、投资活动产生的现金流量：		
收回投资所收到的现金		
取得投资收益所收到的现金		
处置固定资产、无形资产和其他长期资产所收回的现金净额		
处置子公司及其他营业单位收到的现金净额		
收到其他与投资活动有关的现金		
投资活动现金流入小计		
购建固定资产、无形资产和其他长期资产所支付的现金		
投资支付的现金		
取得子公司及其他营业单位支付的现金净额		
支付其他与投资活动有关的现金		
投资活动现金流出小计		
投资活动产生的现金流量净额		
三、筹资活动产生的现金流量：		
吸收投资收到的现金		
取得借款收到的现金		
收到其他与筹资活动有关的现金		
筹资活动现金流入小计		
偿还债务所支付的现金		
分配股利、利润或偿付利息支付的现金		
支付其他与筹资活动有关的现金		

项　　目	本期金额	上期金额
筹资活动现金流出小计		
筹资活动产生的现金流量净额		
四、汇率变动对现金及现金等价物的影响		
五、现金及现金等价物净增加额		
加：期初现金及现金等价物余额		
六、期末现金及现金等价物余额		
补　充　资　料	本期金额	上期金额
1．将净利润调节为经营活动现金流量：		
净利润		
加：资产减值准备		
固定资产折旧、油气资产折耗、生产性生物资产折旧		
无形资产摊销		
长期待摊费用摊销		
处置固定资产、无形资产和其他长期资产的损失(收益以"一"号填列)		
固定资产报废损失(收益以"一"号填列)		
公允价值变动损失(收益以"一"号填列)		
财务费用(收益以"一"号填列)		
投资损失(收益以"一"号填列)		
存货的减少(增加以"一"号填列)		
经营性应收项目的减少(增加以"一"号填列)		
经营性应付项目的增加(减少以"一"号填列)		
其他		
经营活动产生的现金流量净额		
2．不涉及现金收支的重大投资和筹资活动：		
债务转为资本		
一年内到期的可转换公司债券		
融资租入固定资产		
3．现金及现金等价物净变动情况：		
现金的期末余额		
减：现金的期初余额		
加：现金等价物的期末余额		
减：现金等价物的期初余额		
现金及现金等价物净增加额		

1．基本报表

基本报表包括六部分：经营活动产生的现金流量；投资活动产生的现金流量；筹资活动产生的现金流量；汇率变动对现金及现金等价物的影响；现金及现金等价物净增加额；期末现金及现金等价物余额。

2．补充资料

补充资料列示三部分内容：将净利润调节为经营活动现金流量；不涉及现金收支的重大投资活动和筹资活动；现金及现金等价物净变动情况。

3．基本报表与补充资料的关系

(1) 基本报表中的第一项经营活动产生的现金流量净额与补充资料中的第一项经营活动产生的现金流量净额，应当核对相符。

(2) 基本报表中的第五项与补充资料中的第三项存在钩稽关系，金额应当一致。

(3) 基本报表中的数字是现金流入与流出的差额，补充资料中的数字是现金与现金等价物期末数与期初数的差额，其计算依据不同，但结果应当一致，两者应核对相符。

三、现金流量表的填制

现金流量表的编制基础是收付实现制。因此，编制现金流量表的过程就是将权责发生制下的会计信息调整为收付实现制下的现金流量。

企业应当采用直接法列示经营活动产生的现金流量。直接法是指通过现金收入和现金支出的主要类别列示经营活动的现金流量。采用直接法编制经营活动的现金流量表时，一般以利润表中的营业收入为起算点，调整与经营活动有关的项目的增减变动，然后计算出经营活动的现金流量。采用直接法具体编制现金流量表时，可以采用工作底稿法或 T 形账户法，也可以根据有关科目记录分析填列。

现金流量表主要项目说明：

1．经营活动产生的现金流量

(1) "销售商品、提供劳务收到的现金"项目，反映企业本年销售商品、提供劳务收到的现金，以及以前年度销售商品、提供劳务本年收到的现金(包括应向购买者收取的增值税销项税额)和本年预收的款项，减去本年销售本年退回商品和以前年度销售本年退回商品支付的现金。企业销售材料和代购代销业务收到的现金也在本项目中反映。

(2) "收到的税费返还"项目，反映企业收到返还的所得税、增值税、营业税、消费税、关税和教育费附加等各种税费返还款。

(3) "收到其他与经营活动有关的现金"项目，反映企业经营租赁收到的租金等其他与经营活动有关的现金流入。金额较大的应当单独列示。

(4) "购买商品、接受劳务支付的现金"项目，反映企业本年购买商品、接受劳务实际支付的现金(包括增值税进项税额)，以及本年支付以前年度购买商品、接受劳务的未付款项和本年预付款项，减去本年发生的购货退回收到的现金。企业购买材料和代购代销业务支付的现金也在本项目反映。

(5) "支付给职工以及为职工支付的现金"项目，反映企业本年实际支付给职工的工资、资金、各种津贴和补贴等职工薪酬(包括代扣代缴的职工个人所得税)。

(6) "支付的各项税费"项目，反映企业本年发生并支付、以前各年发生本年支付及预交的各项税费，包括所得税、增值税、营业税、消费税、印花税、房产税、土地增值税、车船使用税、教育费附加。

(7) "支付其他与经营活动有关的现金"项目，反映企业经营租赁支付的租金，支付的差旅费、业务招待费、保险费、罚款支出等其他与经营活动有关的现金流出。金额较大的应当单独列示。

2. 投资活动产生的现金流量

(1) "收回投资所收到的现金"项目，反映企业出售、转让或到期收回除现金等价物以外的对其他企业长期股权投资而收到的现金，但处置子公司及其他营业单位收到的现金净额除外。

(2) "取得投资收益所收到的现金"项目，反映企业除现金等价物以外的对其他企业的长期股权投资等分回的现金股利和利息等。

(3) "处置固定资产、无形资产和其他长期资产所收回的现金净额"项目，反映企业出售、报废固定资产、无形资产和其他长期资产所取得的现金(包括因资产毁损而收到的保险赔偿收入)，减去为处置这些资产而支付的有关费用后的净额。

(4) "处置子公司及其他营业单位收到的现金净额"项目，反映企业处置子公司及其他营业单位所取得的现金，减去相关处置费用及子公司及其他营业单位持有的现金和现金等价物后的净额。

(5) "购建固定资产、无形资产和其他长期资产所支付的现金"项目，反映企业购买、建造固定资产、取得无形资产和其他长期资产所支付的现金(含增值税款等)，以及用现金支付的应由在建工程和无形资产负担的职工薪酬。

(6) "投资支付的现金"项目，反映企业取得除现金等价物以外的对其他企业的长期股权投资所支付的现金及支付的佣金、手续费等附加费用。取得子公司及其他营业单位支付的现金净额除外。

(7) "取得子公司及其他营业单位支付的现金净额"项目，反映企业购买子公司及其他营业单位购买出价中以现金支付的部分，减去子公司及其他营业单位持有的现金和现金等价物后的净额。

(8) "收到其他与投资活动有关的现金"、"支付其他与投资活动有关的现金"项目，反映企业除上述(1)～(7)项目外收到或支付的其他与投资活动有关的现金。金额较大的应当单独列示。

3. 筹资活动产生的现金流量

(1) "吸收投资收到的现金"项目，反映企业以发行股票、债券等方式筹集资金实际收到的款项，减去直接支付的佣金、手续费、宣传费、咨询费、印刷费等发行费用后的净额。

(2) "取得借款收到的现金"项目，反映企业举借各种短期、长期借款而收到的现金。

(3) "偿还债务支付的现金"项目，反映企业为偿还债务本金而支付的现金。

(4) "分配股利、利润或偿付利息支付的现金"项目，反映企业实际支付的现金股利、支付给其他投资单位的利润或用现金支付的借款利息、债券利息。

(5) "收到其他与筹资活动有关的现金"、"支付其他与筹资活动有关的现金"项目，反映企业除上述(1)～(4)项目外收到或支付的其他与筹资活动有关的现金。金额较大的应当单独列示。

4. 汇率变动对现金及现金等价物的影响

"汇率变动对现金及现金等价物的影响"项目，反映下列项目之间的差额。

(1) 企业外币现金流量折算为记账本位币时，采用现金流量发生日的即期汇率近似的汇率折算的金额(编制合并现金流量表时折算境外子公司的现金流量，应当比照处理)。

(2) 企业外币现金及现金等价物净增加额按年末汇率折算的金额填列。

5. 现金及现金等价物净增加额

这是指经营活动产生的现金流量净额、投资活动产生的现金流量净额、筹资活动产生的现金流量净额三项之和。

第五节 所有者权益变动表

一、所有者权益变动表的概念和作用

所有者权益变动表，是指反映构成所有者权益各组成部分当期增减变动情况的报表。所有者权益变动表应当全面反映一定时期所有者权益变动的情况，不仅包括所有者权益总量的增减变动，还包括所有者权益增减变动的重要结构性信息，让报表使用者准确理解所有者权益增减变动的根源。

二、所有者权益变动表的内容和结构

1. 所有者权益变动表的内容

我国新企业会计准则规定所有者权益变动表至少应列示下列内容：

(1) 净利润；

(2) 直接计入所有者权益的利得和损失项目及其总额；

(3) 会计政策变更和差错更正的累积影响金额；

(4) 所有者投入资本和向所有者分配利润等；

(5) 按照规定提取的盈余公积；

(6) 实收资本(或股本)、资本公积、盈余公积、未分配利润的期初和期末余额及其调节情况。

2. 所有者权益变动表的结构

所有者权益变动表属于动态报表，从左到右列示了所有者权益的组成项目，从上到下反映了各项目年初至年末的增减变动过程。所有者权益变动表从纵向上看，列示了导致所有者权益变动的交易和事项，并根据所有者权益变动的来源对一定时期所有者权益变动情况进行全面反映；从横向上看，按照所有者权益各组成部分及其总额列示交易或事项对所有者权益的影响。其列报格式是根据所有者权益变动的性质，分别按照当期净利润、直接计入所有者权益的利得和损失项目、所有者投入资本、向所有者分配以及所有者权益内部结转等情况分析填列，取消了利润分配表。从所有者权益变动表的综合框架来看，体现了资产的全面收益理念。我国所有者权益变动表的格式如表 11-12 所示。

表 11-12　所有者权益变动表　　　　　　会企 04 表

编制单位：　　　　　　　　　　　　××年度　　　　　　　　　　　　　　　　元

项目	本年金额						上年金额					
	实收资本(股本)	资本公积	减：库存股	盈余公积	未分配利润	所有者权益合计	实收资本(股本)	资本公积	减：库存股	盈余公积	未分配利润	所有者权益合计
一、上年年末余额												
加：会计政策变更												
前期差错更正												
二、本年年初余额												
三、本年增减变动金额(减少以 "－" 号填列)												
(一) 净利润												
(二) 直接计入所有者权益的利得和损失												
1. 可供出售金融资产公允价值变动净额												
2. 权益法下被投资单位其他所有者权益变动的影响												
3. 与计入所有者权益项目相关的所得税影响												
4. 其他												
上述(一)和(二)小计												
(三) 所有者投入和减少资本												
1. 所有者投入资本												
2. 股份支付计入所有者权益的金额												
3. 其他												
(四) 利润分配												
1. 提取盈余公积												
2. 对所有者(或股东)的分配												
3. 其他												
(五) 所有者权益内部结转												
1. 资本公积转增资本(或股本)												
2. 盈余公积转增资本(或股本)												
3. 盈余公积弥补亏损												
4. 其他												
四、本年年末余额												

三、所有者权益变动表的编制

所有者权益变动表各项目均需填列"本年金额"和"上年金额"两栏。

所有者权益表变动表中"上年金额"栏内各项数字，应根据上年度所有者权益变动表"本年金额"内所列数字填列。上年度所有者权益变动表规定的各个项目的名称和内容同本年度不一致的，应对上年度所有者权益变动表各项目的名称和数字按照本年度的规定进行调整，填入所有者权益变动表的"上年金额"栏内。

所有者权益变动表"本年金额"栏内各项数字一般应根据"实收资本(或股本)"、"资本公积"、"盈余公积"、"未利润分配"、"库存股"、"以前年度损益调整"科目的发生额分析填列。

所有者权益变动表各项目的填列：

(1) 本年年初余额 = 各项目上年年末余额 + 会计政策变更和前期差错调整。

(2) 本年年末余额 = 本年年初余额 ± 本年增减变动金额。

(3) 本年增减变动金额 = 净利润 + 直接计入所有者权益的利得和损失 + 所有者投入和减少资本 + 利润分配 + 所有者权益内部结转。

第六节　财务报表分析

财务报表分析，是指以财务报表为基本依据，运用一系列财务指标对企业的财务状况、经营成果和现金流量情况加以分析和比较，并通过分析结果来评价和判断企业财务活动和经营状况是否良好，以此为根据预测企业未来财务状况和发展前景的管理活动。

一、财务报表分析的作用

(1) 为企业投资者决策提供依据。企业的获利能力是投资者在财务报表分析中关注的核心内容。因此，通过对各报表的分析，可以评价预期收益的实现程度，从而作出科学、合理的投资决策。同时，财务报表分析可以帮助投资者了解与企业经营业绩有关的信息，作为衡量和评价企业管理人员受托责任履行情况的依据。

(2) 为企业债权人投资提供依据。企业的债权人可以通过财务报表营运资金分析，了解企业的短期偿债能力；通过资本结构分析，了解企业的长期偿债能力；通过获利能力分析，了解企业还本付息资金来源和保障程度，从而为债权人投资企业提供依据。

(3) 为企业管理者提供财务信息，促进企业内部管理。企业管理者可以通过财务报表分析，考核企业生产经营计划和预算完成情况，评价经营责任的履行情况；揭示企业财务状况和经营成果的发展趋势，结合存在的问题和不足，作出科学的规划和决策，合理配置资源，提高经营效益和企业竞争能力。

(4) 为政府监管部门提供财务信息，促进市场正常运行。政府监管部门由于其与企业的关系不同，因而进行报表分析的目的和内容也有所不同。财政部门通过报表分析检查企业执行有关政策、法规和制度的情况；国有资产管理部门通过报表检查国有资产的增值、保值和国有资产收益；税务部门通过财务报表对企业纳税情况进行检查和监督；审计部门通过财务报表的检查分析依法对国有企业，以及对国有资产占控股地位或主导地位的企业的财务收支的真实性、合法性和效益性进行审计监督。

二、财务报表分析举例

案例资料：远大公司 2012 年度资产负债表和利润表如表 11-13、表 11-14 所示。

表 11-13 资 产 负 债 表

会企 01 表

编制单位：远大公司　　　　　　2012 年 12 月 31 日　　　　　　单位：元

资　　产	期末余额	年初余额	负债和所有者权益(或股东权益)	期末余额	年初余额
流动资产：			流动负债：		
货币资金	900	800	短期借款	2 300	2 000
交易性金融资产	600	1 000	交易性金融负债		
应收票据			应付票据		
应收账款	1 300	1 200	应付账款	1 200	1 000
预付账款	70	40	预收账款	500	300
应收利息			应付职工薪酬		
应收股利			应交税费		
其他应收款			应付利息		
存货	5 200	4 000	应付股利		
一年内到期的非流动资产			其他应付款	250	100
其他流动资产	80	60	一年内到期的非流动负债		
流动资产合计	8 150	7 100	其他流动负债		
非流动资产：			流动负债合计	4 250	3 400
可供出售金融资产			非流动负债：		
持有至到期投资	600	600	长期借款	2 500	2 000
长期应收款			应付债券		
长期股权投资			长期应付款		
投资性房地产			专项应付款		
固定资产	14 000	12 000	预计负债		
在建工程			递延所得税负债		
工程物资			其他非流动负债		
固定资产清理			非流动负债合计		
生产性生物资产			负债合计	6 750	5 400
油气资产			所有者权益(或股东权益)：		
无形资产	700	500	实收资本(或股本)	12 000	12 000
开发支出			资本公积		
商誉			减：库存股		
长期待摊费用			盈余公积	1 800	1 800
递延所得税资产			未分配利润	2 900	1 000
其他非流动资产			所有者权益(或股东权益)合计	16 700	14 800
非流动资产合计	15 300	13 100			
资产总计	23 450	20 200	负债和所有者权益(或股东权益)合计	23 450	20 200

表 11-14 利 润 表

会企 02 表

编制单位：远大公司 _____2012_____年_____12____月 单位：元

项 目	本期金额	上期金额
一、营业收入	21 200	18 800
减：营业成本	12 400	10 900
营业税金及附加	1 200	1 080
销售费用	1 900	1 620
管理费用	1 000	800
财务费用	300	200
资产减值损失		
加：公允价值变动损益(亏损以"－"号填列)		
投资收益(亏损以"－"号填列)	500	500
其中：对联营企业和合营企业的投资收益		
二、营业利润(亏损以"－"号填列)	4 900	4 700
加：营业外收入	150	100
减：营业外支出	650	600
其中：非流动资产处置损失		
三、利润总额(亏损总额以"－"号填列)	4 400	4 200
减：所得税费用	1 680	1 600
四、净利润(净亏损以"－"号填列)	2 720	2 600
五、每股收益		
(一)基本每股收益		
(二)稀释每股收益		

(一) 偿债能力分析

偿债能力，是指企业对债务的偿还能力，是衡量企业财务能力及资产变现能力的重要标志。企业对债务的清偿能力，往往预示着企业近期的风险。对于偿债能力的衡量，主要是对资产和负债进行对比分析。企业偿债能力包括短期偿债能力和长期偿债能力。

1. 短期偿债能力

短期偿债能力，是指企业流动资产对流动负债及时足额偿还的保证程度，是衡量企业当前财务能力，特别是流动资产变现能力的重要标志。

(1) 流动比率。流动比率是指流动资产与流动负债的比率，即每一元的流动负债，有多少流动资产作为偿还保证。其计算公式如下：

$$流动比率 = \frac{流动资产}{流动负债} \times 100\%$$

一般情况下，流动比率越高，反映企业偿债能力越强。评价流动比率的标准，一般以

2 : 1 左右较为合适。流动比率过低，说明企业资金不足，偿债能力较低；流动比率过高，表示企业资金流动性大，有足够的资产变现偿还债务。但是也不宜过高，过高则表明企业与用流动资产较多，会影响资金的使用效率和企业的筹资成本，进而影响获利能力，同时过高的流动比率也可能是存货积压、应收账款增多导致的，因此，企业应在分析流动比率的基础上，进一步对现金流量加以考察。

【例 11-7】 根据表 11-13 所示远大公司资料，其流动比率计算如下(计算结果保留小数点后两位，下同)：

$$年初流动比率 = \frac{7100}{3400} = 2.09$$

$$年末流动比率 = \frac{8150}{4250} = 1.92$$

该公司 2012 年年初和年末流动比率均接近一般公认标准，年末流动比率略有降低，公司应采取措施，以提高企业的短期偿债能力。

(2) 速动比率。速动比率，是指企业速动资产与流动负债的比率，用来衡量企业流动资产中可以立即变现偿付流动负债的能力。速动资产，是指在流动资产中剔除变现能力较差且不稳定的存货、预付账款、一年内到期的非流动资产和其他流动资产等之后的余额。由于剔除了存货等变现能力弱且不稳定的资产，因此，速动比率比流动资产能够更加准确、可靠地评价企业资产的流动性及其偿还短期负债的能力。其计算公式为

$$速动比率 = \frac{速动资产}{流动负债}$$

一般情况下，速动比率越高，表明企业短期偿债能力越强。评价速动比率的标准，一般以 1 : 1 左右较为合适。速动比率小于 1，企业将面临很大的偿债风险；速动比率大于 1，虽然会提高企业短期偿债能力，增强企业的安全性，但企业会因为现金及应收账款占用过多而增加企业的机会成本，从而降低收益性。

【例 11-8】 根据表 11-13 所示远大公司资料，其速动比率计算如下：

$$年初速动比率 = \frac{7100 - 40 - 4000}{3400} = 0.9$$

$$年末速动比率 = \frac{8150 - 70 - 5200}{4250} = 0.68$$

该公司 2012 年年初流动比率虽然超过公认标准，但由于流动资产中存货所占比重过大，导致公司速动比率未达到一般公认标准，公司的实际短期偿债能力并不理想，且年末速动比率比年初又有所降低，需要采取措施尽快加以扭转。

2．长期偿债能力

长期偿债能力是指企业偿还长期负债的能力，主要体现在资产和负债的对比关系上。

(1) 资产负债率。资产负债率，是指负债总额与资产总额的比率，即企业资产总额中，债权人提供资金所占的比重。资产负债率体现了资产对债权人权益的保障程度，是综合反映企业长期偿债能力的重要指标。其计算公式为

$$资产负债率=\frac{负债总额}{资产总额}\times100\%$$

资产负债率可以衡量企业在清算时保护债权人利益的程度。资产负债率越低，企业偿债越有保障，贷款越安全。资产负债率同时还代表着企业的举债能力，一个企业的资产负债率越低，举债越容易；资产负债率越高，举债越困难。

【例 11-9】　据表 11-13 所示远大公司资料，其资产负债率计算如下：

$$年初资产负债率=\frac{5400}{20\ 200}\times100\%=26.73\%$$

$$年末资产负债率=\frac{6750}{23\ 450}\times100\%=28.78\%$$

该公司 2012 年年初和年末的资产负债率均不高，说明该公司长期偿债能力较强，这样有助于增强债权人对公司出借资金的信心。

(2) 产权比率。产权比率是指负债总额与所有者权益的比率，是企业财务结构稳健与否的重要标志，也称资本负债率。它反映企业所有者权益对债权人权益的保障程度。其计算公式为

$$产权比率=\frac{负债总额}{所有者权益}\times100\%$$

一般情况下，产权比率越低，表明企业长期偿债能力越强，债权人权益的保障程度越高，承担的风险越小，但此时企业不能充分地发挥负债的财务杠杆效应。所以，企业在评价产权比率适度与否时，应从提高获利能力与增强偿债能力两个方面综合进行，即在保障债务偿还安全的前提下，应尽可能提高产权比率。

【例 11-10】　据表 11-13 所示远大公司资料，其产权比率计算如下：

$$年初产权比率=\frac{5400}{14\ 800}\times100\%=36.49\%$$

$$年末产权比率=\frac{6750}{16\ 700}\times100\%=40.42\%$$

该公司 2012 年年初和年末产权比率都不高，同资产负债率的计算结果可相互印证，表明该公司的长期偿债能力较强，债权人的保障程度较高。

产权比率与资产负债率对评价偿债能力的作用基本相同，两者主要区别在于：资产负债率侧重于分析债务偿付安全性的物质保障程度，产权比率则侧重于揭示财务结构的稳健程度以及自有资金对偿债风险的承受能力。

(二) 盈利能力分析

盈利能力，是指企业赚取利润的能力，它体现了企业运用所支配的经济资源开展某种经营活动，并从中赚取利润的能力，是衡量企业经营成果的重要指标。

1. 总资产报酬率

总资产报酬率，是指企业一定时期内获取的报酬总额与平均资产总额的比率。它是反映企业资产综合利用效果的指标，也是衡量企业利用债权人和所有者权益总额所取得盈利

的重要指标。其计算公式为

$$总资产报酬率=\frac{息税前利润总额}{平均总资产}\times100\%$$

其中：息税前利润总额 = 利润总额 + 利息支出 = 净利润 + 所得税费用 + 利息支出

$$平均资产总额=\frac{资产年初数+资产年末数}{2}$$

总资产报酬率全面反映了企业全部资产的获利水平，企业所有者和债权人对该指标都非常关心。一般情况下，该指标越高，表明企业的资产利用效益越好，整个企业的获利能力越强，经营水平越高。

【例 11-11】 根据表 11-13、11-14 所示远大公司资料，假设表中财务费用全部为利息支出，则 2012 年总资产报酬率为

$$总资产报酬率=\frac{4400+300}{(23\,450+20\,200)\div2}\times100\%=21.53\%$$

该公司 2012 年度资产综合利用效率较高，资产使用情况较好。

2. 净资产收益率

净资产收益率，是指企业一定时期净利润与平均净资产的比率，它是反映企业自有资金投资收益水平的指标。其计算公式为

$$净资产收益率=\frac{净利润}{平均净资产}\times100\%$$

其中：　　　　$$平均净资产=\frac{所有者权益年初数+所有者权益年末数}{2}$$

净资产收益率是评价企业自有资本获取报酬水平的指标，反映企业资本运营的综合效益。一般认为，净资产收益率越高，企业自有资本获取收益的能力越强，运营效益越好，对企业投资人和债权人权益的保障程度越高。

【例 11-12】 根据表 11-13、11-14 所示远大公司资料，该公司 2012 年净资产收益率为

$$净资产收益率=\frac{2720}{(16\,700+14\,800)\div2}\times100\%=17.27\%$$

可见，该公司 2012 年投资者投入企业资金的回报水平较高，盈利能力较强。

3. 营业利润率

营业利润率，是指企业一定时期营业利润与营业收入的比率。其计算公式为

$$营业利润率=\frac{营业利润}{营业收入}\times100\%$$

营业利润是指企业利润总额中最基本、最稳定、最日常的组成部分，营业利润占利润总额的比重，是说明企业盈利能力质量的重要依据。显然，营业利润率越高，表明企业市场竞争能力越强，发展潜力越大，盈利能力越强。

【例 11-13】 根据表 11-3、11-14 所示远大公司资料，该公司营业利润率为

$$年初营业利润率=\frac{4700}{18\ 800}\times100\%=25\%$$

$$年末营业利润率=\frac{4900}{21\ 200}\times100\%=23.11\%$$

由以上结果可见，该公司营业利润率年末较年初略有下降，这种下降趋势主要是由营业成本的增加所致，由于下降幅度不大，说明公司的经营方向和产品结构仍符合现有市场需要。

(三) 营运能力分析

营运能力，是指企业充分利用现有资源创造社会财富的能力，它是评价企业资产利用程度和营运活动的标志。营运能力分析，主要是通过销售收入(或销售成本)与企业各项资产的比例关系，分析各项资产的周转速度，了解各项资产对收入和财务目标的贡献程度。因此，营运能力分析也称资产管理比率分析。一般来说，企业取得的销售收入越多，所需投入的资产价值也越大。如果企业投入的资产价值大、收入少、利润低，则说明企业资产投入的构成不合理，经济资源没有得到有效的配置和利用；如果企业投入的资产能创造高收入，获得较多利润，则说明企业投资合理，各项资产之间的比例合适，资产使用效率高。

营运能力分析指标主要包括总资产周转率、流动资产周转率、应收账款周转率、存货周转率、固定资产周转率等。周转率有两种表现形式：一是资产在一定时期内周转的次数；二是资产周转一次所需的时间(天数)。通过周转率指标可以分别揭示企业资产管理效率的高低、销售能力的强弱、信用状况的好坏及管理者工作绩效的优劣等因素。

$$周转率（周转次数）=\frac{周转额}{资产平均余额}$$

$$周转期（周转天数）=\frac{计算期天数}{周转次数}=资产平均余额\times\frac{计算期天数}{周转额}$$

1．流动资产周转情况

反映流动资产周转情况的指标主要有应收账款周转率和存货周转率。

1) 应收账款周转率

应收账款周转率，是指企业一定时期内营业收入与平均应收账款余额的比率，是反映应收账款周转速度的指标。其计算公式为

$$应收账款周转率=\frac{营业收入}{平均应收账款余额}$$

$$应收账款周转期=\frac{平均应收账款余额\times360}{营业收入}$$

其中：$平均应收账款余额=\dfrac{应收账款余额年初数+应收账款余额年末数}{2}$

应收账款周转率反映了企业应收账款变现速度的快慢及管理效率的高低，周转速度高，表明企业收款速度较快，账龄较短，资产流动性强，短期偿债能力强，企业坏账风险小。

在利用上述公式计算应收账款周转率时，应注意以下问题：

(1) 营业收入的赊销比例问题。从理论上说应收账款是由于赊销引起的，其对应的流量应是赊销额，而不是全部的营业收入，因此，准确的应收账款周转率公式中的分母应是赊销收入。但是，外部分析人员无法得到企业内部赊销的真实数据，只能直接用营业收入来进行计算。

(2) 公式中的"应收账款"包括会计核算中的"应收账款"和"应收票据"等全部赊销账款在内。

(3) 如果应收账款余额的波动性较大，应尽可能使用更详尽的计算资料，如按每月的应收账款余额来计算其平均占用额。

【例 11-14】 根据表 11-13、11-14 所示远大公司资料，该公司 2012 年应收账款周转率为

$$应收账款周转率 = \frac{21\ 200}{(1300 + 1200) \div 2} = 16.96(次)$$

$$应收账款周转期 = \frac{360}{16.96} = 21.23(天)$$

从以上计算结果表明，该公司应收账款周转较快，收款期较短，流动资产的变现能力较强，资产管理效率较高。

2) 存货周转率

存货周转率，是指一定时期营业成本与平均存货余额的比率，其计算公式为

$$存货周转率 = \frac{营业成本}{平均存货余额}$$

$$存货周转期 = \frac{平均存货余额 \times 360}{营业成本}$$

其中：$平均存货余额 = \dfrac{存货余额年初数 + 存货余额年末数}{2}$

存货周转率的大小，直接反映了企业材料在采购、储存、生产、销售等方面管理的好不。一般来说，存货周转率越高，说明存货变现的速度越快，资金占用水平越低。因此，通过对存货周转率速度的分析，可以找出存货管理中存在的问题，从而尽可能降低资金占用量。

利用上述公式计算存货周转率时，应注意以下问题：

(1) 注意存货计价方法对该指标的影响。在分析企业不同时期或不同企业的存货周转率时，应注意存货计价方法口径是否一致。

(2) 由于存货周转率计算公式分子和分母来自于不同报表，因此在计算时应注意其在时间上的对应性。

【例 11-15】 根据表 11-13、11-14 所示远大公司资料，该公司 2012 年存货周转率为

$$存货周转率 = \frac{12\ 400}{(5200 + 4000)} = 2.70\ (次)$$

$$存货周转期 = \frac{360}{2.70} = 133.33\ (天)$$

由以上计算结果可以表明，该公司存货周转率较低，存货周转期较长，资金占用水平较高，所以应加强管理，以加速存货的周转。

2. 固定资产周转率

固定资产周转率，是指企业一定时期营业收入与平均固定资产净值的比率。其计算公式为

$$固定资产周转率=\frac{营业收入}{平均固定资产净值}$$

$$固定资产周转期=\frac{平均固定资产净值×360}{营业收入}$$

其中：$平均固定资产净值=\frac{固定资产净值年初数+固定资产净值年末数}{2}$

$$固定资产净值=固定资产原价-累计折旧$$

【例 11-16】 根据表 11-13、11-14 所示远大公司资料，该公司 2012 年固定资产周转率为

$$固定资产周转率=\frac{21\ 200}{(14\ 000+12\ 000)÷2}=1.63（次）$$

$$固定资产周转期=\frac{360}{1.63}=220.86（天）$$

由以上计算结果可以表明，该公司固定资产周转速度较快，固定资产投资得到充分利用，使用效率较高。

3. 总资产周转率

总资产周转率，是指企业一定时期营业收入与平均资产总额的比率，其指标用以反映企业全部资产的利用效率。其计算公式为

$$总资产周转率=\frac{营业收入}{平均资产总额}$$

$$总资产周转期=\frac{平均资产总额×360}{营业收入}$$

其中：$平均资产总额=\frac{资产总额年初数+资产总额年末数}{2}$

总资产周转率越高，说明企业全部资产的使用效率越高；反之，则说明全部资产使用效率较低。这时企业应采取措施以提高资产的利用程度，如加大市场营销力度从而减少存货，加速应收账款的周转，或处理多余资产等。

【例 11-17】 根据表 11-13、11-14 所示远大公司资料，该公司 2012 年总资产周转率为

$$总资产周转率=\frac{21\ 200}{(23\ 450+20\ 200)÷2}=0.97（次）$$

$$总资产周转期 = \frac{360}{0.97} = 371.13（天）$$

由以上计算结果可以表明，该公司总资产周转较快，说明其资产结构较为合理，对于资产的管理水平较高。

(四) 发展能力指标

发展能力是企业生存、获利的源泉和动力。发展能力分析能引导企业强化战略管理，提高驾驭市场和抵抗风险的能力，保持长期的市场竞争力。发展能力分析包括营业收入增长率、资本积累率、总资产增长率等指标。

1. 营业收入增长率

营业收入增长率，是指企业本期营业收入增加额与上期营业收入总额的比率。该比率表示与上年相比，企业销售收入的增减变动情况。营业收入增长率是评价企业成长状况和发展能力的重要指标。其计算公式为

$$营业收入增长率 = \frac{本年营业收入增长额}{上年营业收入总额} \times 100\%$$

其中：本年营业收入增长额 = 本年营业收入总额 − 上年营业收入总额

营业收入增长率大于零，表示企业本年的销售收入有所增长，指标值越高，则增长速度越快，企业在市场上的竞争力越强，发展空间越大；营业收入增长率小于零，表示企业本年的销售收入减少，指标值越低，则增长速度越慢，企业在市场上的竞争力越弱，发展空间越小。

【例 11-18】 根据表 11-14 所示远大公司资料，该公司 2012 年营业收入增长率为

$$营业收入增长率 = \frac{21\,200 - 18\,800}{18\,800} \times 100\% = 12.77\%$$

2. 资本积累率

资本积累率，是指企业本年所有者权益增长额与年初所有者权益的比率。它反映企业当年资本的积累能力，是评价企业发展潜力的重要指标。其计算公式为

$$资本积累率 = \frac{本年所有者权益增长额}{年初所有者权益总额} \times 100\%$$

其中：所有者权益增加额 = 本年所有者权益总额 − 上年所有者权益总额

资本积累率是企业当年所有者权益总额的增长率，反映了企业所有者权益在当年的变动水平，体现了企业资本的积累情况，是企业发展强盛的标志，展示了企业的发展潜力。资本积累率还反映了投资者投入企业资本的保全性和增长性。若该指标为负，则表明企业资本受到侵蚀，所有者权益受到损害，应予以充分重视。

【例 11-19】 根据表 11-13 所示远大公司资料，该公司 2012 年资本积累率为

$$资本积累率 = \frac{16\,700 - 14\,800}{14\,800} \times 100\% = 12.84\%$$

3．总资产增长率

总资产增长率，是指企业本年总资产增长额与年初总资产总额的比率。该比率从企业总资产总量扩张的角度来衡量企业的发展能力，表明企业规模增长水平对企业发展后劲的影响。其计算公式为

$$总资产增长率=\frac{本年总资产增加额}{年初资产总额}\times100\%$$

其中：资产增加额 = 本年资产总额−上年资产总额

总资产增长率是用来考核企业资产投入增长幅度的财务指标。若该指标为正数，则说明企业本期资本规模增加，而资产增长率越大，说明资产规模增加幅度越大；若总资产增长率为负数，则说明企业本期资产规模缩减，资产出现负增长。

【例 11-20】 根据表 11-13 所示远大公司资料，该公司 2012 年总资产增长率为：

$$总资产增长率=\frac{23\,450-20\,200}{20\,200}\times100\%=16.09\%$$

思 考 题

1．什么是财务报告？财务报告包括哪些内容？
2．编制财务报告的具体要求是什么？
3．什么是资产负债表？简述资产负债表的作用。
4．什么是利润表？简述利润表的作用。
5．什么是现金流量表？简述现金流量表的作用。

练 习 题

1．练习编制资产负债表。

【案例资料】 光大公司 2012 年 12 月 31 日各账户余额如表 11-15、11-16 所示。

表 11-15　光大公司有关账户余额表

2012 年 12 月 31 日　　　　　　　单位：元

账户名称	借方	账户名称	贷方
库存现金	5 600	短期借款	10 000
银行存款	16 000	应付账款	20 000
其他货币资金	2 650	应付票据	1 650
应收票据	1 400	预收账款	23 000
应收账款	48 000	应付职工薪酬	4 500
预付账款	19 000	应交税费	12 930
原材料	68 100	长期借款	70 000
生产成本	1 700	实收资本	107 000

账户名称	借方	账户名称	贷方
周转材料	1 900	资本公积	20 000
库存商品	5 200	盈余公积	13 000
长期股权投资	28 000	本年利润	55 000
固定资产	98 000	长期股权投资减值准备	1 400
无形资产	13 000	累计折旧	11 000
利润分配	42 430	坏账准备	1 500
合计	350 980	合计	350 980

表 11-16　光大公司有关明细账户余额表　　单位：元

账户	借方	贷方
应收账款	66 000	18 000
应付账款	30 000	50 000
预收账款	4 000	27 000
预付账款	31 000	12 000
长期借款		50 000
		20 000(下月到期)

要求： 根据案例资料，编制光大公司 2012 年资产负债表。

2. 练习编制利润表。

【案例资料】 A 公司 2012 年 12 月 31 日各损益账户余额见表 11-17 所示。

表 11-17　A 公司有关账户余额表
2012 年 12 月 31 日　　　　单位：元

账户名称	借方	账户名称	贷方
主营业务成本	420 000	主营业务收入	780 000
营业税金及附加	51 000	其他业务收入	60 000
其他业务成本	40 000	投资收益	86 000
管理费用	71 000	营业外收入	2 000
财务费用	9 100		
销售费用	26 000		
营业外支出	600		
所得税费用	77 180		

要求： 根据资料编制 A 公司 2012 年利润表。

3. 利源公司 2012 年度有关数据资料如表 11-18 所示。

表 11-18　利源公司有关账户余额表

单位：万元

账户名称	金额	账户名称	金额
流动资产	388	销售成本	1 850
流动负债	220	负债总额	275
速动资产	250	销售收入	2 060
资产总额	475	净利润	150
平均存货	138	所有者权益	200

要求：计算下列指标：

(1) 流动比率；

(2) 速动比率；

(3) 资产负债率；

(4) 存货周转率；

(5) 净资产收益率；

(6) 总资产利润率。

第十二章 会计工作组织

第一节 会计工作管理体制

会计工作管理体制，是会计机构设置、领导隶属关系和管理权限划分等方针的体系、方法和制度的总称。作为一种制度安排，建立会计工作管理体制的关键是要明确政府、企业和会计人员在会计运行过程中的职责，在充分发挥会计职能作用、实现会计运行目标的同时，促进宏观和微观经济的健康有序运行。本节主要介绍我国现行的会计工作管理体制与会计监督体系。

一、我国的会计工作管理体制

我国现行的会计工作管理体制是一种政府主导型的体制。根据我国《会计法》的规定，我国会计工作实行"统一领导，分级管理"的管理体制。

在国家层面，国务院财政部门在统一规划、统一领导会计工作的前提下，发挥各级人民政府财政部门和中央各部门管理会计工作的积极性，各级人民政府财政部门和中央各业务主管部门应积极配合国务院财政部门管理好本地区、本部门的会计工作；各级人民政府财政部门根据上级财政部门的规划和要求，结合本地区的实际情况，管理本地区的会计工作，并取得同级其他管理部门的支持和配合。

国家实行统一的会计制度。国家统一的会计制度由国务院财政部门根据《会计法》制定并公布。国务院有关部门可以依照《会计法》和国家统一的会计制度，制定对会计核算和会计监督有特殊要求的行业的会计制度或者补充规定，报国务院财政部门审核批准。

在企业层面，会计工作管理体制以"统一领导，分级管理"为原则。各企业由财会部门统一管理整个企业的会计工作，负责制定企业的有关会计制度，组织整个企业的会计核算工作，负责对外提供财务会计报告等。企业所属各部门、各生产车间和班组在企业财会部门的领导下，实行分级负责的会计核算和管理，并充分发挥企业所属各部门、各生产车间和班组对加强会计核算的积极性，以促进整个企业的会计工作，提高企业的经济效益。

二、我国的会计监督体系

会计监督是会计控制的核心，是会计的一项重要职能，也是经济监督的重要组成部分。我国目前实行包括单位内部监督、社会监督和国家监督在内的"三位一体"的会计监督体系。

　　单位内部会计监督是一个单位为了保护其资产的安全、完整，保证其经营活动符合国家法律、法规和内部规章的要求，提高经营管理效率，防止舞弊，控制风险等，而在单位内部采取的一系列相互联系、相互制约的制度和方法。其本质是一种内部控制制度。各单位应当建立、健全本单位的内部会计监督制度。单位内部会计监督制度应当符合四项要求：一是记账人员与经济业务事项和会计事项的审批人员、经办人员、财物保管人员的职责权限应当明确，并相互分离、相互制约；二是重大对外投资、资产处置、资金额调度和其他重要经济业务事项的决策和执行的相互监督、相互制约程序应当明确；三是财产清查的范围、期限和组织程序应当明确；四是对会计资料定期进行内部审计的办法和程序应当明确。

　　会计的社会监督，主要是指社会中介机构，如会计事务所的注册会计师依法对受托单位的经济活动进行审计，并据实作出客观评价的一种外部监督形式。社会监督以其特有的中介性和公正性而得到法律的认可，并具有较强的权威性。为了加强会计工作的社会监督，保证注册会计师的审计工作得以顺利开展，根据有关法律、行政法规的规定，凡需经注册会计师进行审计的单位，应当向受托的会计师事务所如实提供会计凭证、会计账簿、财务会计报告和其他会计资料以及有关情况。注册会计师必须按照法定规则和职业判断作出客观、公正的审计结论，不受外界的干扰和左右，外界也不应违法干预注册会计师的审计业务。

　　国家有关部门实施会计监督的内容主要包括四项：

　　(1) 按照法律、行政法规和国家统一会计制度的规定，应当设置会计账簿的单位是否设置账簿；设置会计账簿的单位，其设置情况是否符合法律、行政法规和国家统一的会计制度的要求；各单位是否存在账外设账的违法行为等。

　　(2) 各单位对实际发生的经济业务事项是否及时办理会计手续，进行会计核算；各单位填制的会计凭证、登记的会计账簿、编制的财务报告是否与实际发生的经济业务事项相符，是否做到账实相符、账证相符、账账相符、财表相符；各单位提供的财务报告是否符合法律、行政法规和国家统一的会计制度的规定等。

　　(3) 各单位会计核算的内容是否真实、完整；各单位采用的会计年度、记账本位币、会计处理方法、会计记录文字等是否符合法律、行政法规和国家统一的会计制度的规定；各单位对会计要素的确认、计量、记录和报告是否符合国家统一的会计制度的规定；各单位会计档案保管是否符合法律的要求等。

　　(4) 各单位从事会计工作的人员是否取得了会计从业资格证书并接受管理；会计机构负责人(会计管理人员)是否符合任职条件等。

三、会计工作的组织形式

　　会计工作的组织形式一般分为集中核算和非集中核算两种。

1. 集中核算

　　集中核算，就是把整个单位的会计工作主要集中在会计部门进行，单位内部的其他部门和下属单位对其发生的经济业务不进行全面完整的核算，而只是填制原始凭证或原始凭证汇总表，定期交送会计部门，由会计部门对其进行审核，然后据以填制记账凭证，登记有关账簿，编制会计报表。

实行集中核算可以减少核算层次，精简会计人员，但不利于实行经济责任制。这种核算形式一般适于规模不大、内部各部门相距不远的企业。

2．非集中核算

非集中核算又称为分散核算，就是单位内部会计部门以外的其他部门和下属单位，在会计部门的指导下，对其发生的经济业务填制原始凭证或原始凭证汇总表，然后分别登记与其有关的明细分类账，而会计部门则登记总分类账和另一部分明细分类账，编制财务报表等。

非集中核算有利于各业务部门和车间及时的利用核算资料进行日常的考核和分析，因地制宜及时解决生产、经营上的问题。这种核算形式一般适用于规模较大或实行内部承包，所属单位非独立核算的企业。

一个单位实行集中核算还是非集中核算，主要取决于经营管理上的需要。无论采取哪种组织形式，各单位对外的现金收支、银行存款上的往来、应收和应付款项的结算，都应由会计部门来集中办理。

第二节　会计机构和人员

会计机构是企业、单位按照会计制度组织、领导和处理会计工作的专职机构。会计机构的设置是否合理或专职会计人员配备是否得当、职责分工是否明确，对于能否顺利地开展会计工作有着重要的影响。

一、会计机构的设置

1．设置会计机构的必要性

单位设置会计机构的必要性主要体现在以下两个方面：

(1) 是贯彻《会计法》的重要体现。我国《会计法》第 36 条明确规定："各单位应当根据会计业务的需要，设置会计机构，或者在有关机构中设置会计人员并指定会计主管人员；不具备设置会计机构和配备会计人员条件的，可以委托经批准设立从事会计代理记账业务的中介机构代理记账。"为了贯彻实施《会计法》的规定，单位要正确地组织会计工作。为了保证会计工作的顺利进行和充分发挥会计工作的作用，各企事业单位一般都应单独设置会计机构。如果单位的规模较小，会计业务不多，也可不设置会计机构，但需配备专职会计人员，以确保会计工作的顺利进行；如果单位既不具备设置会计机构的条件，也不具备设置会计人员的条件，可采取代理记账的方法。

(2) 是执行会计制度和完成会计任务的前提条件。设置会计机构，配备会计人员，可以明确会计工作的范围、内容、职责，完善会计核算体系，强化会计核算、会计监督，发挥会计在经营管理中的作用，从组织上确保会计制度的贯彻落实和会计任务的完成。

2．设置会计机构的原则

由于各单位在规模、业务类型、管理要求等方面存在差异，因此不同的单位在设置会计机构时也会有所不同。但是，无论单位如何设置会计机构，都应遵循以下原则：

(1) 适应性原则。不同单位所设置的会计机构应与本单位的规模、业务类型和管理要求相适应。如果单位的业务量很大，可设置较大规模的会计机构；反之，会计机构规模可小些。

(2) 效益性原则。设置会计机构的目的是有效完成会计工作，提高单位经济效益。因此，设置会计机构时不应盲目追求机构庞大，而应体现以最小的人力、物力、财务消耗，实现最大经济效益的原则。

(3) 岗位责任原则。要求单位设置会计机构时应体现岗位责任制，不同岗既要分工合作，又要相互配合，同时加强内部控制制度，各岗位相互制约、相互监督，尽量在会计机构内部最大限度地减少工作失误。

3. 我国会计机构的设置

为了保证会计工作的正常进行，在一些规模大、会计业务复杂且工作量大的单位，可根据统一领导、分级管理的原则，在单位内部设置各级、各部门的会计组织，它们可以根据会计业务量的多少，单独设置会计组织或会计人员。

基层单位的会计机构，一般称为会计(财务)处、科、股、组等，在行政负责人的领导下开展工作。在设置总会计师的单位，各级会计机构由总会计师直接领导，负责组织和监督本企业及下属各级财务会计工作，制定本单位的财务会计制度，负责处理本单位的财务收支，并对本单位的经济活动进行核算汇总，编报本单位的会计报表，同时接受上级财务主管部门的指导和监督。在规模较大的企业，其内部各业务部门、车间等单位，也应设置会计机构或配备专职核算人员，在企业会计机构的领导下，组织和进行规定范围内的财务会计工作。

各级主管部门一般设置会计(财务)司、局、处、科。这些会计机构要负责组织、领导和监督所属单位的会计工作。其主要任务是：根据国家统一会计法规、制度的要求，制定本系统适用的会计法规、制度的实施细则；审核并批复所属单位上报的财务报表，同时汇编本系统的汇总财务报表；检查并指导所属单位的会计工作，帮助其解决工作上的问题；总结并组织交流所属单位会计工作的先进经验；核算本单位与财政机关及上下级之间有关款项缴拨的会计事项，等等。

会计机构是一个综合的经济管理部门，它和单位内部其他各职能部门、各生产经营单位的工作有着十分密切的联系。会计机构要主动为各职能部门、各业务单位服务，并依靠各职能部门和业务单位共同做好会计工作，完成会计任务。会计机构还要接受上级管理机构以及国家财政、税务和审计等部门的指导与监督，并按规定向它们报送会计报表。

二、会计人员

1. 会计人员的素质要求

会计人员肩负着重大责任，他们必须具备一定的素质，才能正确地履行其职责和行使其权限，做好会计工作，完成会计任务。

会计人员的素质，是指会计人员从事会计工作应具有的品质和能力。具体包括下列几个方面：

(1) 政治素质。会计人员要坚持爱国主义、集体主义教育，要加强社会公德、职业道德建设，要树立正确的世界观、人生观和价值观。会计人员在履行职责、行使权限时，要严守法纪，坚持原则，执行有关的会计法规，维护国家利益，抵制一切违法乱纪、贪污盗窃的行为，要勇于负责，勇于斗争。

（2）文化素质。在国际化的经济大环境中，会计人员研究问题和处理业务都需要了解国内外政治、经济、法律等各方面的知识，应具备经济学、哲学、财政学、金融学、税收学、审计学、统计学、国际贸易学、企业管理学、数学、经济法学、计算机技术等多方面的知识。

（3）业务素质。对一个会计人员来讲，在专业理论知识上只具有某种会计学科的专业知识是不能有效地研究和处理现代会计问题的。会计人员要全面学习、掌握会计专业理论和与会计有关的经济理论，才能更好地解决实际问题。在专业工作能力上，会计人员要具有较强的会计核算能力、会计管理能力、组织领导能力、语言表达能力，要有沟通协作精神与团队意识，才能适应高度竞争的业务环境。

提高会计人员的素质，要通过加强会计人员的学历教育、后续教育和考核机制等途径来实现。

2. 会计人员的任职资格

会计人员是从事经济管理工作的专业技术人员。为了明确具备不同专业工作能力的会计人员的工作职责、权限和应享有的经济待遇，调动每个会计人员的工作积极性和创造性，应当按照工作需要和本人的条件，分别聘任一定的专业技术职务。会计人员的专业技术职务根据《会计专业职务试行条例》分为高级会计师、会计师、助理会计师和会计员四种。其中，高级会计师为高级职务，会计师为中级职务，助理会计师和会计员为初级职务。这四种专业技术职务的任职分别为：

（1）会计员的基本条件：初步掌握财务会计知识和技能，熟悉并能遵守有关法规和财务会计制度，能担负一个岗位的财务会计工作。大学本科或中等专科学校毕业，在财务会计岗位上见习一年期满。

（2）助理会计师的基本条件：掌握一般的财务会计基础理论和专业知识，熟悉并能正确执行有关的财经方针、政策和财务会计法规、制度，能担负一个方面或某个重要岗位的财务会计工作。取得硕士学位或第二学士学位或研究生班结业证书，具备履行助理会计师职责的能力；大学本科毕业，在财务会计工作岗位上见习一年期满；大学专科毕业并担任会计员职务二年以上，或中等专业学校毕业并担任会计员职务四年以上。

（3）会计师的基本条件：较系统地掌握财务会计基础理论和专业知识，掌握并能正确贯彻执行有关的财经方针、政策和财务会计法规、制度，具有一定的财务会计工作经验，能担负一个单位或管理一个地区、一个部门、一个系统某个方面的财务会计工作。取得博士学位，并具有履行会计师职责的能力；取得硕士学位并担任助理会计师职务二年左右；取得第二学士学位或研究生班结业证书，并担任助理会计师职务二至三年；大学本科或大学专科毕业并担任助理会计师职务四年以上。

（4）高级会计师的基本条件：较系统地掌握经济、财务会计理论和专业知识，具有较高的政策水平和丰富的财务会计工作经验，能担负一个地区、一个部门或一个系统的财务会计管理工作。取得博士学位，并担任会计师职务二至三年；取得硕士学位、第二学士学位或研究生班结业证书或大学本科毕业并担任会计师职务五年以上。

会计人员必须首先获得专业技术职务的任职资格，然后由各单位根据会计工作需要和本人的实际工作表现聘任一定的专业职务。为了进一步提高会计人员从事本职工作的积极性，更好地体现客观、公正的原则，加强会计工作队伍的建设，作为会计改革的一部分，从 1992 年 8 月份起，我国开始实行会计人员专业技术职务任职资格考试，即"以考代评"，以专业知识水平测试成绩作为确定会计人员专业职务任职资格的主要依据。会计专业技术资格考试分为初级、中级和高级。通过初级和中级资格考试的人员可聘任助理会计师和会计师职务，高级会计师实行考试与评审相结合的评审制度。

各单位应根据本单位的工作需要设置会计专业技术职务并聘任会计人员担任。但为了保证会计工作的质量，会计人员无论是否被聘任担任一定的专业技术职务，都必须取得由财政部门颁发的"会计从业资格证书"，才能从事会计专业工作。会计从业资格证书是进入会计岗位的准入证，在全国范围内有效。

会计从业资格的取得实行考试制度。具备教育部门认可的中专(含中专)以上会计类专业学历且符合相关规定的人员，自毕业之日起两年内(含两年)免试会计基础、初级会计电算化(或者珠算五级)。超过两年未取得会计从业资格的，必须通过参加会计从业资格考试取得会计从业资格。

会计从业资格考试科目、考试大纲由财政部统一制定。会计从业资格考试科目有：财经法规与会计职业道德、会计基础、初级会计电算化或者珠算(五级)。

3. 会计人员的职责与权限

在我国，会计人员的职责和工作权限是由国家统一规定的。我国《会计法》规定会计人员的主要职责是进行会计核算和实行会计监督。

1) 会计人员的职责

(1) 会计核算。会计核算就是按照会计法规认真办理会计事项，及时、准确、完整地记录、计算和反映企业单位的经营活动，为经营决策提供真实可靠的会计信息的过程。其内容主要包括：

① 对于款项和有价证券的收付、财产物资的增减、债权债务的发生和结算、各种收入及费用的确认和计算、财务成果的计算和分配等，都必须正确、完整地办理会计手续，进行会计核算；

② 按照会计规范的规定记账、算财、报财，做到手续完备、内容真实、数字确凿、财目清楚、账实相符、日清月结、按期编制会计报表；

③ 按照经济核算原则定期检查、分析、考核财务计划、预算的执行情况，揭露经济活动中存在的问题，为企业经营决策提供可靠的会计信息；

④ 建立会计档案制度，妥善保管会计凭证、账簿和会计报表等会计档案。

(2) 会计监督。会计监督是指会计人员通过日常会计工作对经济活动进行监督。具体内容包括：

① 对于违反现金管理条例、费用开支标准的，会计人员有权拒绝付款、拒绝报销、拒绝执行，并向本单位的领导报告，提请处理；

② 发现弄虚作假、营私舞弊、欺骗上级等违法乱纪行为应及时制止、反映和揭露；

③ 揭露和制止现实的和可能发生的损失和浪费，促使有关部门和人员勤俭节约，提高经济效益。

　2) 会计人员的工作权限

为了保证会计人员能切实履行职责，会计人员具有如下工作权限：

(1) 参与各项经济计划的制订和各项经营方案的预测和决策；

(2) 参与有关生产、经营管理会议，分析原因，总结经验，揭露矛盾，提出改进措施；

(3) 参与各种定额的制定、经济谈判和经济合同签订等事项；

(4) 监督、检查本单位的财务收支、资金使用和财产保管及使用等。

第三节　会 计 档 案

一、会计档案的基本含义

会计档案是指会计凭证、会计账簿和会计报表以及其他有关财务会计工作要集中保管的文件。它是反映和记录经济业务的重要史料和证据。

企业单位的会计档案具体包括：

(1) 会计凭证类：原始凭证、记账凭证、汇总凭证、其他会计凭证。

(2) 会计账簿类：总账、明细账、日记账、固定资产卡片、辅助账簿、其他会计账簿。

(3) 财务报告类：月度、季度、年度财务报告(包括财务报表、附表、附注及文字说明)，以及其他财务报告。

(4) 其他类：银行存款余额调节表、银行对账单、其他应当保存的会计核算专业资料、会计档案移交清册、会计档案保管清册、会计档案销毁清册。

建立会计档案是会计工作的一项重要内容。会计部门只有将各种会计资料汇总成档，并如期呈交档案管理部门，会计档案才能得以建立，会计档案的管理工作也才能顺利进行。我国《会计法》规定，各单位对会计凭证、会计账簿、财务会计报告和其他会计资料应当建立档案，妥善保管。会计档案的保管期限和销毁办法，由国务院财政部门会同有关部门制定。因此，会计部门的建档工作是会计档案形成和管理的基础工作，各单位的会计部门必须对此予以高度重视。

二、会计档案的保管与销毁

为了加强会计档案管理，财政部和国家档案局于 1984 年 6 月 1 日联合颁布了《会计档案管理办法》，自公布之日起施行。1998 年 8 月 21 日，财政部和国家档案局发布了修订的《会计档案管理办法》，自 1999 年 1 月 1 日起施行。这一文件统一了会计档案的管理制度，划清了会计档案与其他档案的界限，明确了会计部门与档案管理部门的分工协作关系，确定了会计档案的保管期限和销毁办法。各单位必须遵照《会计档案管理办法》的有关规定，建立和健全会计档案的立卷、归档、保管、调阅和销毁等管理制度，切实把会计档案保管好。

(一) 会计档案的保管及期限

《会计档案管理办法》规定："各级人民政府财政部门和档案行政管理部门共同负责会计档案工作的指导、监督和检查。"

各单位每年形成的会计档案，应当由会计机构按照归档要求，负责整理立卷，装订成册，编制会计档案保管清册。当年形成的会计档案，在会计年度终了，可以暂由会计机构保管一年，期满之后，应当由会计机构编制移交清册，移交本单位档案机构统一保管；未设立档案机构的，应当在会计机构内部指定专人保管。出纳人员不得兼管会计档案。

移交本单位档案机构保管的会计档案，原则上应当保持原卷册的封装。个别需要拆封重新整理的，档案机构应当会同会计机构和经办人员共同拆封，以分清责任。

会计档案的保管工作分为永久、定期两类。定期保管期分为 3 年、5 年、10 年、15 年、25 年 5 类。会计档案的保管期限，从会计年度终了的第一天算起。《会计档案管理办法》规定的会计档案保管期限为最低保管期限，各类会计档案的保管原则上应当按照该办法附表所列期限执行。各单位会计档案的具体名称如有同该办法附表所列档案名称不相符的，可以比照类似档案的保管期限办理。目前企业会计档案的保管期限见表 12-1 所示。

表 12-1 企业会计档案保管期限表

会计档案名称	保管期限	备注
一、会计凭证类		
1. 原始凭证	15 年	
2. 记账凭证	15 年	
3. 汇总凭证	15 年	
二、会计账簿类		
1. 总账	15 年	包括日记总账
2. 明细账	15 年	
3. 日记账	15 年	现金和银行存款日记账保管 25 年
4. 固定资产卡片		固定资产报废清理后保存 5 年
5. 辅助账簿	15 年	
三、财务报告类		包括各级主管部门的汇总财务报告
1. 月、季度财务报告	3 年	包括文字分析
2. 年度财务报告(决算)	永久	包括文字分析
四、其他类		
1. 会计移交清册	15 年	
2. 会计档案保管清册	永久	
3. 会计档案销毁注册	永久	
4. 银行余额调节表	5 年	
5. 银行对账单	5 年	

(二) 会计档案的调阅及销毁办法

1. 会计档案的调阅

各单位对其会计档案必须进行科学管理，做到妥善保管，存放有序，查找方便，并积极为本单位提供，以便利用。

各单位保存的会计档案不得借出。如有特殊需要，经本单位负责人批准，可以提供查阅或者复制，并办理登记手续。各单位应设置"会计档案调阅登记簿"，详细登记调阅日期、调阅人、调阅理由、归还日期等。

查阅或者复制会计档案的人员，严禁在会计档案上涂画、拆封和抽换。

2．会计档案的销毁

保管期满的会计档案，应按照以下程序销毁：

(1) 由本单位档案机构会同会计机构提出销毁意见，编制会计档案的销毁清册，列明销毁会计档案的名称、卷号、册数、起止年度和档案编号、应保管期限、已保管期限、销毁时间等内容。

(2) 单位负责人在会计档案销毁清册上签署意见。

(3) 销毁会计档案时，应当由档案机构和会计机构共同派员监销。国家机关销毁会计档案时，应当由同级财政部门、审计部门派员参加监销。财政部门销毁会计档案时，应当同级审计部门派员参加监销。

(4) 监销人在销毁会计档案前，应当按照会计档案销毁清册所列内容清点核对所要销毁的会计档案。销毁后，应当在会计档案销毁清册上签名盖章，并将监销情况报告本单位负责人。

需要注意的是，保管期满但未结清的债权债务原始凭证和涉及其他未了事项的原始凭证，不得销毁，应当单独抽出立卷的会计档案，并应在会计档案销毁清册和会计档案保管清册中列明。

正处于项目建设期间的建设单位，其保管期满的会计档案不得销毁。

总之，会计档案是会计事项的历史记录，是总结经验，进行决策所需利用的重要资料，也是进行财务会计检查、审计检验的重要资料。因此，各单位的会计部门必须认真做好会计档案的管理工作。

第四节　会 计 电 算 化

一、会计电算化的意义

随着社会生产力的发展和生产社会化程度的日益提高，人们对会计数据记录、计算、分类整理、储存和报告等操作过程中所采用的技术方法提出了越来越高的要求。于是，人们把实际工作和理论研究的焦点聚集到一个新的领域——会计电算化。会计工作电算化就是利用电子计算机代替手工，完成对会计数据的记录、计算、分类整理、储存和报告，甚至完成对会计信息的分析、预测和决策的过程。

会计工作电算化对管理现代化具有十分重要的意义。其具体表现在以下几个方面：

(1) 计算机的使用使得会计工作从记账到编制会计报表全部实现自动化，将会计人员从传统的手工操作中解放出来，大大提高了会计工作效率，使会计人员有更多的时间和精力从事生产经营管理活动，全面发挥会计在经济管理中的作用。

(2) 计算机的运算速度和准确性远远超过了人的运算能力，这样就提高了会计数据处理的及时性，确保了会计信息的正确性。

(3) 计算机运算速度快，准确无误且存储量大，它不仅代替了传统的记账、算账和报账，而且还能应用大量的数学模型对经济活动进行预测和决策，这样就拓宽和增强了会计的职能。

(4) 由于会计工作中使用了计算机，会计信息能够及时反馈，增强了企业的内部控制能力，并且计算机可根据设定的操作权限来认定操作者，避免了手工处理过程中的权限不清和违反制度的情况，从而进一步完善了会计管理工作，强化了会计对经济活动的监督。

二、会计电算化的内容

会计电算化是在会计理论的研究与会计实务处理中应用电子计算机技术的一种通俗说法。它所涉及的内容主要包括：

(1) 改变原来的会计处理程序。会计电算化把在生产经营活动中产生的原始数据，通过现场的计算机终端或直接把原始凭证集中到会计信息中心，借助一定的设备输入计算机中，通过已装入机内的会计软件对数据进行加工、整理和存储，日后根据需要打印出来各类账表及核算资料。由于借助计算机进行会计业务处理，因此在原始凭证、账表和会计操作规程等方面引起了一系列的变化。

(2) 着力提高会计需求数据的及时性和精确性。由于计算机能长期、大量地存储数据，并高速、准确地进行数值计算与数据处理工作，从而突破了手工操作的局限性，能为经济管理提供详细、准确、及时的信息。

(3) 着力扩展会计数据的领域。计算机不仅能建立过去经济活动中的详细记录，而且可以及时掌握当前经济活动的最新数据，还可以把各类预测资料随时输入会计信息系统中，为日常管理、分析、预测和决策及时提供可靠的依据。

总之，实现会计电算化，建立会计信息系统，依据会计制度规定的成本、利润等计算方法和各项经济业务处理要求，设计数据计算公式和数据处理流程；采取数据校验和防错、排误措施，保持资产与负债、所有者权益之间，科目的借方数据和贷方数据之间的始终平衡；真实、准确的数据处理结果，是正确处理国家与企业、企业与企业、企业与职工之间经济关系的可靠依据；为防止无意差错和有意舞弊，设计内部控制机制，等等，这些构成了会计电算化的主要内容。

三、会计电算化下的账务处理

会计电算化下的账务处理要以会计业务为主，既要考虑计算机对其进行的数据管理，又要考虑会计人员使用的灵活性和方便性。按照财政部颁发的关于会计电算化软件设计的基本要求，应使账务处理在电算化之后具备如下特点：① 要采用新会计制度规定的会计科目编码方案，一级科目同新的会计科目编码严格一致。② 提供的数据输入在内容上要符合新会计制度的要求，凭证输入项目与手工填制凭证项目一致。③ 利用借贷记账法的平衡原理对所录入的凭证进行校验，使数据输入程序具备一定的错误防范功能。④ 经计算机登记过的记账凭证及账簿，不再提供修改功能。⑤ 能够按会计制度规定的格式和要求，打印输出各种账簿，并且提供必要的诸如凭证查询、总账查询、明细账查询等查询功能。⑥ 使系统具有一定程度的安全性，对指定操作人员的使用权限实行严格的管理和控制，采用按口令进入系统和数据加密等方法，杜绝非指定人员擅自使用。⑦ 在计算机出现故障或短期异常时，应有对现有数据进行保存和恢复的功能。

(一) 会计科目的设置

为了便于编制会计凭证、登记账簿和查阅账目，会计科目应按照会计主体设计的会计制度进行设置。由于会计科目的文字长短不一，不利于计算机识别和处理，因此电算化下的会计科目一般实行代码化，以便于节省存储空间，提高运算速度，进行数据的分类、汇总、编表、识别和检索等数据处理活动。编码的方法有顺序码、组码和群码或将各种编码技术结合起来使用。为了做好会计科目的编码工作，在科目代码设计时，应注意以下几项原则：

(1) 唯一性原则，即一个科目代码只能代表一个意思。

(2) 统一性原则，即不同部门的同类经济业务的科目的代码应当统一。

(3) 规律性原则，即科目代码的顺序和层次应当具有一定的规律性。

(4) 稳定性原则，即代码确定后不能随意打乱重编，应保持一定的稳定性。

(5) 扩展性原则，即在编制代码时，应事先考虑到因社会环境的变化和内部业务发展使会计科目增减造成扩充代码的可能性，使新扩充的代码易于插入而不打乱原来编制的代码秩序。

(6) 简短性原则，即在满足上述原则的基础上，代码位数应尽量少，以减少输入和运算的工作量。

(二) 会计凭证的设计

在会计电算化条件下，由于传统纸质凭证无法输入计算机，所以需将原始凭证转换为机器可读的媒体后输入。因此，必须合理地设置自制原始凭证，注意凭证的通用性。设计的自制原始凭证能满足各个职能部门的要求，做到一单多用。此外，所设计的凭证还应易于管理人员填写、计算机处理，利于传递和归档保管。电算化条件下的自制原始凭证的内容除了应具备手工会计凭证的基本项目外，还应根据计算机处理的需要，设置一些新的项目，如凭证的标识代码、会计科目代码、凭证流转路线等。

对于外来的原始凭证，由于其格式和名称目前还很难统一，因此当企业收到外来原始凭证时，要将审核无误的外来原始凭证根据企业对输入数据设计的要求和数据输入的特点，把凭证上的数据转换到确定的输入介质上或直接通过键盘输入。

由于计算机具有准确的逻辑判断能力和按程序指令自动进行分类汇总的功能，所以只要在标准化原始凭证上标明应借、应贷的会计科目代码和金额，机器便可按照事先编好的程序，根据输入凭证上的借方、贷方会计科目代码，调用已建立好的会计账簿文件，将有关数据记入相应账簿文件中去。这样，记账凭证就可和原始凭证合二为一，做到一单两用。

对于少数经济业务不能用原始凭证来替代的记账凭证或在过渡时期还需保留的记账凭证，则可事先通过人工编制，然后输入计算机进行处理，或者在注明了应借、应贷会计科目代码和金额的原始凭证输入的同时，根据程序指令，由计算机自动"编制"并打印出记账凭证，以供存档保管。

为了提高计算机识别和处理数据的速度，节省储存空间，记账凭证上的会计分录可采用标准化的业务代码编制。如按科目代码编制分录，用业务代码反映摘要、说明经济业务的内容，或者将会计科目代码和经济业务代码合并，组成会计分录代码，以此来编制分录。

记账凭证的设计，应做到易于核对分录，便于记账和保管原始凭证，便于计算机检索、分类和汇总。

(三) 账簿文件的设置

根据电算化核算和管理的需要，账务处理一般应建立总账文件、明细账文件和日记账文件。

由于总账需要长期使用，所以应建立磁盘文件。总账的记录数量和存取次数相对少，一般可采用顺序文件的形式；而少数管理上需要经常调动的总账，则可建成顺序索引文件，并采用随机存取的方式。总账磁盘文件的建立，一般按一级科目设置，采用总账科目代码和期末余额建成磁盘文件方式，当经济业务发生后，利用总账磁盘文件记录在案的期初余额和该科目的本期发生额，算出期末余额，用期末余额更新磁盘文件的余额，并打印总账文件，以便保管。总账磁盘文件也可采用将总账文件的全部信息建立磁盘文件的方式，即在总账文件中反映各科目的期初额、本期发生额和期末余额。

由于明细账文件数量较多，业务量相对较大，因此通常采用索引顺序文件或直接文件方式。业务量较少的可采用顺序存取方式，按照总账科目设立明细账磁盘文件，文件中按照明细科目代码设置记录，并以明细科目代码作为记录键。反之，则可采用随机存取方式，用几个一级科目组合设置明细账磁盘文件，在文件中按一级科目设置记录，以一级科目加后缀作为记录键。

由于日记账是序时账，所以大多数采用顺序文件。

(四) 账务处理程序

财务处理程序是指会计核算中证、账、表的处理过程。在电算化会计系统中，一般包括以下内容：① 将凭证上的原始数据输入计算机。② 审核凭证数据。在凭证上的数据输入计算机前，应审核经济业务是否合理合法；数据输入计算机后，还应进行校验，以保证输入数据正确无误。③ 凭证排序。原始数据输入后，要进行排序，以便计算机处理和登记账簿。一般原始凭证可按日期、凭证号排序。原始凭证替代记账凭证和人工编制的记账凭证，则要按科目代码、日期、凭证号来排序。④ 科目处理。将原始数据输入计算机后，通过程序指令来处理会计科目(或在人工编制记账凭证下)，确定会计分录。⑤ 登记账簿。校验输入计算机的凭证数据，按程序指令记入账簿文件。⑥ 报表设计。将计算机处理后的结果，按人们容易辨认的报告形式打印输出。

思 考 题

1. 会计核算的组织形式有哪两种？
2. 会计人员应具备哪些素质？
3. 如何进行会计档案的调阅和销毁？
4. 实行会计数据处理电算化的必要性是什么？

第十三章　会计职业道德

第一节　会计职业道德概述

　　道德是人类社会独有、普遍存在的现象，是一种依靠社会舆论、传统习惯、教育和人的信念的力量去调整人与人、人与社会之间关系的一种特殊的行为规范。道德作为一种行为规范，它规定了人们应该怎样做，不应该怎样做，哪些允许做，哪些不允许做。人类社会生活可分为三个领域，即公共生活、家庭生活和职业生活，与之相适应，道德也分为社会公德、家庭美德和职业道德，这三大领域的道德既相互区别，又相互联系，成为社会主义精神文明的重要组成部分。如社会公德倡导文明礼貌、助人为乐、爱护公物、保护环境、遵纪守法；家庭美德倡导尊老爱幼、男女平等、夫妻和睦、勤俭持家、邻里团结；职业道德倡导爱岗敬业、诚实守信、办事公道、服务群众、奉献社会等。职业道德是职业活动对职业行为的道德要求，体现一定职业特征和行业特点，针对不同职业的人员，对其职业行为提出了不同的道德要求，形成了不同的职业道德规范。如医生的职业道德是救死扶伤、治病救人、实行人道主义；法官的职业道德是清正廉明、刚直不阿；商人的职业道德是买卖公平、童叟无欺；教师的职业道德是为人师表、教书育人；军人的职业道德是服从命令、不怕牺牲。这些职业道德规范用来指导和约束职业行为，以保证职业活动的正常进行。

一、会计职业道德概念

　　会计职业道德，是指在会计职业活动中应该遵循的、体现会计职业特征的、调整会计职业关系的职业行为准则和规范。会计职业道德作为社会道德体系的重要组成部分，既吸纳社会公共道德规范的一般要求，如爱岗敬业、诚实守信；又突出会计职业特征，如客观公正、坚持准则、诚实守信等，自成体系。中国古代圣贤认为：人无诚信不立，事无诚信不成，国无诚信不强。会计职业道德规范的对象，既有单位的总会计师、会计机构负责人、会计人员，也有社会中介机构的注册会计师，两者都是以会计信息为载体从事会计工作的群体，从广义上说，都是会计职业道德规范的主体。

二、会计职业道德的功能

　　会计职业道德具有以下基本功能：

(一) 指导功能

指导功能，即指导会计人员行为的功能。会计职业道德规范作为一种指引或劝诫，表达了社会对会计人员行为的期望和要求，如爱岗敬业、诚实守信(不做假账)、廉洁自律、客观公正等。这种期望和要求如果被会计人员所认同就会转变为会计人员自觉的行为；即使不被会计人员所认同，由于道德舆论的强大压力，也往往会被会计人员接受和遵循。职业道德对会计人员的动机和行为的指导作用是至关重要的，会计人员整天与钱物打交道，稍有私心杂念，就会陷入金钱的泥沼，走上贪赃的邪路。会计职业道德通过对会计的行为动机提出相应的要求，引导、规范、约束会计人员树立正确的职业观念，遵循职业道德的要求，从而达到规范会计行为的目的。

(二) 评价功能

评价功能，即对会计人员的执业行为，根据一定的道德标准进行评价。这一功能又可分解为褒扬的功能和谴责的功能。前者通过引起主体的自豪感和光荣感，对主体的动机和行为起鼓舞、激励的作用；后者通过引起主体的羞愧、内疚等情感，对主体的动机和行为起抑制和纠错的作用。现阶段，通过开展会计职业道德的评价、检查与奖惩，倡导、赞扬、鼓励自觉遵守会计职业道德规范的行为，贬抑、鞭挞、谴责、查处会计造假等不良行为，对会计人员起着引导或威慑的作用，有助于督促会计人员在行为上遵守职业道德规范，形成良好的道德情感，也有利于形成抑恶扬善的社会环境。

(三) 教化功能

道德具有引导人的行为的功能，这种引导的特点是：劝善戒恶，并辅之以社会舆论的赞扬或谴责，进而作用于人的道德良心和道德情感。这对于会计人员的思想、感情和行为，有一种潜移默化的塑造作用，不但能够影响会计人员当下的动机和行为，而且能够改造会计人员的道德品质，提高会计人员的道德境界。

可见，会计职业道德作为一种良性调整会计职业关系和改造会计人员品质的方式，调整面广，这是行政命令和会计法律制度所不及的。从某种意义上说，会计职业道德比会计法律制度更加重要，会计人员只有达到了会计职业道德的要求，才能够自觉遵纪守法，自觉抵制违法乱纪行为。实际工作中，凡是违法乱纪的，都会违反会计职业道德，如社会上出现的会计造假案件，既是严重的违法行为，也是会计职业道德缺失的突出表现。市场经济越发展，对会计职业道德水准要求越高，只有"德才兼备"才能成为一名合格的会计人员。同时，也必须看到，会计职业道德规范是柔性规范，缺乏强制力，需要会计法律制度等刚性规定来支持。

三、会计职业道德与会计法律制度

会计职业道德与会计法律制度作为社会规范，均属于会计人员行为规范的范畴，两者既有联系，也有区别。在社会主义市场经济条件下，会计法制的加强并不意味着会计职业道德作用的削弱，二者并不是此消彼长的关系。

1. 会计职业道德与会计法律制度的联系

会计职业道德与会计法律制度有着共同的目标、相同的调整对象、承担着同样的职责，二者联系密切。主要表现在：

(1) 两者在目标上根本一致。会计职业道德是通过调整会计工作中的人际关系，激发会计人员的工作热忱，把提高会计水平作为自身的道德责任，达到为单位利益、国家利益更好地聚财、理财、用财、生财的目的。同样，会计法律制度也是旨在通过稳定会计工作秩序和保证社会再生产过程顺利进行，提高会计工作效率，从而也达到为单位利益和国家利益更好地聚财、理财、用财、生财的目的。可以说，两者"殊途同归"。

(2) 两者在作用上相互补充。在规范会计行为中，我们不可能完全依赖会计法律制度的强制功能而排斥会计职业道德的教化功能，会计行为不可能都由会计法律制度进行规范，不需要或不宜由会计法律制度进行规范的行为，可通过会计职业道德规范来实现；同时，那些基本的会计行为准则必须运用会计法律制度来强制遵守。

(3) 两者在内容上相互渗透、相互重叠。会计法律制度中包括有会计职业道德规范的内容，同时，会计职业道德规范中也包括会计法律制度的某些条款。

(4) 两者在地位上相互转化、相互吸收。最初的会计职业道德规范就是对会计职业行为约定俗成的基本要求，后来制定的会计法律制度吸收了这些基本要求，便形成了会计法律制度。可以说，会计法律制度是会计职业道德的最低要求。

(5) 两者在实施过程中相互作用。会计职业道德是会计法律制度正常运行的思想基础，会计法律制度是促进会计职业道德规范形成和遵守的重要保障。

2. 会计职业道德与会计法律制度的主要区别

(1) 性质不同。会计法律制度充分体现统治阶级的愿望和意志，在一个阶级社会里只有一种会计法律制度。会计法律制度通过国家强制执行，具有很强的他律性。会计职业道德并不都是统治阶级的意志，很多来自于职业习惯和约定俗成。在一个阶级社会里，会计职业道德不是唯一的。会计职业道德依靠会计从业人员的自觉性，自愿地执行并依靠社会舆论和良心来实现，基本上是非强制执行的，具有很强的自律性。

(2) 作用范围不同。会计法律制度侧重于调整会计人员的外在行为和结果的合法化，具有较强的客观性。会计职业道德不仅要求调整会计人员的外在行为，还要调整会计人员的内在精神世界，要求人们动机的高尚和纯洁，具有较强的主观性。会计法律制度的各种规定是会计职业关系得以维系的最基本的条件，是对会计从业人员行为的最低限度的要求，用以维持现有的会计职业关系和正常的会计工作秩序。在会计职业活动的实践中，虽然有很多不良的会计行为在违反了会计法律制度的同时也违反了会计职业道德，但也有的不良会计行为只是违反了会计职业道德而没有违反会计法律制度。例如，会计人员不钻研业务，不注重新知识的学习，缺乏参与管理、强化服务的工作能力。对这种情况，我们可以说会计人员没有很好地遵守会计职业道德，但不能说其违反了会计法律制度。再如，某些会计人员缺乏爱岗敬业精神，对本职工作仅满足现状、不求进取、应付差事，我们也不能说这种现象违反了会计法律制度，但它违背了爱岗敬业、提高技能等会计职业道德规范的基本要求。

(3) 表现形式不同。会计法律制度是通过一定的程序由国家立法部门或行政管理部门制定颁布和修改的，其表现形式是具体的、明确的、正式形成文字的成文条例。而会计职业道德出自会计人员的职业生活和职业实践，日积月累、约定俗成。其表现形式既有明确的成文的规定，也有职业习惯等不成文的规范，尤其是那些较高层次的会计职业道德，存在于人们的意识和信念之中，并无具体的表现形式，它依靠社会舆论、道德教育、传统习俗和道德评价来实现。即使是那些成文的会计职业道德，与会计法律制度相比，在表现形式上也缺乏具体性和准确性，通常只是指出人们应当做或不应当做某种行为的一般原则和要求。

(4) 实施保障机制不同。会计法律制度不仅仅是一种权利和义务的规定，而且为了达到有法必依、执法必严、违法必究的目的，还需要有一套实施保障机制。会计法律制度的这种保障机制，不仅体现在其法律规范的内容中具有明确的制裁和处罚条款，而且体现在设有与之相配合的权威的制裁和审判机关。而当人们对会计职业道德上的权利与义务发生争议时，由于没有权威机构对其中的是非曲直明确作出裁定，即使有裁定也是舆论性质的，缺乏权威机构保障对裁定的执行。

3．会计行为的法治与德治

法律和道德作为上层建筑的组成部分，都是维护社会秩序、规范人们思想和行为的重要手段，它们相互联系、相互补充。江泽民同志指出，"在我们建设有中国特色社会主义，发展社会主义市场经济的过程中，要坚持不懈地加强社会主义法制建设，依法治国，同时也要坚持不懈地加强社会主义道德建设，以德治国。对一个国家的治理来说，法治与德治，从来都是相辅相成、相互促进的。二者缺一不可，也不可偏废。"

法律治外，道德修内，二者具有充分的互补性。要把法制建设与道德建设紧密结合起来，把依法治国与以德治国紧密结合起来。会计行为的规范化不仅要以会计法律、法规作为保证，还要依赖会计人员的道德信念、道德品质来实现。会计职业道德准则只有转化为人们的内在信念和内在品质，才能在会计行为中真正扎下根，达到治本的目的。为此，在规范会计行为，维护社会主义市场经济秩序中，既要坚持不懈地加强会计法制建设，依法规范会计行为，同时也要坚持不懈地加强会计职业道德建设，以德治理会计行为。

第二节　会计职业道德规范的主要内容

会计职业道德规范，是指在一定社会经济条件下，对会计职业行为及职业活动的系统要求或明确规定，是职业道德在会计职业行为和会计职业活动中的具体体现。根据我国会计工作管理、会计人员的实际情况，结合《公民道德建设实施纲要》和国际上会计职业道德的一般要求，我国会计职业道德规范的主要内容包括：爱岗敬业、诚实守信、廉洁自律、客观公正、坚持准则、提高技能、参与管理和强化服务等。

一、爱岗敬业

1．爱岗敬业的含义

爱岗敬业就是要求会计人员热爱本职工作，安心本职岗位，并为做好本职工作锲而不舍、尽职尽责。这里所说的"岗"，是指会计工作岗位。会计工作可以划分为若干具体的岗位，如总会计师岗位、会计主管、出纳、财产物资核算、成本费用核算、财务报告的编制、稽核、档案管理，等等。俗话说"三百六十行，行行出状元"，只要用恭敬严肃的态度认真对待自己的职业，将身心与职业工作融为一体，干一行爱一行，干好一行，就是爱岗敬业。爱岗和敬业，互为前提，相互支持，相辅相成。爱岗是敬业的基石，敬业是爱岗的升华。

会计人员对所从事的会计工作没有热情，不热爱，就难以做到吃苦耐劳，兢兢业业；就不会主动想到去刻苦钻研业务，更新专业知识，提高业务技能；就不会珍惜会计这份工作，努力维护会计职业的声誉和形象，自觉地做到忠于职守；就无法具备与其职务相适应的业务素质和能力，更谈不上坚持准则、客观公正、文明服务，维护国家和单位的经济利益。会计人员虽有热爱会计职业的一腔热情，没有勤奋踏实的工作作风和忠于职守的实际行动，敬业也就成为一句空话。

2．爱岗敬业的基本要求

(1) 热爱会计工作，敬重会计职业。要热爱会计工作，正确认识会计职业，树立爱岗敬业的精神。只有正确地认识会计本质、明确会计在经济管理工作中的地位和重要性，树立职业荣誉感，才有可能做到爱岗敬业。我国各行各业的无数职业道德标兵的先进事迹告诉我们，对自己的工作是否热爱，自己的岗位是否敬重，是做好本职工作的前提。会计人员只有树立了"干一行爱一行"的思想，才会发现会计职业中的乐趣；只有树立"干一行爱一行"的思想，才会刻苦钻研会计业务技能，努力学习会计业务知识，创造性地开展工作。有了对本职工作的热爱，就会激发出一种敬业精神，自觉自愿地执行职业道德的各种规范，不断改进自己工作，在平凡的岗位上做出不平凡的事。

(2) 严肃认真，一丝不苟。会计工作是一项严肃细致的工作，没有严肃认真的工作态度和一丝不苟的工作作风，就可能出现偏差；要将严肃认真、一丝不苟的职业作风贯穿于会计工作的始终。对一些损失浪费、违法乱纪的行为和一切不合法、不合理的业务开支，要严肃认真地对待，起到把关守口的作用。比如会计凭证的填制、会计账簿的登记和财务报表编制都必须认真仔细，字迹清楚，内容完整；绝不允许原始凭证未审核就记账，不合法的白条也入账；绝不允许填制记账凭证只有"制单"人而无"复核"人，或制单人只签姓而不签名；绝不允许会计档案乱堆乱放等行为的发生。要树立科学严谨、对工作极端负责的工作态度，绝不能有"都是熟人不会错"的麻痹思想和马马虎虎的工作作风。

(3) 忠于职守，尽职尽责。忠于职守，不仅要求会计人员认真地执行岗位规范，而且要求会计人员在各种复杂的情况下，能够抵制各种诱惑，忠实地履行岗位职责；尽职尽责具体表现为会计人员对自己应承担责任和义务所表现出的一种责任感和义务感，这种责任感和义务感包含两方面的内容：一是国家、社会或他人对会计人员规定的责任；二是会计人员对国家、社会或他人所负的道义责任。在现代经济生活中，会计职业因其所处的环境具有其特殊性，不同的岗位要求承担的责任和义务不尽相同。单位会计人员不仅要客观真实地记录反映服务主体的经济活动状况，负责其资金的有效运作，积极参与经营和决策，而且还应抵制不正当的开支，防止有人侵占单位资产，保护财产安全完整。注册会计师接受委托对委托者进行审计、鉴证或咨询，要维护委托人的权益，保护商业秘密，依法出具审计报告。在对单位(或雇主)的忠诚与国家及社会公众利益发生冲突时，会计人员应该忠实于国家、忠实于社会公众，承担起维护国家和社会公众利益的责任。注册会计师不仅要对委托人负责，更应对广大的信息使用者负责，对被审计单位的财务状况和经营成果做出客观、公允的审计报告。

二、诚实守信

1. 诚实守信的含义

诚实守信是做人的基本准则，也是公民道德规范的主要内容。人无信不立，国无信不强。诚实，是指言行跟内心思想一致，不弄虚作假、不欺上瞒下，做老实人，说老实话，办老实事。守信，就是遵守自己所做出的承诺，讲信用，重信用，信守诺言，保守秘密。我国著名会计学家潘序伦先生认为，"诚信"是会计职业道德的重要内容，他终身倡导"信以立志，信以守身，信以处事，信以待人，毋忘立信，当必有成"，并将其作为立信会计学校的校训。诚实守信要求会计人员在职业活动中讲求信用，保守秘密，对实际发生的经济业务进行真实、完整的会计核算。

在现代的市场经济社会，"诚信"尤为重要。市场经济是"法制经济"、"契约经济"，更是"信用经济"，注重的就是"诚实守信"。可以说，信用是维护市场经济步入良性发展轨道的前提和基础，是市场经济赖以生存和发展的基石。2001年时任国务院总理的朱镕基同志在视察北京国家会计学院时，为学院题词为"诚信为本，操守为重，坚持准则，不做假账"，学院将其刻在学院大门口的迎宾石上。总之，做人要讲究诚信，社会需要诚信，会计职业更要讲诚信，诚实守信是会计职业活动和职业道德的精髓。

2. 诚实守信的基本要求

(1) 做老实人，说老实话，办老实事，不搞虚假。做老实人，要求会计人员言行一致，表里如一，光明正大；说老实话，要求会计人员说话诚实，是一说一，是二说二，不夸大，不缩小，不隐瞒，不歪曲，如实反映和披露单位经济业务事项；办老实事，要求会计人员工作踏踏实实，不欺上瞒下，不弄虚作假。总之，会计人员应言行一致，实事求是，正确核算，尽量减少和避免各种失误；不得为了个人和小集团利益，伪造、编造会计凭证、会计账簿，弄虚作假，损害国家和社会公众的利益。

(2) 实事求是，如实反映。《会计法》规定，各单位必须根据实际发生的经济业务事项，进行会计核算，填制会计凭证，登记会计账簿，编制财务会计报告。会计人员只有根据实际发生的经济业务事项，真实正确地记录，如实反映单位经济业务活动情况，才能实现会计核算、监督的真正目的。在处理会计业务时，从原始资料的取得、凭证的整理、账簿的登记、报表的编制，到经济活动的分析、算账、报账，做到手续完备、账目清楚、数字准确，不为他人所左右，也不因个人好恶而取舍，更不能为谋取个人或小集团私利而弄虚作假，编造假账。会计人员诚实守信的道德观念如何，将直接影响会计信息的真实性和完整性。

(3) 保守秘密，不为利益所诱惑。信息不对称导致了"商业秘密"，商业秘密催生了价值。一个秘密埋藏得越深，价值就越大。在市场经济中，秘密主要指商业秘密，可以带来经济利益，而会计人员因职业特点经常会接触到单位和客户的一些商业秘密。因而，会计人员应该依法保守单位秘密，这也是诚实守信的具体体现。泄密，不仅是一种不道德的行为，也是违法行为，是会计职业的大忌。秘密主要有国家秘密、商业秘密和个人隐私三类，秘密一旦泄露，就会对国家、单位或个人造成损失。保守秘密是会计职业道德的一个重要内容。我国有关法律对会计人员保守秘密作了相关的规定。如《注册会计师法》第十九条规定："注册会计师对执行业务中知悉的商业秘密，负有保密义务"，财政部印发的《会计基础工作规范》第二十三条规定："会计人员应当保守本单位的商业秘密。除法律规定和单位领导人同意外，不能私自向外界提供或者泄露单位的会计信息"。保守秘密，要求会计人员在主观上树立保密观念，在客观上采取保密措施，保障商业秘密和国家秘密不被他人所获悉。会计人员不仅要做到不在工作岗位以外的场所谈论、评价企业的经营状况和财务数据，而且要抵制住各种各样的诱惑，除法律规定或经单位规定程序批准外，不得以任何借口和形式向其他单位和个人提供单位内部的会计数据和相关资料。

(4) 执业谨慎，信誉至上。会计从业人员要做到执业谨慎，对交易或者事项进行会计确认、计量和报告应当保持应有的谨慎，不应高估资产或者收益、低估负债或者费用。也就是说，当对某些经济业务或会计事项有两种以上的方法可供选择时，在不影响合理选择的前提下尽可能选用一种不虚增利润和夸大资产的方法与程序进行会计处理，不多计资产或收益，不少计负债或费用，合理核算可能发生的损失和费用。同时，要求注册会计师在执业中始终保持应有的谨慎态度，对客户和社会公众尽职尽责，形成"守信光荣，失信可耻"的氛围，以维护职业信誉。第一，注册会计师在选择客户时应谨慎，不要一味地追求营业收入，迎合客户不正当要求，接受违背职业道德的附加条件。第二，注意评估自身的业务能力，正确判断自身的知识、经验和专业能力能否胜任所承担的委托业务。第三，严格按照独立审计准则和专业规范、程序实施审计，对于审计中发现的违反国家统一的会计制度及国家相关法律制度的经济业务事项，应当按照规定在审计报告中予以充分反映。第四，在接受委托业务后，应积极完成所委托的业务，认真履行合同，维护委托人的合法权益，不得擅自终止合同、解除委托，不得超出委托人委托范围从事活动，以免当事人的权益受到损害。

三、廉洁自律

1. 廉洁自律的含义

廉洁，是指不收受贿赂、不贪污钱财。自律，是指自我约束、自我控制、自觉地抵制自己的不良欲望。廉洁是自律的基础，自律是廉洁的保证。会计活动直接涉及和影响国家、单位、投资者、债权人等各方的经济利益。如果会计人员不能做到清正廉洁，客观公正，其职业活动必然会损害或影响第三者的利益；如果会计人员在职业活动中不能严格自律、自我约束、抵制不正当的思想和行为，就难以做到客观公正、清正廉洁。廉洁自律是会计职业道德的前提，这既是会计职业道德内在要求，也是会计职业声誉的"试金石"。

会计工作的特点决定了廉洁自律是会计职业道德内在要求，是会计人员的行为准则。会计人员整天与钱物打交道，没有"常在河边走，就是不湿鞋"的道德品质和高尚情操是不行的。会计人员和会计组织只有首先做到自身廉洁，严格约束自己，才能要求别人廉洁，才能理直气壮地组织或防止别人侵占集体利益，正确行使反映和监督的会计职责，保证各项经济活动正常进行。"打铁需要自身硬"，如果会计人员职业道德观念不强，自律意志薄弱，很容易成为金钱的奴隶，走向犯罪的深渊。

2. 廉洁自律的基本要求

(1) 树立正确的人生观和价值观。廉洁自律，首先要求会计人员必须加强世界观的改造，树立正确的人生观和价值观，加强自身的道德修养，这是奠定廉洁自律的基础。人生观是人生价值观，是人们对人生的目的和意义的总的看法和观点，其核心是人生价值问题。价值观是指人们对于价值的根本观点和看法，是世界观的一个重要组成部分，包括对价值的本质、功能、创造、认识、实现等有关价值的一系列问题的基本观点和看法。会计人员应树立科学的价值观和人生观，自觉抵制享乐主义、个人主义、拜金主义等错误思想，这是在会计工作中做到廉洁自律的思想基础。

(2) 公私分明，不贪不占。公私分明，是指严格划分公私界限，公是公，私是私。不贪不占，是指会计人员不贪、不占、不收礼、不与违法者同流合污。廉洁自律的天敌就是"贪欲"。会计人员因其职业特点最易犯的就是"贪欲"。一些会计人员利用职务之便贪图金钱和物质上的享受，自觉或不自觉地利用职业特权行"贪"。有的被动受贿，有的主动索贿、贪污、挪用，有的监守自盗，有的集体贪污，还有的以权谋私。犯"贪欲"的根本原因是会计人员忽视了世界观的自我改造，放松了道德的自我修养，弱化了职业道德的自律。

四、客观公正

1. 客观公正的含义

客观是指按事物的本来面目去反映，不掺杂个人的主观意愿，也不为他人意见所左右，既不夸大，也不缩小。对于会计职业和会计工作而言，客观主要包括以下两层含义：一是真实性，即以客观事实为依据，真实地记录和反映实际经济业务事项；二是可靠性，即会计核算要准确，记录要可靠，凭证要合法。公正就是公平正直，没有偏失，但不是中庸。对于会计职业和会计工作而言，公正主要包括以下三层含义：一是国家的会计准则、制度要公正。会计准则、制度不是为某一特定的主体而制定的，而是为众多主体和社会公众所制定的，它不应偏袒任何一个特定的主体，任何一个主体都能平等地运用会计准则、制度，而不会因某一特定主体的运用较其他主体的运用获得更大的优势。二是执行会计准则、制度的人，即公司、企业单位管理层和会计人员不仅应当具备诚实的品质，而且应公正地开展会计核算和会计监督工作，即在履行会计职能时，摒弃单位、个人私利，公平公正、不偏不倚地对待相关利益各方。三是注册会计师在进行审计鉴证时应以超然独立的姿态，进行公平公正的判断和评价，出具客观、适当的审计意见。

客观公正是会计工作的根本，也是维护国家和社会公众利益、维持经济持续健康发展的需要。客观是公正的基础，公正是客观的反映。要达到公正，仅仅做到客观是不够的。公正不仅仅是指诚实、真实、可靠，还包括在真实、可靠中做出公正选择。这种选择尽管建立在客观的基础之上，但还需要在主观上做出公平合理的选择。是否公平、合理，既取决于客观的选择标准，也取决于选择者的道德品质和职业态度。

2. 客观公正的基本要求

(1) 依法办事。依法办事，认真遵守法律、法规和国家统一的会计制度，是会计工作保证客观公正的前提。当会计人员有了端正的态度和知识技能基础以后，他们在工作过程中必须遵守各种法律、法规、准则和制度，依照法律规定进行核算，并做出客观的会计职业判断。会计人员记账、算账、报账和进行财产清查，需要熟悉并依据《会计法》、《企业会计准则》、《小企业会计准则》等法律、法规和制度进行业务处理；注册会计师开展独立审计时，应依据《会计法》、《注册会计师法》、《中国注册会计师执业准则》等法律、法规的规定实施审计活动。总之，只有熟练掌握并严格遵守会计法律、法规，才能客观公正地处理会计业务。

(2) 实事求是，不偏不倚。客观公正贯穿于会计活动的整个过程：一是会计核算过程的客观公正，即会计人员在具体进行业务处理时，或需要进行职业判断时，应保持客观公正的态度，实事求是、不偏不倚。如会计人员在办理有关缴纳企业所得税的业务时，应依法纳税，不能以损害国家利益为前提而少缴税款。二是最终结果公正，即会计人员对经济业务的处理结果是公正的。例如，某人因公出差丢失了报销用的车票，业务处理时，不能因为无报销凭证就不予报销，也不能随意报销，而是要求出差人员办理各种合法合理的证明手续后，才能按规定标准报销，即最终结果是客观公正地进行会计处理。不予报销或随意报销，都是不客观公正的。总之，会计核算过程的客观公正和最终结果的客观公正都是十分重要的，没有客观公正的会计核算过程作为保证，结果的客观公正性就难以保证；没有客观公正的结果，业务操作过程的客观公正就没有意义。客观公正，是会计和会计人员追求的目标。会计职业特征是维护国家和社会公众利益。会计人员编制的财务会计报告与国家和社会公众的经济利益密切相关。如果会计人员不能做到客观公正，会计信息就有可能失真，国家和社会公众利益将受到损害。

注册会计师对单位经济活动进行审计是一种社会监督，其职业特征也是维护国家和社会公众利益。注册会计师应始终站在第三者的独立立场上，不偏不倚地对待有关利益各方，不以牺牲一方利益为条件而使另一方受益，超然独立地对企业、事业单位遵守会计准则、制度的具体情况进行客观公正的评价，并作出恰当的审计意见。

(3) 保持独立性。会计是经济管理工作的基础，这就要求会计核算要客观公正。会计人员是会计准则、制度的执行者，会计人员应以会计准则、制度为准绳，对实际发生的经济业务事项进行核算。真实、客观是会计信息的本质要求。失去真实、客观的会计信息，必将导致信息使用者的决策失误，动摇信息使用者对会计信息的信心，直接危及市场经济的正常运行，甚至引起社会经济秩序的混乱。客观、公正是会计职业者的一种工作态度。它要求会计人员对会计业务的处理，对会计政策和会计方法的选择，以及对财务会计报告的编制、披露和评价必须独立进行职业判断，做到客观、公平、理智、诚实。

保持独立性，对于注册会计师行业尤为重要。独立是客观、公正的基础，也是注册会计师行业存在和发展的基础。根据《中国注册会计师职业道德规范指导意见》，注册会计师保持其独立性应当做到以下两点：一是注册会计师应当回避可能影响独立性的审计事项，实现形式上的独立。形式上的独立，是指他人独立性的理解和看法，具体是指注册会计师必须与被审计企业或个人没有任何特殊的利益关系，如不得拥有被审计企业股权或担任高级职务，不能是企业的主要贷款人、资产受托人或与管理当局有亲属关系，等等。注册会计师在履行其职责时，保持独立性固然十分重要，财务报表的使用者对这种独立性的信任也很重要。如果审计人员在执业过程中实质上是独立的，但报表使用者认为他们是客户的辩护人，则审计职业的大部分价值将随之丧失。二是注册会计师应当恪守职业道德，保持实质上的独立。形式上独立是实质上独立的必要条件，形式上不独立，就不能保证实质上独立，而形式上独立也不一定能够保证实质上的独立。注册会计师更重要的是保持实质上独立，它要求注册会计师能在审计过程中始终保持不偏不倚的态度。注册会计师应遵守职业道德，既要避免由于形式上的不独立而引起的实质上的不独立，也要避免因为职业道德的丧失而引起独立性实质的丧失。

五、坚持准则

1. 坚持准则的含义

坚持准则，即要求会计人员在处理业务过程中，严格按照会计法律制度办事，不为主观或他人意志左右。这里所说的"准则"，不仅指会计准则，而且包括会计法律、国家统一的会计制度以及与会计工作相关的法律制度。会计法律是指《会计法》、《注册会计师法》；国家统一的会计制度是指由国务院授权财政部制定发布或财政部发布的关于会计核算标准、会计基础工作以及会计人员管理的有关规定、制度和办法，如《企业会计准则》、《小企业会计准则》、《会计基础工作规范》、《会计从业资格管理办法》等。与会计工作相关的法律制度是指金融证券、税收等法律制度，如《票据法》、《现金管理暂行条例》、《支付结算办法》、《个人所得税法》、《增值税暂行条例》、《企业所得税法》及《企业所得税法实施条例》等。会计人员应当熟悉和掌握准则的具体内容，并在会计核算中认真执行，对经济业务事项进行确认、计量、记录和报告的全过程应符合国家统一的会计制度，为国家、企业、债权人、投资人和其他相关当事人提供真实、完整的会计信息。

会计人员在进行核算和监督的过程中，只有坚持准则，才能以准则作为自己的行动指南；在发生道德冲突时，应坚持准则，以维护国家利益、社会公众利益和正常的经济秩序。注册会计师在进行审计业务时，应严格按照独立审计准则的有关要求和国家统一会计制度的规定，出具客观公正的审计报告。

2. 坚持准则的基本要求

(1) 熟悉准则。熟悉准则，是指会计人员应了解和掌握《会计法》和国家统一的会计制度及与会计相关的法律制度，这是遵循准则、坚持准则的前提。市场经济是法治经济，是市场经济条件下的政府、企业、单位在法律法规的约束下进行的经济活动。会计工作不单纯是进行记账、算账和报账，在记账、算账和报账过程中会时时、事事、处处涉及政策界限、利益关系的处理，需要遵守准则、执行准则、坚持准则。只有熟悉准则，才能按准则办事，才能遵纪守法，才能保证会计信息的真实性和完整性。会计人员不仅要熟练掌握、正确领会会计法律法规、会计准则、会计制度，而且也应根据工作的实际需要，了解和熟悉与会计法律相关的经济法律制度，如税收、金融、证券、票据、合同等法律制度。此外，还要熟悉本部门、本行业或本单位内部的管理制度，如内部控制制度、财务管理制度等。只有熟悉准则，才有可能提高会计人员的守法能力，这是做好会计工作的前提。

(2) 遵循准则。遵循准则即执行会计准则。会计准则是会计人员开展会计工作的外在标准和参照物。会计人员在会计核算和监督时，要自觉地严格遵守各项准则、自律在先，同时也要求他人遵守准则，将单位具体的经济业务事项和经济行为与国家统一的会计制度相对照，先作出是否合法合规的判断，对不合法的经济业务不予受理。在实际工作中，由于科技的发展和社会环境的变化，经济业务也在不断的发展变化，会计业务正在走向日趋复杂，因而准则规范的内容也会不断变化和完善。这就要求会计人员不仅要经常学习、掌握准则的最新变化，了解本行业、本单位的实际情况，准确地理解和执行准则，还要在面对实际经济生活中出现新情况、新问题以及准则中未涉及的经济业务或事项时，通过运用所掌握的会计专业理论和技能，作出客观的职业判断，予以妥善处理。

(3) 坚持准则。市场经济是利益经济。在企业的经营活动中，国家利益、地区利益与单位、部门以及个人利益时常发生冲突。为了保证会计信息的真实性和完整性，明确单位的会计责任主体，《会计法》规定， 单位负责人对本单位会计工作和会计资料的真实性和完整性负责。也就是说，单位的会计责任主体是单位负责人。会计人员坚持准则，不仅是对法律负责，对国家和社会公众负责，也是对单位负责人负责。但在实际工作中，有的单位负责人为了本单位、小集团的私利，指使会计人员账外设账，私设小金库，乱发奖金，私分财物；有的为了体现单位"政绩"，指使会计人员通过伪造会计凭证、会计账簿，编制虚假财务会计报告等，损害国家和社会公众的利益。此外，会计人员作为社会成员的一份子，有领导、同事、 朋友、亲眷，在会计工作中也会时常有各种因素的干扰，发生道德上的冲突。如果会计人员为了自己的个人利益不受影响，放弃原则，做"老好人"，对单位领导公款消费、私分财物、行贿等行为，不提醒、不抵制，领导怎么说就怎么做，唯领导意图是命；对关系好的同事、朋友放宽会计监督标准，凭证审计不严，开支标准尺度放宽，甚至主动参与串通作弊，就会使会计工作严重偏离准则，会计信息的真实性、完整性就无法保证，作为会计人员，也应当承担相应的责任。因此，要确保会计信息真实、可靠，会计人员必须坚持准则。

六、提高技能

1. 提高技能的含义

提高技能，是指会计人员通过学习、培训和实践等途径，持续提高会计职业技能，以达到和维系足够的专业胜任能力的活动。会计工作是一项专业性和技术性很强的工作，从业人员必须"具备一定的会计专业知识和技能"，才能胜任具体的会计工作。"道"之不存，"德"将焉附。会计之道，就是会计的职业技能和技术，没有娴熟的会计之道，会计之德也就失去了依托。有了高超的职业技能，更要"德"来滋润。没有良好的德行滋润，技能越高，其破坏力越大，最终将毁掉会计职业。因此，遵守会计职业道德，客观上需要不断提高会计职业技能。

作为一名会计工作者必须不断地提高其业务技能，这既是会计人员的义务，也是做好会计工作的需要。提高技能，要求会计人员提高职业技能和专业胜任能力，以适应工作需要。职业技能，也可称为职业能力，它包括会计理论水平、会计实务能力、职业判断能力、沟通交流能力以及职业经验等。不同岗位、不同级次的会计人员有不同的技能要求，一般会计人员注重于实务操作能力，对会计主管、会计机构负责人等中级会计人员，应当具备一定的会计理论水平、会计实务能力、分析判断能力和一定的组织能力等；对高级会计人员，不仅要具备扎实的理论功底和综合分析能力，还要具备组织协调能力、职业经验和参与管理能力等。随着社会经济的发展，特别是金融危机之后，高级会计人员还应当具备现代金融知识、内部控制技能和信息化等知识。

2. 提高技能的基本要求

(1) 要有不断提高会计专业技能的意识和愿望。马克思说过"在科学上没有平坦的大道，只有不畏劳苦沿着陡峭山路攀登的人才有希望达到光辉的顶点"。会计人员要适应时代发展的步伐，就要有危机感、紧迫感、使命感，要有不断提高专业技能的愿望和要求。只有具备不断提高会计专业技能的意识和愿望，才能不断进取，才会主动地求知、求学，勤学苦练，精益求精。会计人员要具备高超的职业技能，掌握过硬的本领，就必须谦虚好学，刻苦钻研，熟悉法规。在实际工作中，我国广大会计人员大多都能够刻苦学习，努力钻研业务，不断提高业务技能。但也有会计人员在思想上不思进取，工作上应付，学习上满足现状，缺乏与时俱进的意识和提高专业技能的愿望，甚至也有一些会计人员认为这些年来，政策、制度变化快，学那么多知识有什么用，过两年又过时了，还不如工作上需要什么就学什么，能够应付日常工作就行，没有强烈的求知欲望和提高技能的意识，对一些准则、规范和法律法规知识，用时才"临时抱佛脚"，找书本、查资料，还有一些会计人员学习劲头不足，提高自身素质的欲望不强烈。这些都是不可取的。要提高专业技能，必须不断加强学习。

(2) 要有勤学苦练的精神和科学的学习方法。专业技能的提高和知识的掌握不可能是一劳永逸之事，必须不间断地学习、研究、充实和提高，"活到老学到老"，用科学的会计理论、高超的会计操作技术来武装自己，需要为之付出终身的努力。只有向书本学、向社会学、向实际工作学，并且具有锲而不舍的"勤学"精神，才能不断提高自己的业务水平、理论水平、操作技能和职业判断能力，才能推动会计工作和会计职业的发展，以适应不断变化的新形势和新情况的需要。只有在学中思，在思中学，不断学习、思考，才能不断提高业务素质、业务水平。如何将学到的专业技术理论转化为技能技巧，关键在于理论联系实际，同时，要掌握科学的学习方法，必须积极参加社会实践活动，在实际中锤炼提高职业技能。"曲不离口，拳不离手"，熟能生巧。通过实践，反复操练，勤学苦练，不仅可以了解新情况，增加新知识，而且可以培养一个人的综合素质和业务能力。谦虚好学、刻苦钻研、锲而不舍，是练就高超的专业技术和过硬本领的唯一途径，也是衡量会计人员职业道德水准高低的重要标志之一。

七、参与管理

1. 参与管理的含义

参与管理，简单地讲就是间接参加管理活动，为管理者当参谋，为企业管理活动服务。财务会计管理是企业管理的重要组成部分，在企业管理中具有十分重要的作用，但财会工作的性质决定了财会在企业管理活动中，更多的是从事间接管理活动。参与管理就是要求会计人员深入生产经营的第一线，积极主动地向单位领导反映本单位的财务、经营状况及存在问题，主动提出合理化建议，积极地参与市场调研和预测，参与决策方案的制订和选择，参与决策的执行、检查和监督，为领导者的经营管理和决策活动，当好助手和参谋。如果没有会计人员的积极参与，企业的经营管理就会出现问题，决策就可能出现失误。会计人员特别是会计机构的负责人，必须强化自己参与管理，当好参谋的角色意识和责任意识。

会计人员应当摒弃会计工作无非是记记账、算算账，公司生产经营决策是领导的事，与财会人员无关，所以没有必要参与，也没有必要过问的消极思想，在做好本职工作的同时，还要努力钻研相关业务，全面熟悉本单位经营活动和业务流程，主动提出合理化建议，协助领导决策。

2．参与管理的基本要求

(1) 努力钻研业务，熟悉财经法规和相关制度，提高业务技能，为参与管理打下基础。娴熟的业务，精湛的技能，是会计人员参与管理的前提。首先要求会计人员要有扎实的基本功，掌握会计的基本理论、基本方法和基本技能，做好会计核算的各项基础性工作，确保会计信息真实、完整。其次要求会计人员充分利用掌握的大量信息，运用各种管理分析方法，对单位的经营管理活动进行分析、预测，找出经营管理中的存在问题和薄弱环节，提出改进意见和措施，把管理结合在日常工作之中，从而使会计的事后反映变为事前的预测和事中的控制，真正起到当家理财的作用，成为决策层的参谋助手。

(2) 熟悉服务对象的经营活动和业务流程，使参与管理的决策更具针对性和有效性。会计人员应当熟悉本单位的生产经营、业务流程和管理情况，掌握单位的生产经营能力、技术设备条件、产品市场及资源状况等情况，结合财会工作的综合信息优势，积极参与预测。根据预测情况，运用专门的财务会计方法，从生产、销售、成本、利润等方面有针对性地拟订可行性方案，参与优化决策。对计划、预算的执行，要充分利用会计工作的优势，积极协助，参与监控，为改善单位内部管理、提高经济效益服务。

八、强化服务

1．强化服务的含义

强化服务，即是要求会计人员具有文明的服务态度、强烈的服务意识和优良的服务质量。会计工作需要与各方面打交道，会计人员的一言一行、一举一动不仅表现出其道德素质的高低，而且直接反映着会计人员的社会形象。我国广大的会计人员工作兢兢业业、勤勤恳恳、加班加点、任劳任怨、扎实工作、无私奉献，以高度负责的态度养成了较强的服务意识，在经济建设中作出积极贡献，树立了良好的社会形象，使会计成为受社会尊重的一种职业。

强化服务的关键是提高服务质量。单位会计人员和注册会计师的服务内容各有侧重，其服务效果的表现也不同。单位会计人员服务的内容就是客观、真实地记录、反映单位的经济业务活动，为管理者提供真实、正确的经济信息，当好参谋，为股东真实地记录财产的变动状况，确保股东资产完整与增值，当好股东的管家。因此，强化单位会计人员的服务就是真实、客观地记账、算账和报账，积极主动地向上级领导者反映经营活动情况和存在的问题，提出合理化建议，协助领导决策，参与经营管理活动。注册会计师是以"独立、客观、公正"身份接受委托人的委托，提供会计鉴证等服务。因此，注册会计师(或会计师事务所)与委托人发生的经济交往关系就是一种服务与被服务的关系，注册会计师不仅要与委托人打交道，还要与在实际工作中接受服务的单位和人员打交道，因而，其强化服务的内容就是以客观、公正的态度正确评价委托的经济财务状况，为社会公众及信息使用者服好务。

2．强化服务的基本要求

(1) 强化服务意识。会计人员要树立强烈的服务意识，不论是为经济主体服务，还是为社会公众服务，都要摆正自己的工作位置。不要认为自己管钱管账，就高人一等；不要认为会计职业在社会上吃香，就不敬业、马马虎虎；不要认为自己在工作中可以参与管理决策，就自命不凡。要树立强烈的服务意识，管钱管账是自己的工作职责，参与管理是自己的义务，会计职业受社会尊重是因为会计职业在社会上的信誉高、服务质量好。会计人员要在内心深处树立服务意识，为管理者服务，为投资者服务，为社会公众服务，为人民服务。服务是自己的职责，是自己的义务。只有树立了强烈的服务意识，才能做好会计工作，履行会计职能，为单位和社会经济发展作出应有的贡献。

(2) 提高服务质量。质量上乘，并非无原则地满足服务主体的需要，而是在坚持原则、坚持会计准则的基础上尽量满足用户或服务主体的需要。服务不仅要文明，还要讲质量，更要不断创新，利用会计数据、会计信息，满足不同对象的需要。不同的会计岗位，掌握的会计信息不同，服务的对象也不尽相同，这就需要广大会计人员充分运用会计理论、会计方法、会计数据，为单位决策层、政府部门、投资人、债权人以及社会公众提供真实、可靠、相关的会计信息，积极主动地当好领导的财经参谋，提供优质科学的经营决策方案。

第三节　会计职业道德教育与修养

一个人的道德品质并不是先天就有的，而是要靠自我修养和督促教育相结合而生成的。将会计职业道德观念灌输到会计人员的头脑中，逐渐培养其职业道德情感，体现出道德作用的他律性。会计职业道德修养，是一种自我教育、自我修养、自我提高的活动，从而将职业道德原则和规范逐步转化为会计人员的内在品质，将职业实践中对职业道德的意识、情感和信念上升为职业道德习惯，并将其贯穿于职业活动的始终。会计职业道德的他律灌输，是职业道德形成的不可逾越的首要阶段。从他律走向自律，从"不敢为、不能为"到"不愿为、不屑为"，方为职业道德的最高境界。

一、会计职业道德教育

1．会计职业道德教育的含义

会计职业道德教育，是指为了促使会计人员正确履行会计职能，而对其施行的有目的、有计划、有组织、有系统的道德教育活动。它通过一定的教育方式和方法，把会计职业道德观念灌输到会计人员的头脑中，逐步培养其职业道德情感。提高会计人员的道德素质，教育是基础。只有加强会计职业道德教育，才能使会计人员树立诚信观念，从心理上对会计职业道德规范有正确的认识；只有从总体上提高会计职业道德水平，会计信息才有可能真实可靠。通过会计职业道德教育，培养会计职业情感，树立会计职业道德信念，引导会计人员加强自我修养，将法制的外在约束和道德的内在约束相结合，共筑法律和道德的防线。

2．会计职业道德教育的内容

会计职业道德教育的主要任务是帮助和引导会计人员培养会计职业道德情感，树立会计职业道德信念，遵守会计职业道德规范，使会计人员懂得什么是对的，什么是错的；什么是可以做的，什么是不应该做的；什么是必须提倡的，什么是坚决反对的。会计职业道德教育的内容包括以下几个方面：

(1) 职业道德观念教育。普及会计职业道德基础知识，是会计职业道德教育的基础，也是提高会计职业道德重要的一环。要广泛宣传会计职业道德基础常识，使广大会计人员懂得什么是会计职业道德，它对社会经济秩序、会计信息质量有何重要影响；懂得一旦违反会计职业道德，除了受到良心和道义上的谴责外，还会受到行业惩戒和惩罚。把会计职业道德教育同社会教育、学校教育、家庭教育结合起来，采取广播电视、报纸杂志等媒介普及会计职业道德知识，形成会计人员遵守职业道德光荣，不遵守职业道德可耻的社会氛围。

(2) 职业道德规范教育。职业道德规范教育是指对会计人员开展以会计职业道德规范为内容的教育。会计职业道德规范的主要内容是爱岗敬业、诚实守信、廉洁自律、客观公正、坚持准则、提高技能、参与管理和强化服务等。这是会计职业道德教育的核心内容，涵盖的内容非常广泛，应贯穿于会计职业道德教育的始终。

(3) 职业道德警示教育。职业道德警示教育是指通过开展对违法会计行为惩处的典型案例讨论，给会计人员以启发和警示。根据不同的教育对象，选择一些违法会计行为的典型案例和违反会计职业道德的典型案例，开展广泛深入的讨论，从而提高会计人员的法律意识和会计职业道德观念，提高会计人员辨别是非的能力。

3．会计职业道德教育途径

会计职业道德教育应紧紧抓住影响会计职业道德观念培养、形成和发展的重要环节，坚持不懈地进行会计职业道德教育。目前，我国会计职业道德教育途径主要包括两个方面：

1) 岗前职业道德教育

岗前职业道德教育，是指对将要从事会计职业的人员进行的道德教育，包括会计专业学历教育及获取会计从业资格中的职业道德教育。教育的侧重点应放在职业观念、职业情感及职业规范等方面。

(1) 会计专业学历教育中的职业道德教育，即对大、中专院校会计专业的在校学生进行会计职业道德教育。高等院校是培养会计人才的重要场所，也是对潜在会计人员进行系统会计职业道德教育的重要环节。高等院校应把教书与育人紧密结合起来，不仅传授会计专业知识和业务技能，同时也应把会计职业道德教育渗透到学校教育的各个环节之中，使学生在校期间就开始学习和了解会计职业道德理论、规范，培养他们的会计情感和会计道德观念，增强社会责任感。

(2) 获取会计从业资格中的职业道德教育，即对从事会计职业的人员进入会计职业前进行的职业道德教育。目前，在我国会计人员职业道德意识不强、法制观念薄弱的情况下，有必要借助外部行政、法律、法规的力量，借以强化会计人员职业道德教育培训。根据现行会计人员管理制度规定，会计职业道德教育作为会计从业人员岗前教育的一项必学内容，使会计人员不仅熟悉而且逐渐认知会计职业道德规范，形成良好的道德品质，以指引和约束自身的行为。

2) 岗位职业道德继续教育

岗位职业道德继续教育是对已进入会计职业的会计人员进行的继续教育。《会计法》规定,"会计人员应当遵守职业道德,提高业务素质。对会计人员的教育和培训工作应当加强。"2006 年财政部印发的《会计人员继续教育规定》,规范了有关会计人员继续教育的任务、内容、方式、时间、组织管理和实施要求等。中国注册会计师协会也印发了《注册会计师后续教育规定》,这些规定为会计人员继续教育创造了条件,提出了具体要求。会计人员继续教育完全摆脱了传统的基础教育和其他类型的学历教育中那种"以教师为中心、以课堂为中心、以教材为中心"的教育模式,根据培训对象技术职务的不同层次、不同学历的不同要求,在教育内容上,根据实际需要确定培训内容;在培训组织上,可采取培训班、研讨班、进修、自学等多渠道培训形式;在培训方法上,采用讲授、探讨、远程教学、参加考试等多种形式;在时间安排上,根据需要可长可短,可采取脱产、半脱产或业余函授等方式。这种灵活性不但提高了会计继续教育的针对性和适应性,同时也缓解了会计人员的工学矛盾,保证了继续教育的时效性。会计职业道德教育贯穿于整个会计人员继续教育的始终。就现阶段而言,会计人员继续教育中的会计职业道德教育目标是适应新的市场经济形势的发展变化,在不断更新、补充、拓展会计人员业务能力的同时,使其政治素质、职业道德水平不断提高。通过会计人员继续教育,持续不断地对会计从业人员进行会计职业道德观念的灌输,帮助会计人员正确把握会计职业生涯中将遇到的道德冲突的各种情形及其解决途径,增强广大会计人员遵守会计职业道德的自觉性。继续教育是终生教育,通过会计诚信教育与继续教育的结合,引导会计人员不断培养职业情感,让会计诚信成为会计人员的自觉行动。

二、会计职业道德修养

1. 会计职业道德修养的含义

会计职业道德修养,是指人们依照职业道德原则进行的自我教育、自我改造、自我锻炼、自我提高的活动。会计职业道德品质的形成过程,最终是在会计人员自我修养中得到升华。自我修养是会计职业道德的社会作用得以顺利实现的重要环节。无论是职业道德规范,还是职业道德教育,都表现为客观的、外在的、强制性的道德要求。它以职业义务为核心,表现为一定的应该负担的职业道德责任,并往往以政府行政监管、行业自律性监管和社会舆论监督作为后盾,体现出道德作用的他律性。这种他律教育灌输,是职业道德形成的不可逾越的首要阶段,它使从业人员将这种执业规则看做是外在的、不受内心支配的东西,而被动地去遵守、服从。在职业道德建设初期,这种遵守和服从是必要的,也有其合理性,因而应用也最为普遍。但教育他律性并不必然使这种外在要求转化为从业人员的内在要求,也难以让人们自觉地产生符合道德要求的道德行为和道德情感,它应该向以职业良心为特征的自律型职业道德发展。职业良心是对职业责任的自觉意识,是认识和情感、意志和信念的统一,它不仅会使从业人员表现出强烈的道德责任感,而且能够使其依据一定的职业道德原则和规范自觉的选择和决定其行为,成为从业人员发自内心的巨大精神动力,在从业人员的行为过程中起主导作用。实施这种转换的途径,就是开展会计人员的职业道德修养。会计职业道德修养要求会计人员学习职业道德的知识，培养自己的职业情感，在履行义务时，克服困难障碍，磨炼职业道德意志，树立坚定的职业道德信念。职业道德修养的最终目的，在于把职业道德原则和规范逐步转化为自己的职业道德品格，从而将职业实践中对职业道德的意识情感和信念上升为职业道德习惯，使其贯穿于职业活动的始终。这种职业道德习惯是一个人职业道德高度性、自觉性的表现，是职业道德教育所达到的最高成就。此时，会计人员对职业道德规范的遵守，已成为自己的职业本能。

2. 会计职业道德修养的环节

根据会计人员的特点，会计职业道德修养的基本环节，具体包括道德认知、道德情感、道德信念、道德行为等方面的修养。这四个环节相互联系，不可或缺，形成一个完整的修养过程。

(1) 形成正确的会计职业道德认知。任何一种正当的社会职业，都有其存在的社会价值和道德价值。提高对所从事职业的社会道德价值的认知，是提高职业道德修养的前提。任何一个从业人员，如果对自己所从事职业的社会道德价值缺乏正确的认知，那他就不可能真正热爱自己的职业，更谈不上忠于职守，提高技能。

会计职业道德认知，主要是指对会计职业道德的行为、准则及其意义的理解和掌握。它包含两个方面的内容：第一，对会计职业道德规范和概念的掌握；第二，对会计职业道德判断能力的提高。会计职业道德规范并不是哪一个人随心所欲想出来的，它是在会计职业实践中不断总结、探索而提炼和概括出来的，是会计职业生活的一种客观要求。要全面提高对会计职业道德的认知，就必须学习有关的职业道德知识，正确理解和掌握会计职业道德规范、道德理想和道德品质的基本内容，在懂得为什么要这样去做，怎样才能去做好的基础上，提高自己选择行为和识别善恶的能力，增强履行职责和道德义务的自觉性。会计人员提高对会计职业道德的认知，是进行会计职业道德修养的起点。没有一定的会计职业道德认知，就不可能形成会计职业道德的行为和习惯，会计职业道德修养也将无法自觉地进行下去。

(2) 培养高尚的会计职业道德情感。会计职业道德情感，是指会计人员基于一定的道德认识，在处理职业活动中的各种道德关系和道德行为时所产生的情绪体验。职业道德情感是人的一种高级情感，是伴随着人们的职业道德认识的提高而产生和发展的，对道德行为起着巨大的调节作用。我们平时所说的职业自豪感、荣誉感、责任感、幸福感等，都是职业道德情感。缺乏高尚的职业道德情感就不可能形成优良的职业道德品质。

会计职业道德情感的培养，主要取决于会计人员对本职工作热爱的程度，会计人员只有把个人从事的职业和整个社会经济建设事业联系起来，才会看到会计这一职业的重要性和社会价值，从而感到会计职业的光荣，认识到会计是一个美好的职业，树立起热爱会计，献身会计的崇尚理想。

(3) 树立坚定的会计职业道德信念。道德信念，是指个人认为自己一定要遵循的，在人的意识中根深蒂固的道德观点和道德规范。它使个人对某种道德义务的正确性真诚信服并怀有强烈的责任感，从而有意识地表现为某种道德行为。由于道德信念往往以动机的形式使人的道德行为表现为坚定性和一贯性，成为道德品质形成的关键因素，因此它是职业道德修养的核心内容。

会计职业道德信念，是指会计人员对会计职业道德义务具有的强烈责任感和对会计职业的理想目标的坚定信仰。会计职业道德信念的树立，离不开会计人员在职业实践中深刻的道德认知、炽热的道德情感，这是形成会计职业道德信念的基础和保障。当一个会计人员一旦确立起坚定的会计职业道德信念，必然会对自己的职业充满感情，十分热爱；必然会自觉地按照职业道德规范的要求，忠实地履行自己的义务，以坚韧不拔的毅力维护财经纪律，努力做好本职工作。

(4) 养成良好的会计职业道德行为。会计职业道德认知、道德情感、道德信念的修养，在会计职业道德修养的过程中，都属于道德意识修养的范围。会计职业道德的修养不仅包括道德意识方面的修养，也包括道德行为方面的修养。在道德修养中，要重视道德行为的培养。

会计职业道德行为，是指会计人员在会计职业道德规范的调节下所采取的行为，当这些行为反反复复、习以为常以后，就会形成职业习惯。职业习惯是一种不需要任何监督的自觉行为，这种自觉行为并不是自发产生的，而是要通过职业道德修养才能养成。因此，会计人员在职业道德修养中，要特别注意培养自己的良好职业习惯。

3．会计职业道德修养的方法

道德修养的具体方法可以是多种多样的。根据职业道德品德形成和发展规律的要求，以及优秀人物成长的经验，进行会计职业道德修养，应综合运用以下几种具体方法：

(1) 不断地进行"内省"。会计工作是一项细致、复杂、涉及面广，经常与钱、财、物打交道的工作，因此，在会计职业道德修养的方法上，尤其应提倡"内省"。"内省"是我国历史上所倡导的道德修养方法，我们今天仍然可以借鉴。所谓"内省"，是检查自己的言行是否有不对的地方。古人云"吾日三省吾身"，就是"内省"的修养法则。通俗地讲，"内省"就是内心的自我审判，自我批评。会计人员在处理每一笔业务时，对是否符合国家政策，是否有利于生产经营，是否勤俭节约，是否真实、准确等，都需要进行自我反省。这样，日积月累，优点得到发扬，缺点逐步克服，才会养成细致的工作作风、良好的职业习惯，同时也会不断增强职业责任感。

(2) 要提倡"慎独"精神。"慎独"既是一种道德修养的传统方法，又是一种很高的道德境界。它是检验会计人员道德水平高低的试金石。会计人员常常会遇到这种情况，当领导管理不严时，当财务制度本身有漏洞时，有各种弄虚作假、甚至贪污作弊的机会，这时一些意志薄弱者就容易走上犯罪道路。因此"慎独"对会计工作者尤其重要。"慎独"的前提是坚定职业信念和职业良心，它是道德内在约束力作用的结果，突出地体现了道德的自律作用。会计职业道德修养讲"慎独"的境界，就是要求每个会计人员严格要求自己，在履行职责时，自律谨慎，不管财务制度本身是否有漏洞，也不管有人没人，领导管理严不严，都应按照职业道德要求去办，会计人员尤其应说老实话，办老实事，做老实人，要努力达到"慎独"的境界。事实上，在我国会计人员的庞大队伍中，蕴藏着许许多多优秀的先进人物和动人事迹已经做到了慎独。当然也确实有一些会计人员利用工作之便，弄虚作假，追求私利，甚至监守自盗，尽管这是极少数，但却从反面说明了"慎独"对于会计人员的重要性。

(3) 虚心向先进人物学习榜样的力量是无穷的，良好的榜样，高尚的行为，能给人以巨大的感染力和推动力，对人们的思想和行为起着潜移默化的影响作用。把虚心向先进工作者学习作为道德修养的一个重要手段，是因为会计职业道德在先进会计工作者身上得到了较为完善的体现。他们具有强大的示范和带动作用，特别是对树立良好的职业道德风尚，陶冶优良的职业道德品质，具有"熔炉"般的巨大作用。因此，在进行会计职业道德修养中，要努力向会计职业道德高尚、思想端正、业务精通的先进楷模学习，使自己学有目标、赶有方向、比有尺度，从而树立起新时期会计工作者形象。向先进人物学习，首先，要熟悉了解他们的动人事迹和美好形象，从感情上受到感染，引起共鸣，激发学习的决心和力量；其次，要以他们的言行为镜子，对照自己找差距，激励自己向更高的思想境界攀登；最后，要把学习先进人物的事迹落实到自己的具体行动中。

第四节　会计职业道德建设

会计职业道德决定了会计职能作用的发挥和会计工作质量，因此，必须加强会计职业道德建设。会计职业道德的建设途径，应当实行自我修养与外部督促相结合，宣传教育与检查惩戒相结合，行业自律与舆论监督、政府监督相结合，以德规范会计职业与依法监管会计职业相结合。会计职业道德建设是一项复杂的系统工程，要抓好会计职业道德建设，关键在于加强和改善会计职业道德建设的组织和领导，并得到切实贯彻和实施。各级财政部门、会计职业团体、机关和企事业单位要充分认识到加强会计职业道德建设对于促进社会经济秩序健康发展的重要意义，积极探索会计职业道德建设组织与实施的制度和机制，齐抓共管，保证会计职业道德建设的各项任务和要求落到实处。

一、财政部门的组织推动

1. 采用多种形式开展会计职业道德宣传教育

会计职业道德建设是会计管理工作的重要组成部分，应当列入财政部门管理会计工作的重要议事日程。各级财政部门应充分认识到新形势下加强会计职业道德建设的艰巨性、长期性和紧迫性，把会计职业道德建设作为新时期会计管理工作的一项十分重要的内容，负起组织和推动本地区会计职业道德建设的责任，常抓不懈，做到有计划、有步骤、有目标地开展各个阶段的工作。要充分结合本地区的实际情况，加大宣传力度，制订切实可行的宣传方案，采取灵活多样的宣传形式，如举办会计职业道德演讲、论坛、竞赛、有奖征文等活动，积极发挥思想文化阵地在职业道德建设中的作用，牢牢把握正确的理论导向，唱响主旋律，营造会计职业道德建设的良好氛围。

2. 会计职业道德建设与会计从业资格证书注册登记管理相结合

会计从业资格证书注册登记制度，是指取得会计从业资格的人员，被单位聘用从事会计工作时，应由本人或本人所在单位提出申请，按照会计从业资格管理部门规定的时间到会计从业资格管理部门进行注册登记。《会计基础工作规范》第二十四条规定"财政部门、业务主管部门和各单位应当定期检查会计人员遵守职业道德情况，并作为会计人员晋升、晋级、聘任专业职务、表彰奖励的重要考核依据。会计人员违反职业道德的，由所在单位进行处罚；情节严重的，由会计从业资格证书发证机关吊销其会计从业资格证书"。因此，将会计从业资格证书注册登记制度与会计职业道德建设结合起来，有利于强化对会计人员行为的约束，强制引导会计人员遵守会计职业道德。如果会计人员不遵守会计职业道德，不按照要求完成规定的继续教育，不遵守财经法规，情节严重的，还将由财政部门依法吊销其会计从业资格证书。这样就会使会计人员像重视自己的从业资格一样重视自身的职业道德操守，自觉遵守会计职业道德规范的要求。

近年来，财政部门对会计从业资格证书档案实行了电子计算机管理，为建立会计人员诚信档案创造了有利条件。可以结合会计从业资格证书注册登记和其他行政管理工作，将会计人员执行会计法律、法规、制度和会计职业道德情况，以及受到的奖惩情况等，输入电子档案，形成会计人员的诚信档案，不仅作为财政部门监管会计人员的依据，也可以向用人单位和社会公众开放，从而督促、约束、激励会计人员严格自律，认真执行会计职业道德规范。

3．会计职业道德建设与会计专业技术资格考评、聘用相结合

我国会计专业技术资格分为初级资格(包括会计员、助理会计师)、中级资格(会计师)和高级资格(高级会计师)三个级别。初级资格、中级资格通过全国会计专业技术资格考试取得。根据财政部、原人事部联合印发的《会计专业技术资格考试暂行规定》及其实施办法规定，报考初级资格、中级资格的会计人员，应"坚持原则，具备良好的职业道德品质"等。会计专业技术资格考试管理机构在组织报名时，应对参加报名的会计人员的职业道德情况进行检查，对有不遵循会计职业道德记录的，应取消其报名资格。目前，高级会计师采取考试和评审相结合的方式，会计职业道德不仅是考试的重要内容，也是评审标准的一个重要内容。高级会计师评审委员会在对申报人的会计职业道德进行考核时，可以采取量化评分的方式，即对申报人的职业道德进行打分，使之与其专业学识、工作成绩等的得分一样作为其评审得分的重要组成部分。同时，还可以规定一些关于职业道德规范的否决条款。比如，申报人曾因会计违法行为而受过刑事处罚的；因在财务、会计、审计、企业管理或其他经济管理工作中犯有严重错误而受过党纪、政纪处分的等，如果申报人存在这些情况之一的，不能参加高级会计师资格的评审。各单位在聘用会计人员时，除考察其专业胜任能力外，更应将遵守职业道德情况作为一项重要的考核内容。将会计职业道德奖惩与会计专业技术资格的考、评、聘联系起来，必将使广大会计人员像重视自己专业技术职务一样重视自己的职业道德形象，在日常的学习工作中不断提高自身的职业道德修养。

4．会计职业道德建设与会计执法检查相结合

财政部门作为《会计法》的执法主体，可以依法对社会各单位执行会计法律制度情况及会计信息质量进行检查。通过检查，一方面督促各单位严格执行会计法律法规；另一方面也是对各单位会计人员遵守会计职业道德情况的检验。对于检查中发现的违反《会计法》的行为，会计人员不仅要承担《会计法》规定的法律责任，受到行政处罚或刑事处罚，同时还必须接受相应的道德制裁，可以采取在会计行业范围内通报批评、责令其参加一定学时的继续教育课程、暂停从业资格、在行业内部的公开刊物上予以曝光等。法律惩罚和道德惩戒两者是并行不悖、不可替代的，应同时并举。

5. 会计职业道德建设与会计人员表彰奖励制度相结合

《会计法》规定"对认真执行本法，忠于职守，坚持原则，作出显著成绩的会计人员，给予精神的或者物质的奖励。"因此，对于那些自觉遵守会计职业道德规范的优秀会计人员，应当给予精神或者物质的奖励。对于符合会计职业道德规范的行为予以奖赏、表彰，可以使受奖者感到对遵守道德规范的回报和社会肯定，从而促使其强化道德行为。同时又可以使受奖者周围的人得到鞭策和鼓励，使他们学有榜样、赶有目标，形成比、学、赶、帮、超的良好氛围。

为鼓励会计人员热爱和做好本职工作，增强会计人员的职业荣誉感，表彰他们献身会计事业，为社会主义建设所作的贡献，财政部先后于 1990 年、1995 年、2005 年、2008 年组织了全国先进财会工作集体(1990 年和 1995 年组织了两次)和先进会计工作者表彰活动，共评选出全国先进会计工作者 995 名。对先进集体授予"全国先进财会工作集体"荣誉称号，颁发奖牌；对先进个人授予"全国先进会计工作者"荣誉称号，颁发奖章和证书。从我国会计人员表彰制度的形成和发展看，始终突出对会计职业道德的弘扬。可以说，受到表彰的会计人员都有很高的职业道德素养和精神境界，表彰是社会各界对他们的职业道德风尚的高度评价和充分肯定。通过表彰奖励充分调动了广大会计人员的积极性和开拓创新精神，树立了可学、可信的楷模，使广大会计人员学有榜样、赶有目标，推动了会计人员职业道德建设活动。

二、会计职业组织的行业自律

会计职业组织起着联系会员与政府的桥梁作用，应充分发挥中国会计学会、注册会计师协会等会计职业组织的作用，改革和完善会计职业组织自律机制，有效发挥自律机制在会计职业道德建设中的促进作用。

目前，我国通过会计行业组织强化自律管理和行为惩戒已取得了一定进展。中国会计学会制定了《中国会计学个人会员分级管理办法(试行)》，加强对会员的服务和管理，包括对会员学术规范、职业操守的管理和培训，不断提升中国会计学会会员的职业道德水平。中国注册会计师协会作为注册会计师行业自律组织，为提高我国注册会计师职业道德水平作出了积极努力，先后发布了《中国注册会计师职业道德基本准则》、《中国注册会计师职业道德规范指导意见》以及《注册会计师、注册资产评估师行业诚信建设实施纲要》等，并研究建立调查委员会、技术鉴定委员会、惩戒委员会等行业自律性决策组织。由于我国会计执业组织建立比较晚，自律性监管还比较薄弱，因此，应进一步加强会计行业组织对职业道德规范的实施与惩戒。

三、社会各界齐抓共管

单位负责人要切实抓好会计职业道德建设。会计人员职业道德表现好与差，其所在单位是最直接的受益者或受害者。《会计法》规定，单位负责人对本单位的会计工作和会计资料的真实性、完整性负责。因此，单位负责人必须重视和加强本单位会计人员的职业道德建设，在任用会计人员时，应当审查其会计从业资格证书、执业记录和诚信档案，选择业务素质高、职业道德好、无不良记录的会计人员从事会计工作；在日常工作中，应注意开展对会计人员的道德和纪律教育，并加强检查，督促会计人员诚实守信，坚持原则；在制度建设上，要重视内部控制制度建设，完善内部约束机制，有效防范舞弊和经营风险。同时，单位负责人要做遵纪守法的表率，支持会计人员依法开展工作。

各有关部门和机构要重视会计职业道德建设。要根据会计职业道德规范要求，结合本系统、本行业、本单位的特点，有针对性地制定具体职业道德规范，开展多种形式的宣传教育，抓好督促落实。各新闻媒体要加强社会舆论监督，形成良好的社会氛围。良好的会计职业道德风尚的树立，离不开社会舆论的支持与监督。要以新闻媒体为阵地，广泛开展会计职业道德的宣传教育，使社会各界了解会计职业道德规范的内容，促进良好的会计职业道德风尚深入人心。要在全社会会计人员中提倡诚信为荣、失信为耻的职业道德意识，引导会计人员加强职业修养。通过会计职业道德建设中正反典型的宣传，弘扬正气，遏制舞弊，形成良好的会计职业道德环境和氛围。

思 考 题

1. 简述会计职业道德和会计法律制度的区别和联系。
2. 简述会计职业道德的主要内容。
3. 简述会计职业道德教育的内容。

附录　总复习题

(一)

一、单项选择题(本题共 10 题　每题 1 分　共 10 分。从每题的备选答案中选出正确的一个答案，将其英文大写字母填入括号内)。

1. 确定会计核算工作范围的前提条件是(　　)。
  A. 会计主体　　　B. 持续经营　　　C. 会计期间　　　D. 货币计量

2. 本期支出的费用由本期及以后一段时间负担，属于(　　)的体现。
  A. 权责发生制　　　　　　　　B. 收付实现制
  C. 收益性支出　　　　　　　　D. 资本性支出

3. 会计的基本职能是(　　)。
  A. 核算和监督　　　　　　　　B. 提供技术信息
  C. 分析财务资料　　　　　　　D. 保证资料准确

4. 会计核算所用的主要计量尺度是(　　)。
  A. 实物量度　　　B. 货币量度　　　C. 劳动量度　　　D. 空间量度

5. 下列项目中，属于资产项目的是(　　)。
  A. 短期投资　　　B. 预收账款　　　C. 资本公积　　　D. 预提费用

6. 下列项目中，属于负债项目的是(　　)。
  A. 长期投资　　　B. 预提费用　　　C. 应收票据　　　D. 待摊费用

7. 下列项目中，引起资产有增有减的业务是(　　)。
  A. 向银行取的借款，存入银行存款户
  B. 以现金支付职工工资
  C. 收回前欠货款，存入银行存款户
  D. 收到投资者投入的货币资金

8. 会计科目是(　　)。
  A. 会计要素的名称　　　　　　B. 报表的名称
  C. 账户的名称　　　　　　　　D. 账簿的名称

9. 总账和明细账平行登记的要点是(　　)。
  A. 同内容、同方向、同日期、同金额　　B. 同方向、同日期、同金额、同人
  C. 同日期、同金额、同内容 、同人　　　D. 同方向、同依据、同金额、同期间

10. 对于现金和银行存款之间的相互划转业务,为了避免重复记账,一般只填制(　　)。

  A. 收款凭证   B. 付款凭证

  C. 转账凭证   D. 结算凭证

二、多项选择题(本题共 10 题,每题 2 分,共 20 分。从每题的备选答案中选出正确的多个答案,将其英文大写字母填入括号内)。

1. 账户的格式设计中一般包括(　　)。

  A. 会计科目   B. 业务发生的时间

  C. 记账凭证的编号   D. 摘要

  E. 增加和减少的金额和余额

2. 下列项目中,属于长期负债的有(　　)。

  A. 长期借款   B. 应付债券

  C. 长期应付款   D. 应付股利   E. 固定资产

3. 下列项目中,属于会计核算方法的有(　　)。

  A. 设置账户   B. 复式记账

  C. 成本计算   D. 财产清查   E. 对比分析法

4. 会计的基本要素有(　　)。

  A. 资产   B. 负债及所有者权益

  C. 收入和费用   D. 利润   E. 实收资本

5. 会计分录的要素包括(　　)。

  A. 记账方向   B. 会计科目

  C. 应计金额   D. 记账方法   E. 账户结构

6. 借贷记账法下任何一个账户都应具有的要素有(　　)。

  A. 借方   B. 贷方

  C. 余额   D. 上方   E. 下方

7. 下列属于原始凭证的有(　　)。

  A. 增值税专用发票   B. 入库单

  C. 领料单   D. 采购合同

  E. 发料凭证汇总表

8. 原始凭证按其反映业务方法的不同,可分为(　　)。

  A. 一次凭证   B. 累计凭证

  C. 单式凭证   D. 汇总凭证   E. 记账凭证

9. 记账凭证中会计分录审核的要点是(　　)。

  A. 应借、应贷会计科目是否正确 B. 应借、应贷金额是否正确

  C. 账户对应关系是否清楚   D. 是否附有原始凭证

  E. 是否出现多借、多贷分录

10. 资产按其流动性可分为(　　)。

  A. 流动资产   B. 非流动资产

  C. 固定资产   D. 无形资产   E. 短期借款

三、填空题(本题共 5 题，每题 3 分，共 15 分)。

1. 会计的基本等式为(　　　)。

2. 账簿按其所提供信息的详细程度不同，可分为总账和(　　　)。

3. 复试记账是对每一经济业务都以(　　　)的金额，在两个或两个以上相互联系的账户中进行登记的记账方法。

4. 按照填制程序和用途的不同，会计凭证可分为原始凭证和(　　　)。

5. 财产物资的盘存制度有"永续盘存制"和(　　　)。

四、简答题(本题共 2 题，每题 10 分，共 20 分)。

1. 你是如何理解会计概念的?

2. 简述划线更正法、红字冲销法、补充登记法这三种更正错账的方法的适用范围。

五、业务题(本题共 11 题，1~10 题每题 3 分，11 题 5 分，共 35 分)。

1. 10 月 1 日，某投资者以 30 000 元向甲企业投资，款项当即存入银行。

2. 10 月 3 日，甲企业向本市金属材料公司购入材料 2 000 千克，单价 100 元，材料已验收入库，款项尚未支付(增值税率 17%)。

3. 10 月 7 日，甲企业以银行存款购入一台设备，买价 85 000 元，设备验收合格，交付有关部门使用。

4. 10 月 11 日，从银行提取现金 1 000 元备用。

5. 10 月 12 日，公司以现金支付生产车间文具用品费 480 元。

6. 10 月 14 日，甲企业收到债务人开出的商业承兑汇票 32 000 元，银行转账支票 16 000 元，清偿前欠本企业货款。

7. 10 月 20 日，采购人员张宏伟赴外地采购材料，预借差旅费 600 元，付给现金。

8. 10 月 23 日，甲企业按规定提取本月折旧费 16 755 元，其中，基本生产车间应计折旧 12 616 元，行政管理部门应计折旧 4 139 元。

9. 10 月 25 日，生产甲产品从仓库领用 A 材料 100 公斤，材料单价为每公斤 15 元。

10. 10 月 27 日，某企业本期销售 A 产品 500 台，每台售价 1 500 元，计 750 000 元，销项增值税 127 500 元；B 产品 200 台，每台售价 1 800 元，计 360 000 元，销项增值税 61 200 元，共计 1 298 700 元。货款尚未收到。

11. 月末结转经营成果。10 月份有关损益账户的余额如下：

收入类账户：主营业务收入 1 890 000 元

其他业务收入 40 000 元

投资收益 25 000 元

营业外收入 16 000 元

成本费用类账户：主营业务成本 1 278 000 元

销售费用 35 000 元

其他业务成本 25 750 元

管理费用 22 600 元

财务费用 2 000 元

营业外支出 107 650 元

(二)

一、单项选择题(本题共 10 题,每题 1 分,共 10 分。从每题的备选答案中选出正确的一个答案,将其英文大写字母填入括号内)。

1. 账户是根据( )分别设置的。
    A. 经济业务   B. 会计对象
    C. 会计要素   D. 会计科目

2. 下列不属于会计核算方法的是( )。
    A. 成本计算   B. 复式记账
    C. 编制财务预算   D. 财产清查

3. 下列各项中,符合会计要素中收入定义的是( )。
    A. 出售材料的收入   C. 出售固定资产收入
    B. 出售无形资产收入   D. 向购货方收回的销货代垫运费

4. 在核算直接材料、直接人工和其他直接费用时,应该( )。
    A. 直接计入产品成本   B. 间接记入产品成本
    C. 通过计算计入产品成本   D. 通过分配计入产品成本

5. "生产成本"账户的贷方登记( )。
    A. 为生产产品发生的费用   B. 已销售产品的生产成本
    C. 期末转入"本年利润"账户的成本   D. 完工入库产品的生产成本

6. 下列会计科目中,属于损益类科目的是( )。
    A. 管理费用   B. 生产成本
    C. 应收账款   D. 本年利润

7. 多栏式明细账一般适用于( )。
    A. 债权、债务类账户   B. 费用成本和收入成果类账户
    B. 财产、物资类账户   D. 货币资产类账户

8. 反映某一期间经营成果的报表是( )。
    A. 资产负债表   B. 利润表
    C. 所有者权益变动表   D. 现金流量表

9. 会计人员在填制记账凭证时,将 650 元错记为 560 元,并且已登记入账,月末结账时发现此笔错账,更正时应采用( )。
    A. 划线更正法   B. 红字更正法
    C. 补充登记法   D. 核对项目的方法

10. 产生未达账项的原因是( )。
    A. 双方结账时间不一致   B. 双方对账时间不一致
    C. 双方记账时间不一致   D. 双方记账金额不一致

二、多项选择题(本题共 10 题,每题 2 分,共 20 分。从每题的备选答案中选出正确的多个答案,将其英文大写字母填入括号内)。

1. 企业财务会计报告的使用者通常有( )。
　　A. 社会公众　　　　　　　　　　B. 投资者、债权人
　　C. 单位管理人员　　　　　　　　D. 政府及相关机构

2. 下列各项中,属于反映企业经营成果的会计要素是( )。
　　A. 收入　　　　　　　　　　　　B. 费用
　　C. 负债　　　　　　　　　　　　D. 利润

3. 下列各项中,应记入"待摊费用"账户的有( )。
　　A. 预付的保险费　　　　　　　　B. 预付的报刊费
　　C. 预付的租金　　　　　　　　　D. 预提的银行借款利息

4. 下列属于流动资产的有( )。
　　A. 存货　　　　　　　　　　　　B. 无形资产
　　C. 长期应付款　　　　　　　　　D. 应收账款

5. 必须采用订本式账簿的有( )。
　　A. 原材料明细账　　　　　　　　B. 现金日记账
　　C. 银行存款日记账　　　　　　　D. 应付账款明细账
　　E. 总分类账

6. 下列( )属于期间费用。
　　A. 管理费用　　　　　　　　　　B. 制造费用
　　C. 财务费用　　　　　　　　　　D. 销售费用
　　E. 待摊费用

7. 物资采购的成本包括( )。
　　A. 买价　　　　　　　　　　　　B. 运杂费
　　C. 运输途中合理损耗　　　　　　D. 入库前的挑选整理费
　　E. 国外进口材料应负担的进口关税

8. 我国企业通常使用的会计核算形式有( )。
　　A. 记账凭证核算形式　　　　　　B. 科目汇总表核算形式
　　C. 原始凭证形式　　　　　　　　D. 汇总记账凭证核算形式
　　E. 会计凭证核算形式

9. 全面清查,一般是在( )是进行。
　　A. 年终　　　　　　　　　　　　B. 季终
　　C. 月终　　　　　　　　　　　　D. 一次性清产核资
　　E. 单位撤销、合并或改变隶属关系

10. 月末,企业银行存款日记账与银行对账单不一致,造成企业账面存款余额大于银行对账单存款余额的原因有( )。
　　A. 企业已收款入账,而银行尚未入账　　B. 企业已付款入账,而银行尚未入账
　　C. 银行已收款入账,而企业尚未入账　　D. 银行已付款入账,而企业尚未入账

三、填空题(本题共 5 题，每题 3 分，共 15 分)。

1. 将会计分录中所记载的、分散的数据分别登记到有关账户中去，这一过程就是( )。

2. 会计的基本前提包括会计主体、会计分期、持续经营、( )。

3. 借贷记账法的记账规则是( )。

4. 会计分录有简单分录和( )分录两种。

5. 若一笔经济业务需填制两张及两张以上记账凭证时，其编号可采用( )。

四、简答题(本题共 2 题，每题 10 分，共 20 分)。

1. 如何界定收入的概念？它包括哪几种类型？

2. 什么是账务处理程序？其种类有哪些？

五、业务题(本题共 11 题，1～10 题每题 3 分，11 题 5 分，共 35 分)。

1. 4 月 3 日，甲公司获得乙公司追加投资 80 000 元，存入开户银行。

2. 4 月 7 日，甲公司购入原材料一批，价格 50 000 元，以银行存款支付 30 000 元，余款尚未支付，材料已经验收入库。

3. 4 月 10 日，甲公司向供应单位购入原材料一批，价值 40 000 元，货款暂欠，材料已经验收入库。

4. 4 月 20 日，甲公司以银行存款支付所欠购原材料款 40 000 元。

5. 甲公司按法定程序减少注册资本 100 000 元，用银行存款向所有者支付。

6. 4 月 25 日，甲公司支付银行存款 90 000 元，购入生产用设备一台。

7. 甲公司 4 月 27 日以前购货所欠的应付账款 60 000 元到期，但公司暂无款支付，向银行借入短期借款 60 000 元用于归还前欠货款。

8. 4 月 28 日，甲公司以盈余公积 100 000 元向所有者分配现金股利。

9. 4 月 29 日，经批准将企业原发行的 20 000 元应付债券转为实收资本。

10. 4 月 30 日，经批准企业用盈余公积 70 000 元转增资本。

11. 月末结转经营成果。4 月份有关损益账户的余额如下：

收入类账户：主营业务收入 100 000 元

其他业务收入 2 000 元

营业外收入 6 000 元。

成本费用类账户：主营业务成本 80 000 元

主营业务税金及附加 1000 元

其他业务支出 1000 元

管理费用 10 000 元

财务费用 1 000 元

销售费用 5 000 元

营业外支出 200 元

所得税 2 000 元

总复习题参考答案

(一)

一、单项选择题

1. A	2. A	3. A	4. B	5. A
6. B	7. C	8. C	9. D	10. B

二、多项选择题

1. ABCDE	2. ABC	3. ABCD	4. ABCD	5. ABC
6. ABC	7. ABCE	8. ABD	9. ABCD	10. AB

三、填空题

1. 资产=负债+所有者权益
2. 明细账
3. 相等
4. 记账凭证
5. 实地盘存制

四、简答题

1. 会计是以货币为主要计量单位，反映和监督一个单位经济活动的一种经济管理工作。

2. 划线更正法：结账前发现账簿记录有文字或数字错误，而记账凭证没有错误。

红字冲销法：记账后在当年发现记账凭证所记的会计科目错误，或会计科目无误而所记金额大于应记金额。

补充登记法：记账凭证无误，仅是账簿所记金额小于应计金额。

五、业务题

1. 借：银行存款　　　　　30 000
　　贷：实收资本　　　　　30 000

2. 借：原材料　　　　　　　　　　200 000
　　　应交税费——应缴增值税　　34 000
　　贷：应付账款　　　　　　　　234 000

3. 借：固定资产　　　　85 000
　　贷：银行存款　　　　　85 000

4. 借：库存现金　　　　1 000
　　贷：银行存款　　　　　1 000

5. 借：制造费用　　　　480

　　　　　贷：库存现金　　　　　　480
6. 借：银行存款　　　　16 000
　　　　应收票据　　　　32 000
　　　　贷：应收账款　　　　　48 000
7. 借：其他应收款　　　　600
　　　　贷：库存现金　　　　　600
8. 借：制造费用　　　　12 616
　　　　管理费用　　　　4 139
　　　　贷：累计折旧　　　　　16 755
9. 借：生产成本　　　　1 500
　　　　贷：原材料　　　　　1 500
10. 借：应收账款　　　　　　1 298 700
　　　　贷：主营业务收入　　　　　　1 110 000
　　　　　应交税费——应缴增值税　　188 700
11. 借：本年利润　　　　1 471 000
　　　　贷：主营业务成本　　　1 278 000
　　　　　其他业务成本　　　25 750
　　　　　营业外支出　　　107 650
　　　　　财务费用　　　　2 000
　　　　　销售费用　　　　35 000
　　　　　管理费用　　　　22 600
　　借：主营业务收入　　1 890 000
　　　　其他业务收入　　40 000
　　　　营业外收入　　　16 000
　　　　投资收益　　　　25 000
　　　　贷：本年利润　　　1 971 000

（二）

一、单项选择题

1. D	2. A	3. A	4. A	5. D
6. A	7. B	8. B	9. C	10. C

二、多项选择题

1. ABCD	2. ABD	3. ABC	4. AD	5. BCE
6. ACD	7. ABCDE	8. ABD	9. ABD	10. ABCD

三、填空题

1. 过账
2. 货币计量
3. 借必有贷、借贷必相等
4. 复合分录
5. 分数

四、简答题

1. 收入，指企业在日常活动中形成的、会导致所有者权益增加的、与投资者投入资本无关的经济利益的总流入。

包括：主营业务收入、其他业务收入两种类型。

2. 账务处理程序，是指会计凭证、会计账簿、会计报表相结合的方式，包括记账凭证账务处理程序、汇总记账凭证账务处理程序、科目汇总表账务处理程序。

五、业务题

1. 借：银行存款　　　　80 000
　　贷：实收资本　　　　　　80 000
2. 借：原材料　　　　　50 000
　　贷：银行存款　　　　　　30 000
　　　　应付账款　　　　　　20 000
3. 借：原材料　　　　　40 000
　　贷：应付账款　　　　　　40 000
4. 借：应付账款　　　　40 000
　　贷：银行存款　　　　　　40 000
5. 借：实收资本　　　 100 000
　　贷：银行存款　　　　　 100 000
6. 借：固定资产　　　　90 000
　　贷：银行存款　　　　　　90 000
7. 借：应付账款　　　　60 000

　　　贷：短期借款　　　　　60 000
8. 借：盈余公积　　100 000
　　　贷：应付股利　　　　100 000
9. 借：应付债券　　20 000
　　　贷：实收资本　　　　20 000
10. 借：盈余公积　　70 000
　　　贷：实收资本　　　　70 000
11. 借：主营业务收入　　100 000
　　　　其他业务收入　　2 000
　　　　营业外收入　　6 000
　　　贷：本年利润　　108 000
　　借：本年利润　　100 200
　　　贷：主营业务成本　　80 000
　　　　　主营业务税金及附加　　1 000
　　　　　其他业务支出　　1 000
　　　　　管理费用　　10 000
　　　　　财务费用　　1 000
　　　　　销售费用　　5 000
　　　　　营业外支出　　200
　　　　　所得税　　2 000

参 考 文 献

[1]　财政部. 企业会计准则. 北京：中国财政经济出版社，2006

[2]　会计从业资格考试辅导丛书《会计基础》. 清华大学出版社，2011

[3]　陈国辉，迟旭升. 基础会计学. 大连：东北财经大学出版社，2009

[4]　李海波. 会计学原理. 上海：立信出版社，2008

[5]　王新红. 会计学. 徐州：中国矿业大学出版社，2012

[6]　谢爱萍. 会计学基础. 3 版. 北京：人民邮电出版社，2011

[7]　陕西省会计从业资格考试辅导教材编写组. 财经法规与会计职业道德. 北京：经济科学出版社，2012

[8]　郭丽华. 基础会计学. 成都：西南财经大学出版社，2010

[9]　王海民. 会计学基础. 3 版. 西安：西北大学出版社，2012

[10]　王斐波. 会计学教程. 3 版. 杭州：浙江大学出版社，2012

[11]　张新民，钱爱民. 财务报表分析案例. 北京：中国人民大学出版社，2008

[12]　王义珍，孙世荣. 基础会计学. 武汉：武汉理工大学出版社，2007

[13]　王茜. 财务报表分析. 杭州：浙江大学出版社，2009

[14]　吉文丽，陆红霞. 会计基础与实训. 北京：清华大学出版社，2010

[15]　银峰，王宏宝. 新编财务报表分析. 北京：北京交通大学出版社，2010